近現代中華文化思想叢刊

中國學術之近代命運

下冊

劉　巍　著

目次

下冊

第四章

「漢宋之爭」再起？
——梁啟超、胡適、錢穆之間的「戴震」公案

　　文化的連續性與變異性觀點及其交互運用，是本書採用的一個重要視野。本章要討論的是中國學術重要議題「漢宋之爭」的一個民國版本。

　　章學誠已經告訴我們，在乾隆朝「漢學宋學之交譏」的學爭中，戴震已經是紛議的中心。在二十世紀二三十年代，學術界整理清代學術史——用時人愛稱的是「近三百年學術史」——蔚為熱潮，戴震又成焦點。梁啟超、胡適、錢穆三位大學者對此的激烈討論，所折射出的中國學術的傳承性與裂變性，對我們的啟示尤為豐富而深刻。梁氏與胡氏著力發掘戴震學術的現代性。他們均從戴震為代表的「漢學」、「考證學」上找到了「科學方法」與「科學精神」的典範；對於「戴東原哲學」，則各自有不同的發揮，梁氏表彰其有助於現代之人心從「天理」之宰制下解放出來的「情感主義」，胡適則旨在為由於西方之照應而凸顯的中國學術所薄弱甚至缺失的知識論傳統，尋找並重建「理智主義」的「哲學」基礎；大體來說，又是不約而同地希望中國由此而步入西方式「美麗新世界」。傳統上所熱議的「漢學」、「宋學」何者得聖人之意，以及戴震的道德瑕疵，不再是關注的焦點，或者以為「理學」應當為中國的長期不長進負責，或者獨取朱子作為「惟智」哲學的先驅以接引西方式「智識主義」。在中國學者自己掄起西方大戒尺的教訓之下，「漢宋之爭」面目全非，重新組合，另起爐灶。梁、胡兩氏對「漢宋」學術的如此消費，引起錢穆的強烈

反彈。錢氏揭穿了「漢學」的「科學」假面，並指出近人所謂「漢學」亦非元氣磅礴的真正「漢代」之學，他更不取後人關於「理學」的褊狹界定，而重新拓展和建構了「宋學」的內涵與外延，力主「宋學」之道德理性與學術經世精神及其寄託於書院講學之生命活力，張揚了一種鮮明的後「五四」的文化反省意識和具有強烈主體性的「文化民族主義」。

第一節　試從「科玄論戰」看梁啟超、胡適有關「戴震」研究之異同離合

　　戴震是清代乾嘉學派的巨擘，又是在考據之風彌漫的情況下有傑出哲學成就的思想家，是在程朱理學被尊奉為「朝廷正學」的局勢下敢於把程朱樹為靶子來攻擊的勇士。這樣的人物自然要成為思想學術話題的中心，不斷地被重提。[1]

　　戴震的考證學成就一值得到很高的評價，他的哲學一度曾是遭冷落的，但是原來淹沒於考據的汪洋大海中的戴震的義理之學，近代以來反而凸顯出來，引起人們熱烈討論、廣泛傳播的濃厚興趣，他的義理之書如《孟子字義疏證》、《原善》等與明末清初顧炎武、黃宗羲、王夫之等人的著作一起，被「重新發現」。[2]

1　在他去世後不久，朱筠和洪榜之間就有戴震的義理之學可不可傳的爭議。章學誠對他的學術境界推崇備至，但是極不滿意於他對朱子的排詆。他是否剽竊趙一清《水經注》校本一事，久無定案，又增添了撲朔迷離。淩廷堪、焦循、阮元等有心成為他的後學，姚鼐、程晉芳、方東樹等則刻意以反攻。胡適乾脆認為幾乎沒有一個人得其哲學之真諦，堪稱他的傳人。

2　章太炎《太炎文錄初編》、《釋戴》篇，開近人推崇戴震哲學的先聲。劉師培在傾心於無政府主義的思潮前，十分仰慕戴震對程朱理學的批評，他把戴震和盧梭相提並論，認為戴震把自己從理學的獨斷論中解放出來。王國維在其收入《靜庵文集》之《國朝漢學派戴阮兩家之哲學說》一文中認為：戴震的《原善》、《孟子字義疏

　　到二十世紀二〇年代，戴震依然是備受學界關注的人物。我們力圖試探在戴震思想學術的詮釋和評價上梁啟超與胡適之間相互關聯而不盡相同的學術見解的思想底蘊。這不是就戴震論戴震，不是對戴震思想學術本身的研究，而是對他在二十世紀二〇年代中國學術界引起的反響的研究，筆者也不致力於品評兩位學者在學術史整理方面的得失高下，而是通過對梁、胡各自心目中的「戴震」的比較，來考察他們本人之間的思想交涉，並連繫現代思想史上有名的「科玄論戰」來揭示其意義。

一　頻頻著文

　　以戴震的二百週年誕辰紀念（西元1924年1月19日）為契機，二十世紀二〇年代學術界對戴震思想學術的研討達到了高潮，[3]尤以梁

證》、阮元的《性命古訓》「其說之幽元高妙，自不及宋人遠甚，然一方復活先秦之古學，一方又加以新解釋，此我國最近哲學上唯一有興味之事，亦唯一可紀之事也」。他雖然指出清人的義理之學不如宋人，對戴震派的哲學也不輕視。蔡元培在寫於1923年12月的《五十年來中國之哲學》中表達了相近的意思。入正題前追溯以往的哲學史，談到宋明以降「五十年以前的人物」，提到的唯有戴震及承其學的焦循、阮元。並認為戴震的《孟子字義疏證》與《原善》兩書，「頗能改正宋明學者的誤處」，等等。還有學者指出：「近代資產階級思想家章太炎、梁啟超也高度評價戴震的哲學，把他和盧梭、孟德斯鳩相比。直到『五四』運動時，戴震的哲學思想還在批判孔家店（實為程朱理學）的鬥爭中發生了積極的作用。」見張岱年主編：《中華的智慧——中國古代哲學思想精粹》，412頁，上海，上海人民出版社，1989。

3　1924年1月19日，在北京安徽會館召開戴東原先生日二百年紀念講演會。出席的名流有梁啟超、胡適、錢玄同、朱希祖等人；會議成果後結集為《戴東原二百年生日紀念論文集》（明明印刷局1924年1月20日印刷，晨報社出版部1924年2月1初版），內收：梁啟超的《戴東原生日二百年紀念會緣起》（作為該書「引子」）、《戴東原先生傳》、《東原著述纂校書目考》、《東原哲學》，陳展雲的《戴東原的天算學》，汪震的《中國心理學史上的戴震》，吳時英的《戴東原的詩學》，周良熙的《東原續天文略與續通志天文略》；並附有：戴震的遺像、墨蹟、故宅、讀書處、祠堂和紀念講

和胡這兩位學界領袖最為突出。

十九世紀前十年末從「無聊的政治活動」的「牽率」中退出來的梁啟超，發興從此「重理文字舊業」。一心致力於學術和教育。其第一個具有重大意義的學術工作就是整理清代學術史。主要著作有一九二〇年十月著成的《清代學術概論》（原題《前清一代思想界之蛻變》）和約於一九二三年冬至一九二五年春之間所撰的《中國近三百年學術史》。其中後者為梁啟超任教於清華大學、南開大學等校時所編的講義，其實是一部尚未完成的作品。[4] 但是，梁氏二書，合為雙璧，前者高屋建瓴、議論磅礴，後者條分縷析、眉目清朗，實為討論清學難得的姊妹篇。

年輩晚於梁啟超的新文化運動領袖胡適，其總結整理清代學術的勁頭並不亞於梁。初版於一九一九年二月的《中國哲學史大綱》（卷上）導言部分就以當時西方哲學史、歷史學和校勘學的方法論為基本架構，對清代考證學的各種實際方法做了一次有系統的整理。[5] 發表於一九二一年十一月的《清代學者的治學方法》和一九二八年九月的《治學的方法和材料》是他討論清代學術的最重要的專題論文。此外《國學季刊》發刊宣言》（1923年1月）則是由胡適主筆[6]、並不專談

演會盛況及梁啟超作講演的照片插圖。會議影響所及：「當時整個一年期間，報紙副刊與雜誌上幾乎成為戴學的天下」，參見侯外廬：《近代中國思想學說史》，387頁，上海，生活書店，1947。

4　朱維錚指出：「但在作者生前，全書似未以完帙形式公開發表過。」參見朱維錚校注：《梁啟超論清學史二種：清代學術概論、中國近三百年學術史》，校注引言，2頁，上海，復旦大學出版社，1985。
　　而且該講義並沒有實現作者「要將清學各部分稍為詳細解剖一番」、「要將各時期重要人物和他的學術成績分別說明」的預期目的，清中葉以後的學術史僅有綜論而無說明，更無解剖。參見陳祖武：《清初學術思辨錄》，334頁，北京，中國社會科學出版社，1992。

5　參見余英時：《中國近代思想史上的胡適》，40頁，臺北，聯經出版事業公司，1984。

6　此文所表達的不僅是胡適的個人見解，而是「代表全體」觀念的文字，但由胡主

清學卻實為總結清學的綜論性文字。

　　必須指出，無論是在梁啟超還是在胡適那裡，所謂清代學術主要是指以乾嘉漢學為代表的考證學。梁認為：若沒有了考證學，清代學術就無生命可言了，清代考證學是我國自秦以後可與漢之經學、隋唐之佛學、宋明理學相提並論「確能成為時代思潮者」，而胡適所謂「大膽的假設，小心的求證」的科學方法，主要是從乾嘉漢學中總結出來的。

　　作為清代考證學的中心人物及清代中期鮮見的思想家，戴震格外引梁、胡注目。

　　一九二三年十月十日，梁啟超在北京倡議發起「戴東原生日二百年紀念會」。為紀念他衷心推崇的這位學者和哲學家，梁本打算做五篇論文。一是東原先生傳；二是東原著述考；三是東原哲學；四是東原治學方法；五是顏習齋與戴震。後「因校課太忙」，沒有盡數完成；《飲冰室合集》收入的有關戴震的文字有：《戴東原生日二百年紀念會緣起》、《戴東原先生傳》、《戴東原哲學》、《東原著述纂校書目考》、《戴東原圖書館緣起》。這些文章寫在紀念會前後。梁氏自述《戴東原哲學》「我是接連三十四點鐘不睡覺趕成」，[7]這在別人是難以想像的事情，也充分說明了他對戴震的癡迷程度。梁氏可以說是當時紀念戴震的學者當中著文最多最勤的一位了。

　　梁啟超鄭重其事，還去信邀請當時在上海的新文化運動領袖胡適參加此會。胡於十一月十三日覆函，欣然接受與會之邀[8]並於一九二

　　筆。參見陳以愛：《中國現代學術研究機構的興起——以北京大學研究所國學門為中心的探討（1922-1927）》，226-245頁，臺北，政治大學歷史學系出版，1999。

7　梁啟超：《戴東原哲學》，見《飲冰室合集》5《飲冰室文集》卷40，78頁，北京，中華書局，1989。

8　耿雲志、歐陽哲生編：《胡適書信集》上冊（1907-1933），323頁，北京，北京大學出版社，1996。

三年十二月開始撰寫《戴東原的哲學》，為赴會作準備。此文「中間
屢作屢輟，改削無數次，凡歷二十個月方才脫稿」於一九二五年八
月，長達七萬言。[9]原刊於《國學季刊》二卷一期。一九二七年上海
商務版附錄了戴震的《原善》及《孟子字義疏證》、彭紹升《與戴東
原書》、戴震《答彭進士書》，推崇與傳播之意甚為明顯。另外，此前
作於一九二三年十二月的《戴東原在中國哲學史上的位置》、此後定
稿於一九二八年二月的《幾個反理學的思想家》都是有關戴震哲學的
著作。胡對戴震的鍾愛與梁相映成趣。[10]

二　梁、胡心目中的戴震

梁啟超、胡適對戴震都是推崇備至的。

梁啟超《戴東原生日二百年紀念會緣起》（1923年）概括了他對
戴震思想學術大體的看法，梁認為戴震除了「是考證學一位大師」之
外，他「在今後學術界留下最大價值者，實在後例兩項」：第一，「他
的研究方法」；第二，「他的情感哲學」。梁指出：前者「和近世科學
精神一致」，這一方面的貢獻使「東原可以說是我們『科學界的先驅
者』」；後者「是在世界哲學史上有價值的，最少也應該和朱晦翁、王
陽明平分位置，所以東原可以說是我們『哲學界的革命建設家』」[11]。

胡適也認為戴震是深通「科學方法」、得「清學的真精神」的
「清學的宗師」；[12]至於戴震的哲學，他認為戴震是「這八百年來，中

9　胡適：《戴東原的哲學》，197頁，上海，商務印書館，1927。

10　更不用說後來一則為顯所謂「科學方法」身手二則也為戴震洗冤而作了二十年的
　　《水經注》考證了。

11　梁啟超：《戴東原生日二百年紀念會緣起》，見《飲冰室合集》5《飲冰室文集》卷
　　40，38-39頁。

12　胡適：《清代學者的治學方法》，見葛懋春、李興芝編輯：《胡適哲學思想資料選》
　　（上），208-211頁，上海，華東師範大學出版社，1981。

國思想史上」與朱子、王陽明同為「每人畫出了一個新紀元」的「極重要的人物」，甚至是「朱子以後第一個大思想家，大哲學家」[13]。他的哲學標誌著「近世哲學的中興」。[14]

執當時思想界牛耳的梁、胡這兩位學者，對戴震的思想學術同時關注、齊聲宣揚。這一事實本身，不僅具有學術史的意義，而且具有思想史的意義。對其意義的瞭解，不僅要從他們看法的同處去觀察，而且要從他們見解的異處去揭示。一九四七年，侯外廬在《近代中國思想學說史》就已指出梁、胡研究戴震同為「帶有號召色彩地去宣揚」而非「歷史地去瞭解」，並且論及他們把握戴震的側重點的不同：「任公以考據學為全盛時代的意義，而適之則以東原哲學為其含義。」[15]就戴震的思想學術引起近人興趣的焦點而言，余英時也提示：「近人之推崇東原也同樣是由於他的義理，並非由於他的考證。」[16]我們則認為：對其寓於而又不限於考證學的「科學精神」、「科學方法」的一致肯定，對其哲學基調之把握上「重情」與「主知」的發揮的歧異，構成梁、胡心目中的戴震的異同離合的基本內涵。

1 「科學方法」、「科學精神」的宣揚

梁著《清代學術概論》就把戴震作為「清學全盛期」、「清學正統

---

13 胡適：《戴東原在中國哲學史上的位置》，見姜義華主編：《胡適學術文集・中國哲學史》（下），1104、1108頁，北京，中華書局，1991。可見在胡看來，戴震的地位尤在陽明之上。置戴震於陽明之上，自來論學者是很少這樣提的，胡適的這一看法很耐人尋味，下面我們就可以知其所以然。

14 參見胡適：《戴東原的哲學》，83頁；胡適：《幾個反理學的思想家》，見《胡適學術文集・中國哲學史》（下），1156頁。

15 參見侯外廬：《近代中國思想學說史》，387、390頁。

16 余英時：《論戴震與章學誠——清代中期學術思想史研究》，2頁，臺北，華世出版社，1980。

派」的代表人物來凸顯了，認為「故苟無戴震，則清學能否卓然自樹立，蓋未可知也」。指出「其治學根本方法，在『實事求是』、『無徵不信』。」並認為「戴震之精神」、「清學派之精神」與近代西方「實證哲學派」的精神相通。[17]《中國近三百年學術史》之十三至十六《清代學者整理舊學之總成績》從經學、小學、音韻、天算、水地等各方面介紹了戴震的學術成就。但梁並不汲汲於戴氏治學所得的具體成果的鋪陳，而尤著眼於「他的研究方法」之發明：

> 東原本人自己研究出來的成績品，可寶貴的雖然甚多，但他同時或後輩的人，有和他一樣或更優的成績品的也不少。東原在學術史上所以能占特別重要位置者，專在研究法之發明。他所主張「去蔽」、「求是」兩大主義，和近世科學精神一致，他自己和他的門生各種著述中，處處給我們這種精神的指導。這種精神，過去的學者雖然僅用在考證古典方面，依我們看，很可以應用到各種專門科學的研究，而且現在已經有一部分應用頗著成績，所以東原可以說是我們「科學界的先驅者」。[18]

在梁看來，具有示範意義、可以擴展範圍超越時空應用的戴震「科學精神」、「科學方法」比他作為「考證學一位大師」的「成績品」要重要得多，梁將戴震視為「我們『科學界的先驅者』」正是在這個意義上說的。

胡適顯然具有相同的看法。《清代學者的治學方法》把清代的樸學分解為文字學、訓詁學、校勘學、考訂學「四種科學」，並把清代

---

17 參見朱維錚校注：《梁啟超論清學史二種》，4、28、31頁。
18 梁啟超：《戴東原生日二百年紀念會緣起》，見《飲冰室合集》5《飲冰室文集》卷40，38頁。

學者的治學方法總括為兩點：「①大膽的假設，②小心的求證。」這也成為胡本人宣導的「科學方法」的十字箴言，戴震則是精於此道的典範。[19]《幾個反理學的思想家》又徑直稱「戴氏是一個科學家，他長於算學，精於考據，他的治學方法最精密，故能用這個時代的科學精神到哲學上去，教人處處用心知之明去剖析事物，尋求事情的分理條則。他的哲學是科學精神的哲學……」[20]《戴東原的哲學》引戴氏原文說明戴震既瞭解「科學的目的」、又懂得「科學家所謂『證實』（verification）」。[21]

　　可見，梁、胡對戴震的推崇，首先都著眼於其治學方法和治學精神的「科學」性。我們且不論戴震的治學方法是否堪稱近代意義上的「科學方法」，梁和胡的相通之處在於他們都以西方實證主義的科學方法和科學精神來解釋和會通以戴震為代表的清代考證學，其目的都要在中國學術傳統中發掘西方式的「科學精神」、「科學方法」。[22]梁啟超看到歸納法在清代考證學中的核心地位[23]，又看到學術專業化發展的趨勢，而宣導「窄而深的研究」；胡適以他所瞭解的西方科學和哲學的新動向為依據，強調科學方法中「演繹」與「歸納」的交互作用，並以此釋讀清代學術而提倡「大膽的假設，小心的求證」[24]。他

19　胡適：《清代學者的治學方法》。

20　胡適：《幾個反理學的思想家》，見《胡適學術文集・中國哲學史》（下），1165頁。

21　胡適：《戴東原的哲學》，65、66頁。

22　這要從梁、胡清學史整理的著述背景中去看。

23　梁氏說：「然則諸公曷為能有此成績耶？一言以蔽之曰：用科學的研究法而已……經數番歸納研究之後，則可以得正確之斷案矣。既得斷案，則可以推論於同類之事項而無閡也。」見朱維錚校注：《梁啟超論清學史二種》，37-38頁。又說：「夫吾固屢言之矣，清儒之治學，純用歸納法，純用科學精神。」同上書，51頁。又說：「清學正統派之精神，輕主觀而重客觀，賤演繹而尊歸納，雖不無矯枉過正之處，而治學之正規焉。」同上書，85頁。

24　關於這一點，胡適《清代學者的治學方法》交代得最為清楚。但是林毓生認為「胡

們對清代考證學的成就的評價都是有所保留的，但對以戴震為範例的
「科學方法」「科學精神」的推崇繼承和發揚光大都一樣是非常自覺
的。[25]他們確實是「帶有號召色彩地去宣揚」的。

　　然而，與此頗有反差的是，對戴氏哲學之基點的把握，卻是所同
不勝其所異。

2　重情與主知

　　梁啟超《清代學術概論》（1920年10月）對戴震的哲學有簡明扼
要的闡發：

> 　　《疏證》一書，字字精粹，右所錄者未盡其萬一也。綜其內
> 容，不外欲以「情感哲學」代「理性哲學」，就此點論之，乃

適終生所宣揚的科學方法，雖然形式上包括歸納法與演繹法，但實際上他十分強調
的只是歸納法，再加上一點心理上或精神上的大膽（他認為那樣的心態便能在科學
方法中扮演假設、演繹的功能——實際上『大膽』與演繹推理並無關係）……」、
「胡適是把歸納法當作演繹法的基礎的」。參見林毓生：《中國傳統的創造性轉
化》，266、271頁，北京，生活・讀書・新知三聯書店，1988。可見，在對以戴震
代表的清代樸學的學術方法與精神之「科學」性的把握上，梁、胡並無多少不同。

25 梁啟超指出：「以乾嘉學派為中堅之清代學者，一反明人空疏之習，專從書本上鑽
　研考索，想達到他們所謂『實事求是』的目的。依我們今日看來，他們的工作，最
　少有一半算是白費，因為他們若把精力用到別個方向去，成就斷不止此。但這是為
　時代性所限，我們也不能太過責備。至於他們的研究精神和方法，確有一部分可以
　做我們模範的，我們萬不可以看輕他。」見朱維錚校注：《梁啟超論清學史二種》，
　294頁。這段話作為「清代學者整理舊學之總成績」的前言，此意甚明。由胡適主
　筆的《〈國學季刊〉發刊宣言》「總括這三百年的成績」：（一）整理古書。（二）發
　現古書。（三）發現古物。又指出其缺點：（一）研究的範圍太狹窄了。（二）太注
　重功力而忽略了理解。（三）缺乏參考比較的材料。還提出了「我們一班同志」努
　力的方向：第一，用歷史的眼光來擴大國學研究的範圍。第二，用系統的整理來部
　勒國學研究的資料。第三，用比較的研究來幫助國學的材料的整理與解釋。也是如
　此。該《宣言》收入胡明編選：《胡適選集》，天津，天津人民出版社，1991。

與歐洲文藝復興時代之思潮之本質絕相類。蓋當時人心,為基督教絕對禁欲主義所束縛,痛苦無藝,既反乎人理而又不敢違,乃相與作偽,而道德反掃地以盡。文藝復興之運動,乃採久關窒之「希臘的情感主義」以藥之。一旦解放,文化轉一新方向以進行,則蓬勃而莫能御。戴震蓋確有見於此,其志願確欲為中國文化轉一新方向。其哲學之立腳點,真可稱二千年一大翻案。其論尊卑順逆一段,實以平等精神,作倫理學上一大革命。其斥宋儒之糅合儒佛,雖辭帶含蓄,而意極嚴正,隨處發揮科學家求真求是之精神,實三百年間最有價值之奇書也。[26]

據此,梁啟超對戴震哲學的推崇有三點:

第一,「其哲學之立腳點」的「情感主義」;

第二,「倫理學上」的「平等精神」;

第三,在批評「宋儒之糅合佛儒」中發揮的「科學家求真求是之精神」。

其中最為重要最為基本的是第一點。所以梁要援引「歐洲文藝復興時代之思潮」來比附,抬舉為「二千年一大翻案」。

《戴東原生日二百年紀念會緣起》進而把「情感哲學」與「研究方法」並列為戴震工作中的兩項「最大價值者」之一:

> (二)他的情感哲學
>
> 宋明以來之主觀的理智哲學,到清初而發生大反動。但東原以前大師,所做的不過破壞工夫,卻未能有所新建設,到東原才提出自己獨重情感主義,卓然成一家言。他這項工作,並不為

---

26 朱維錚校注:《梁啟超論清學史二種》,34-35頁。

當時人所重視，但我們覺得他的話是在世界哲學史上有價值
的，最少也應該和朱晦翁、王陽明平分位置，所以東原可以說
是我們「哲學界的革命建設家」。[27]

　　上文未作交代的所謂「理性哲學」，按諸中國思想史，就是這裡
所說的「宋明以來之主觀的理智哲學」。作為這種哲學之反動的戴震
「獨重情感主義，卓然成一家言」的「情感哲學」在梁著《戴東原哲
學》中又被稱為「情欲主義」。其意義在於：「簡單說一句，東原所以
重視情欲，不過對於宋儒之『非生活主義』而建設『生活主義』罷
了」[28]。

　　這樣，梁啟超將「文藝復興時代之思潮」從歐洲中世紀「基督教
絕對禁欲主義所束縛」掙脫反抗出來的「本質」，與戴震的「情感哲
學」對從「理性哲學」、「主觀的理智哲學」即程朱理學的反動相比
擬，來揭示其既是「革命」也是「建設」的思想解放意義，梁正是主
要著眼於這一點來論定戴震在中國思想史上的地位的。

　　與之形成鮮明對照的是，胡適所把捉到的戴震哲學的核心是「理
智」主義而非「情感哲學」、「情欲主義」。

　　胡適對戴震哲學中重「情」重「欲」的內容也並不輕忽，相反倒
是別具現實針對性地發揮了戴震「以理殺人」等對「理學先生」們及
「在上者」們進行激烈批判的思想。《戴東原的哲學》雖然也肯定了
理學的運動「提倡理性」、以「理」抗「勢」，承認「理學家在爭自由
的奮鬥史上占的重要地位」等「好的方面」；[29]更批評了它的「壞的方

27 梁啟超：《戴東原生日二百年紀念會緣起》，見《飲冰室合集》5《飲冰室文集》卷
　　40，38-39頁。
28 梁啟超：《戴東原哲學》，見《飲冰室合集》5《飲冰室文集》卷40，65、67頁。
29 胡適：《戴東原的哲學》，53-55頁。

面」：「理學家把他們冥想出來的臆說認為天理而強人服從。他們一面說存天理，一面又說去人欲。他們認人的情欲為仇敵，所以定下許多不近人情的禮教，用理來殺人，吃人。」接著胡適批判了「餓死事極小，失節事極大」的「私見」，「天下無不是的父母」的「偏見」：「八百年來，一個理字遂漸漸成了父母壓兒子，公婆壓媳婦，男子壓婦子，君主壓百姓的唯一武器；漸漸造成了一個不人道，不近人情，沒有生氣的中國。」他甚至引徵《大義覺迷錄》所記雍正皇帝與欽犯曾靜「講理」一節，來體會戴震立言的處境。[30]胡適還表彰戴震「他很大膽地說『理者，情之不爽失者也；』『情之至於纖微無憾是謂理』」，並推崇「他這樣抬高欲望的重要，在中國思想史上是很難得的。」[31]又指出戴震與眾不同之處：「乾嘉時代的學者稍稍脫離宋儒的勢力，頗能對於那些不近人情的禮教，提出具體的抗議。吳敬梓，袁枚，汪中，俞正燮，李汝珍（小說《鏡花緣》的作者）等，都可算是當時的人道主義者，都曾有批評禮教的文字。但他們只對於某一種制度，下具體的批評；只有戴震能指出這種不近人情的制度所以能殺人吃人，全因為他們撐著『理』字的大旗來壓迫人，全因為禮教的護法諸神──理學先生們──抬出理字來排斥一切以生以養之道，『雖視人之飢寒號呼，男女哀怨，以至垂死冀生，無非人欲！』」[32]

可見，胡適對戴震肯定情欲反對理學的思想頗為重視，並給予了很高的評價。但胡適並不停留在這一點上。

《戴東原的哲學》在指出「戴氏總論理欲之辨凡有三大害處」。之後緊接著說了這樣一句承前啟後的話：

---

30 胡適：《戴東原的哲學》，55-58頁。

31 胡適：《戴東原的哲學》，69、71頁。

32 胡適：《戴東原的哲學》，74-75頁。

戴氏的人生觀，總括一句話，只是要人用科學家求知求理的態
度與方法來應付人生問題。[33]

胡適又看到，在戴震哲學中：

人性有三大部分：欲、情、知。三者之中，知最重要。[34]

可見，對胡適來說，那種「科學家求知求理的態度與方法」（即
主「知」的態度和方法）是比戴震哲學中重情重欲的思想更為根本更
為重要的東西，後者賴前者而有、只不過是前者用來「應付人生問
題」而得到的。因此，我們雖不能說，胡適對戴震思想中重「情欲」
的成分沒有足夠的瞭解，但是就《戴東原的哲學》的基本傾向來看，
就胡適把握戴震思想大體的基本著眼點來看，重「知」先於重「情
欲」，「知」才是第一義的。

事實上，不僅人生觀是如此，「戴震的天道論，是一種自然主
義」。「這是一種唯物論，與宋儒的理氣二元論不相同」。「他的宇宙觀
也頗帶一點科學色彩」；[35] 戴震的「性」論，「這又是一種唯物的一元

---

33 胡適：《戴東原的哲學》，77頁。

34 胡適：《幾個反理學的思想家》，見《胡適學術文集・中國哲學史》（下），1159頁。
胡適的《戴東原的哲學》中類似的話很多，如第48頁說：「他把情，欲，知，三者
一律平等看待，都看作『血氣心知之自然』。這是對於那些排斥情欲，主靜，主無
欲的道學先生們的抗議。他在那三者之中，又特別提出知識，特別讚美他『小之能
盡美醜之極致，大之能盡是非之極致。』因為有知欲才得遂，情才得達。又因為有
知，人才能推己及人，才有道德可說。理想的道德是『使人之欲無不遂，人之情無
不達。』這是他的性論，他的心理學，也就是他的人生哲學。」這段話對「知」與
「情」、「欲」之間的輕重關係交代得也很明白。

35 胡適：《戴東原的哲學》，30、31、35頁。

論，和宋儒的理氣二元的性論相衝突了」。[36]戴震論「道」，也是「極力避免宋明理學家的玄談」；[37]而在最重要的「理」論上戴震貫穿著「科學」的主「知」精神：

　　胡適很重視「戴氏在哲學史上的最大貢獻：他的『理』論」[38]。他認為戴震提供了不同於宋明學者沾染了佛道「明心見性」氣味的「理得於天而具於心」的「理」論。戴震把「理」定義和解釋成是客觀存在的能用人的心知察識的事物的「條理」、「分理」，這在胡適看來是一種科學的唯物的「理」論。因此，胡適一方面說戴震是「反理學」（其實是反對玄學化地談「理」）的思想家，而另一方面又說他建設了「新理學」[39]。（其實是一種有關「理」的「新」說）。「這個新定義到戴氏的手裡，方才一面成為破壞理學的武器，一面又成為一種新哲學系統的基礎」[40]。而戴震何以能達到這種新認識呢？是靠「最可代表那個時代的科學精神」的「分析」和「綜合」相結合的「一種實證的求知的方法」獲得的。[41]

　　胡適總結道：

　　　　至於戴震無論是論性，論道，論情，論欲，也都是用格物窮理
　　　　的方法，根據古訓做護符，根據經驗作底子，所以能摧破五六
　　　　百年推崇的舊說，而建立他的新理學。戴震的哲學，從歷史上
　　　　看來，可說是宋明理學的根本革命，也可以說是新理學的建

36　胡適：《戴東原的哲學》，36頁。

37　胡適：《戴東原的哲學》，48頁。

38　胡適：《戴東原的哲學》，51頁。

39　胡適：《戴東原的哲學》，83、103、136-137、188-189、193頁。

40　胡適：《戴東原的哲學》，53頁。

41　胡適：《戴東原的哲學》，64頁。

設——哲學的中興。[42]

　　無論是帶有科學色彩的自然主義的唯物論的宇宙觀、一元論的人性論、重情重欲的政治哲學，歸根結底都是「用格物窮理的方法，根據古訓做護符，根據經驗作底子」，都貫穿著胡所謂「純粹理智態度」，才獲得近世「哲學的中興」的偉大意義。可以說胡以其特有的理解方式認為戴震哲學的基調是主「知」的。[43]

　　也正是根據這一點，在占《戴東原的哲學》篇幅過半的該文第三部分「戴震學的反響」中，他對淩廷堪、焦循、阮元等一般認為尚能傳其學的戴震氏後學持嚴屬的「判教」態度，認為「用禮來籠罩一切」的淩廷堪、佩服王陽明「良知」之學的焦循、主張「聖賢之道無非實踐」的阮元等都「不懂得戴學『重知』之意」、沒有「純粹理智的態度」、「不瞭解戴學（『先務於知』）的真精神」，因此，在胡看來

---

42 胡適：《戴東原的哲學》，83頁。這裡所謂「革命」，是指由方法上遵循程朱「格物窮理」的路子而進一步經驗化、實證化、科學化，即比程朱更為「徹底」地走「理智主義」的路，從而達到全新的「理」論。因而胡適又謂戴震是程朱的「嫡派」又是程朱的「諍友」，因為程朱路子雖近科學卻尚不免於玄學化宗教式地論理，更不用說陸王了，而戴氏則與之大為不同。

43 為了說明這一點，胡適引東原批評程朱「詳於論敬而略於論學（《疏證》十四）」的話並加以評論道：「這九個字的控訴是向來沒有人敢提起的。也只有清朝學問極盛的時代可以產生這樣大膽的控訴。陸王嫌程朱論學太多，而戴震卻嫌他們論學太略！」見胡適：《戴東原的哲學》，81頁。

余英時：《論戴震與章學誠——清代中期學術思想史研究》引了上述胡評論戴震的話，再加評論道：「胡氏的解釋是很有根據的。其實如果從學術史的觀點來看，東原對學問與知識的態度正是儒家智識主義發展到高峰時代的典型產品。」見該書第19頁。余英時欣然接受胡適對戴震哲學重「知」精神的揭示，作為他以「儒家智識主義發展到高峰時代」來解釋清學的「支持意識」，這是順理成章的事；兩位先生共同注意而又一再發覆戴震哲學「重知」基點的義蘊，這更是思想史上極有意思的現象。我想指出的是「也只有」欣然接受了西方的科學及其哲學基礎的實證主義乃至對其作科學主義理解的胡適，才能點出和發揮戴震哲學的這一特異之處。

「幾乎可說是沒有一個人」得戴震哲學之真諦，堪稱他的傳人。[44]

　　胡適又試圖揭示這種主「知」哲學的知識基礎與時代根源。

　　胡適談到戴震的「科學」研究與他的「唯物的，自然的宇宙論」的關係：

> 以上述戴氏的宇宙觀。他是當時的科學家，精於算數歷家之學，深知天體的運行皆有常度，皆有條理，可以測算，所以他的宇宙觀也頗帶一點科學色彩，雖然說的不詳不備，究竟不愧為梅文鼎、江永、錢大昕的時代（「的時代」疑當做「時代的」——引者）宇宙論。[45]

　　他認為跟考證學的興盛也有內在關聯。因此他說「也只有清朝學問極盛的時代可以產生這樣大膽的控訴」（指戴震所謂「詳於論敬而略於論學」），還說「所謂『致知』，只是『致其心之明，自能權度事情，無幾微差失。』（同上）這真是清朝學術全盛時代的哲學」。[46]

　　這些意思在《幾個反理學的思想家》中表達得更為明白：

> 「這個時代是一個考證學昌明的時代，是一個科學的時代。戴氏是一個科學家，他長於算學，精於考據，他的治學方法最精密，故能用這個時代的科學精神到哲學上去，教人處處用心知之明去剖析事物，尋求事物的分理條則。他的哲學是科學精神的哲學……」[47]

44　胡適：《戴東原的哲學》，103、115、123、149、187-194頁。

45　胡適：《戴東原的哲學》，35頁。

46　胡適：《戴東原的哲學》，81、82頁。

47　胡適：《幾個反理學的思想家》，見姜義華主編：《胡適學術文集·中國哲學史》（下），1165頁。

這段話不僅指出了戴震的哲學與清朝那個「考證學昌明的時代」、「科學的時代」的關係：考證學的興盛為戴震哲學提供了「科學」的基礎，而戴震哲學是那個「科學時代」的時代精神的體現；而且透露出胡適之所以能將戴震的思想學術的作如是觀也許正是基於他本人的主「知」的「科學精神的哲學」。

三 從「科玄論戰」看梁啟超、胡適對戴震的同尊異由

我們已可看到，梁和胡對戴震都很推崇，並力揚其學，而理由則不盡相同。他們對其「科學方法」、「科學精神」有近乎一致的肯定和提倡，闡發其哲學則一重「情」一主「知」。為什麼會這樣呢？筆者認為：連繫當時思想界的「科玄論戰」，對此可以有清楚的瞭解。

事實上，關於這一點，胡著《戴東原的哲學》（1925年8月13日）最後結尾處那段意味深長的話，已經作了提示：

> ……但近年以來，國中學者大有傾向陸王的趨勢了。有提倡「內心生活」的，有高談「良知哲學」的，有提倡「唯識論」的，有用「直覺」說仁的，有主張「唯情哲學」的。倭鏗（Eucken）與柏格森（Bergson）都作了陸王的援兵。「揣度近似之詞，影響之談」，國中很不少了。方東樹的預言似乎要實現了。
>
> 我們關心中國思想的前途的人，今日已到了歧路之上，不能不有一個決擇了。我們走那條路呢？我們還是「好高而就易」，甘心用『內心生活』、「精神文明」一類的揣度影響之談來自欺欺人呢？還是決心不怕艱難，選擇那純粹理智態度的崎嶇山路，繼續九百年來致知窮理的遺風，用科學的方法來修正考證

學派的方法，用科學的知識來修正顏元戴震的結論，而努力改
造一種科學的致知窮理的中國哲學呢？我們究竟決心走那一條
路呢？[48]

這是瞭解胡適《戴東原的哲學》之所以作的宗旨的極重要的結
語。是胡此文的畫龍點睛之筆。細扣這一段話，再連繫上文的分析，
我們可以發現在戴學的詮釋和評價上樑、胡之間的思想交涉的重要
線索。

第一，戴震哲學的主「知」基調在此作了最後最有力的發揮。用
胡的話來說是「純粹理智態度」的「一種科學的致知窮理的中國哲
學」。而胡本人要做的正是大力闡發並自覺承擔「今日」「改造」的使
命。從而使我們所揭重「情」與主「知」的歧義獲致了現實意義。何
以呢？

第二，這種歧異不能不連繫他們本人的思想傾向來看，而其間的
思想交鋒竟關聯著科玄論戰。胡適的哲學立場是很清楚的，正如余英
時在《中國近代思想史上的胡適》結尾處所指出的，接近於分析哲
學。「胡適雖然沒有接觸過現代的分析哲學，但是他的思想傾向是和
分析哲學相同的；兩者都以『科學方法』為中心」[49]。值得注意的是
胡適基於這個立場所作的批評。當然，他的批評對象很多，像提倡
「內心生活」的、高談「良知哲學」的、提倡「唯識論」的、用「直
覺」說仁的、主張「唯情哲學」的都在他的批評之列。胡適批評的對
象雖多，而針對的思想陣線則很明確劃一，就是胡適眼中的玄學鬼。
而以「倭鏗（Eucken）與柏格森（Bergson）」為「援兵」的「陸王」

---

48 胡適：《戴東原的哲學》，196-197頁。
49 余英時：《中國近代思想史上的胡適》，72頁。余氏也引《戴東原的哲學》文末這段
話來說明胡本人的哲學立場，對筆者的觀點是有力的支持。

的後人,「甘心用『內心生活』、『精神文明』一類的揣度影響之談來
自欺欺人」的人至少也應該包括梁啟超在內。因此我們說,胡適《戴
東原的哲學》雖不專對梁啟超而作,但確實借題發揮地針對與梁啟超
一線的玄學鬼而發,應該不成問題。他的其它關於戴震哲學的文章也
是一樣。這正是胡在文章最後關頭煞費苦心借題發揮地要鄭重告訴讀
者的,我們絕不可輕忽過去。因此我們說,在對戴震哲學的推崇上
樑、胡其實各唱各的調,大概不是過甚其詞。而調子的不同正內在地
關聯著起於一九二三年的科玄論戰。

　　第三,關於胡適本人與戴震、程朱的思想淵源關係及與陸王的
「對立」關係,也與科玄論戰相關。胡適明確地說「我們關心中國思
想前途的人」「今日」要「選擇那純粹理智態度的崎嶇山路,繼續九
百年來致知窮理的遺風,用科學的方法來修正考證學派的方法,用科
學的知識來修正顏元戴震的結論,而努力改造一種科學的致知窮理的
中國哲學」,很顯然,胡適要按近接顏戴遠承程朱的路子來完成「改
造」的使命。乍看起來不免讓人奇怪:戴震不是「反理學」的思想家
嗎?怎麼在哲學基點上反而跟程朱相近甚至連胡本人也引為同調呢?
其實,在胡適看來,戴震一方面是對程朱的革命,即反對「半宗
教」、「半玄學」式地談理而建設了科學的唯物的「新理學」;一方面
則是程朱「嫡派」和「諍友」,因為戴震的革命和建設事業是沿著程
朱「最能傾向於理智主義的一條路」而更徹底地「放開腳步去做那致
知窮理的事業,——科學的事業」[50],因而,事實上正是胡適本人
「以科學方法為中心」的接近於分析哲學的立場,把朱子和戴震連貫
起來並自覺忝列其後,從而建立起學統上的淵源關係。他何以要排列
這樣一個譜系呢?其現實指向正是針對當時甚囂塵上的「陸王」係的

---

50 胡適:《戴東原的哲學》,191-192頁。

玄學派，這又可見科玄論戰的深刻背景。[51]

　　關於科玄論戰，胡有一個看法，認為它是歷史上「理學與反理學」思想鬥爭的現代版。胡適《幾個反理學的思想家》（1928年2月7日改定稿）是這樣說的：

> 　　現在事過境遷，我們回來憑弔戰場，徘徊反省，用歷史的眼光來觀察這場戰事，方才明白原來這場爭論還只是擁護理學和排斥理學的歷史的一小段。
>
> 　　這些議論都可見當日所謂「科學與玄學」的爭論其實只是理學與反理學的爭論的再起。[52]

---

51 余英時：《中國近代思想史上的胡適》，73頁。他在引該文前指出：「胡適從考證學出發，上接程、朱的『窮理致知』的傳統，因而對陸、王不免有排斥的傾向。」當然，余氏是從比較哲學的視角，以美國的分析哲學與歐洲大陸（以「精神科學」為中心）的哲學傳統的衝突與交融為參照，來揭示胡學術思想立場的歷史意義。並沒有涉及「科玄論戰」的背景。筆者要強調的卻是：歷史上朱陸或朱王之爭的重現，必以現實中的思想學術論爭為契機；當代思想學術的新問題，亦不可能全無傳統的憑藉。解開其間的糾纏，才能明瞭其意義。

52 參見胡適：《幾個反理學的思想家》，見姜義華主編：《胡適學術文集‧中國哲學史》（下），1167、1168頁。我們必須對胡這一看法的來由略作交代。
　　科玄論戰，是圍繞著什麼樣的人生觀興起的。而為著建立某種人生觀、解決人生觀問題，什麼樣的精神資源必須作為基礎？是西方的科學及其相關哲學的實證主義、唯物史觀或是中國清代樸學的「科學方法」、「科學精神」，還是西方新興的柏格森、倭鏗、杜里舒等人的哲學及其與之相近的中國的宋明理學？科學派和玄學派的回答是針鋒相對的。而科玄之爭又內在地關聯著東西文化論戰。因為人生觀問題是決定文化走向的「樞紐」，科玄之爭本來是承東西文化論戰而來又是後起的文化論爭的前奏。如此前梁啟超、梁漱溟等的文章和議論就是引起科玄論戰的話頭，此後象代表胡適文化主張的《對於西洋近代文明的態度》（1926年6、7月），就是激於玄學派的基本主張「西方物質文明東方精神文明」的簡單二分法而發的，科玄之爭以前胡適還沒有西化傾向那麼激烈的議論。
　　也許正因為這些，在胡適後來的回顧中，科玄論戰成了歷史上「理學與反理學」思想鬥爭的現代版。事實上，在科玄論戰中，張君勱已明確鼓吹「新宋學之復活」，

　　這也是至可注意的表白，與三年前《戴東原的哲學》最後一段話一樣有提示線索的意義。這是又一個有力的證據，證明在戴震哲學的討論上確實關聯著科玄論戰。因為對科玄之爭的「歷史意義」作了如此定位的《幾個反理學的思想家》一文，正是以戴震為樞紐把歷史上幾個反理學的思想家（顧炎武、顏元、戴震、吳稚暉）貫穿連綴起來，而以科玄論戰中科學派壓陣大將吳稚暉為殿軍，並大暢其說。胡適在隨後給吳的信（1928年2月28日）中說：「……我在一九二六年六、七月中作的《對於西洋近代文明的態度》，其見解差不多全同於先生一九二四年五月發表的論調。那時便又有作文『述吳稚暉』的意思。直到七八個月，此意方才能實現。」又說：「作此文（即《幾個反理學的思想家》——引者）的大意，先生是明眼人，定能看出此中總不免有點『借刀殺人』的動機。」[53]其現實針對是很明顯的，胡適所「借」的「刀」正是戴震、吳稚暉等的思想，胡適要「殺」的「人」正是「玄學鬼」張君勱、梁啟超或其同調，即當時之大談高倡宋明理學

而戴震也被作為與之對立的與歐洲「經驗派」或「唯物派」相應的「漢學家」代表之一而提到了。科學派主將丁文江則如胡適所說「一方面擁護科學」「他方面很明白地排斥理學」，而被胡適譽為唯一提供了一種像模像樣的正面積極的《一個新信仰者的宇宙觀》的吳稚暉，其所作《箴洋八股化之理學》一文早已將科玄論戰之作為理學與反理學之爭的意味點出來了。

胡適對科玄論戰的重新定位，部分是受吳稚暉的啟發，胡適《幾個反理學的思想家》則更明確地加以認定。胡適指名道姓以張君勱為靶子，梁實也牽扯在裡面（只是張、梁的立場亦不盡同，陳獨秀認為梁持「究竟比張君勱高明些」的「騎牆態度」，胡所謂「梁啟超提出折中方案」，將這一點說得再明白不過了。用梁本人的話來講是「在君過信科學萬能，正和君勱之輕蔑科學同一錯誤。」詳下文。）吳稚暉由科玄論戰上溯理學與反理學思想史，胡反理學思想史的探討離不開科玄論戰的現實，事關科玄論戰，確鑿無疑。

53　胡適：《幾個反理學的思想家》，「附：致吳稚暉函」，見姜義華主編：《胡適學術文集‧中國哲學史》（下），1186頁。該函亦收入耿雲志、歐陽哲生編：《胡適書信集》（上）（1907-1933），413-415頁。

者。我們再連繫《戴東原的哲學》結尾那一段點睛之筆，應能體會胡適時隔三年而如此一貫的「『借刀殺人』的動機」的鋒芒所向了吧。

因此，科玄之爭似乎並沒有過去，至少在胡適那裡是如此，不僅如此，胡適在這段時期（1923-1936）寫的與戴震有關的系列文章如《戴東原的哲學》、《戴東原在中國哲學史上的位置》、《費經虞與費密》、《顏李學派之程廷祚》、《北京大學新印程廷祚的〈青溪文集〉序》等都是在宏闊的「近世」思想史內自覺地建立一個「反理學」的譜系。這與理學家們的道統論在形式上頗為相近，不過這份名單所列都是科學派的先驅者罷了。上文所提到的四位只是其中較重要幾個而已。「有作文『述吳稚暉』的意思」而又有心述戴震哲學的胡適順理成章地在這條線中定好了自己的位置。《幾個反理學的思想家》一文「引子」開首即道：「中國的近世哲學可分兩個時期：（Ａ）理學時期──西元一〇五〇至一六〇〇。（Ｂ）反理學時期──一六〇〇至今日。」[54] 所謂「至今日」，其代表人物自然有吳稚暉，恐怕還包括他自己。

主要根據胡本人的現身說法，以科玄論戰為背景的梁、胡釋戴震異趣中的思想相關度清晰地呈現出來了，但是，只有進而把握到梁、胡釋戴震的思想離合與他們在科玄之爭中各自立場的內在關聯，我們才能明白這種相關性之所在。

梁對戴震的「情感哲學」、「哲學立腳點」之「情感主義」、「獨重情感主義」的「一家之言」反覆三致意焉，這跟他本人的哲學立場有關。這一立場可由梁在科玄論戰中的基本主張來概括：「人生關涉理智方面的事項，絕對要用科學方法來解決。關於情感方面的事項，絕對的超科學。」在他看來，「人生問題，有大部分是可以──而且必要用科學方法來解決的。卻有一小部分──或者還是最重要的部分是

---

54 胡適：《幾個反理學的思想家》，見《胡適學術文集・中國哲學史》（下），1141頁。

超科學的。」而這「小」而「最重要的部分」就是「情感」。「人類生活，固然離不了理智；但不能說理智包括盡人類生活的全內容。此外還有極重要一部分——或者可以說是生活的原動力，就是『情感』」[55]。在梁的哲學中，「情感」大概要站在「第一義」的位置，至少不在「理智」之下。梁用「情感哲學」與「理性哲學」、「主觀的理智哲學」的對立來揭示戴震哲學的意義，就表明了他自己「情感」高於「理智」的價值取向。梁把握戴震哲學三大精神以「哲學之立腳點」的「情感主義」為第一義，把與「理智」相關的「科學家求真求是之精神」擺在第三位，將介於「情感」與「理智」之間的「倫理學上」的「平等精神」置於第二位的做法與此也是一致的。這是梁啟超讀出來的戴震哲學。有意思的是，在胡適論戴震哲學的文字裡，上面這三點大都也提到了，但是，對他來說，最重要最基本的是第三點，而不是第一點。從中我們確實可以看看他們「自己的哲學」！

上文曾引胡對以理欲觀為主要內容的「戴氏人生觀」與「科學家求知求理的態度與方法」之間的關係加以定位的一段承前啟後的話：

> 戴氏的人生觀，總括一句話，只是要人用科學家求知求理的態度與方法來應付人生問題。

這句話與科玄論戰中丁文江與張君勱第一回合的較量所作《玄學與科學——評張君勱的人生觀》一文「結論」引胡適的那句話如出一轍：

> 我要引胡適之《五十年來世界之哲學》上的一句話來做一個結論，他說：

---

55 梁啟超：《科學與人生觀》，4、8、9頁，亞東圖書館，1923。

> 「我們觀察我們這個時代的要求，不能不承認人類今日最大的責任與需要是把科學方法應用到人生問題上去。」[56]

胡適是科玄論爭中科學派的領袖。僅就他與科學派主將丁文江的關係而言，丁的意見每發為文章必與胡適商量且不用說，在這些文章中丁還多處援引胡適的話作為論據。而這一句話則是丁氏所引的最重要也最能表明科學派立場的話。他們的基本立場不外是：人生觀問題必須以「純粹理智態度」的「科學精神」、用科學方法來解決，從而建立科學的人生觀。在這一尺度下，戴震的人生觀就是科學的人生觀，戴震就是科學派的先驅者同盟軍。而「科學家求知求理的態度與方法」才是最根本的，科學是解決人生問題的決定力量，甚至也是解決其它任何問題的法寶。也因此胡可以對戴震重情重欲的思想大加讚賞和宣揚，但他所理解的戴震哲學的基調仍然是主「知」的，而非如梁氏所把握的為重情的。梁、胡對戴震的重情重欲的重視皆然，而對其在整個哲學中的定位則不同，即有把握上的結構性差異。連繫科玄論戰，對其所以然，我們可以釋然。因此，胡適指出戴震重情重欲的思想只是更為根本的「科學家求知求理的態度與方法來應付人生問題」的結果，從而在論理、論道、論性、論情、論欲即宇宙觀、人性論、人生哲學、政治哲學等的廣闊領域內揭示並發揮所有這一切基礎和立腳點的「唯智主義」的「哲學的知識論」。[57]而其用意恰如章太炎

---

56 丁文江：《玄學與科學——評張君勱的「人生觀」》，29頁，見《科學與人生觀》。

57 侯外廬：《近代中國思想學說史》，389頁，「……東原走上了顏元弟子李恕谷的重知輕行的路線，從高調『由詞通道』的方法，否定了真理的標準，流於書上的哲學，而其社會的哲學，適之反而推崇為唯智主義，以為合於哲學的知識論，然而這卻是他不如習齋的哲學深遠之處。（參看本書第四章）」這裡不能討論顏元哲學與戴震哲學之間的高下，只取侯氏對胡適意見的概括。

一語道破的那樣：「近胡適尊信東原之說，假之以申唯物主義。」[58]

反過來說，正如梁、胡對戴氏理欲觀的看法有一致之處，梁對戴震思想學術中可與「實證哲學派」相通的「科學精神」、「科學方法」也是著力表彰的，在這一點上，他跟胡很接近。這又作何解釋呢？其實這並沒有脫離前引梁「人生關涉理智方面的事項，絕對要用科學方法來解決。關於情感方面的事項，絕對的超科學」。這一基本立場。只是前面的分析重讀在後一句，而這裡要重讀前一句。正是為「情感」保留地盤，他才反對「科學萬能」論，他也承認人生問題中「理智」的地位，因而「我絕不承認科學破產」。這就是陳獨秀認為「梁啟超究竟比張君勱高明些」的「騎牆態度」[59]和胡適所謂的「梁啟超氏提出折中方案」[60]。梁啟超對戴震「治學方法」的「科學精神」的推崇確實表明了「讀者切勿誤會，因此菲薄科學，我絕不承認科學破產」的誠意，他對戴震「情感哲學」的發揮也與「不過也不承認科學萬能罷了」的表白一致。[61]

胡說梁《歐遊心影錄》裡說的話「在國內確曾替反科學的勢力助長了不少威風」[62]。用「反科學」來概括玄學派的思想傾向是否合適且不說，我們當然可以理解「唯科學主義」者胡宜有此論。[63]正如胡也有所分辨一樣，梁本人則肯定是不反科學的。因此，在對戴震的

---

58 章太炎著、傅傑校定：《國學講演錄》，197頁，上海，華東師範大學出版社，1995。

59 陳獨秀：《科學與人生觀》，序言7-8頁。

60 胡適：《當代中國的思想界》（朝鮮日報，1925.01.01）（馮鴻志譯於1995年11月2日），見《胡適研究叢刊》，第2輯，357頁，北京，中國青年出版社，1996。

61 梁啟超的原話是：「讀者切勿誤會，因此菲薄科學，我絕不承認科學破產，不過也不承認科學萬能罷了。」語出梁氏《歐遊心影錄》，被胡適《〈科學與人生觀〉序》（第7頁）所引，收入《科學與人生觀》。

62 胡適：《〈科學與人生觀〉序》。

63 參見〔美〕郭穎頤著、雷頤譯：《中國現代思想中的唯科學主義（1900-1950）》，南京，江蘇人民出版社，1995。

「科學精神」和「科學方法」的推崇和宣揚上，兩人可以達成一致。
梁「不承認科學萬能罷了」的立場，其實是反唯科學主義。在梁著
《中國近三百年學術史》之十五「清代學者整理舊學之總成績」（四）
「曆算學及其它科學」介紹完後，梁發了一通深切的感慨，最後幾句
如下：

> ⋯⋯雖然，非貴乎知之，實貴乎行之。若如今日之揭科學旗幟
> 以嚇人者，加減乘除之未嫻，普通生理心理之未學，惟開口罵
> 「線裝書」，閉口笑「玄學鬼」，猖狂於通衢以自鳴得意。顧亭
> 林有言：「昔之清談談老莊，今之清談談孔孟。」吾得易其語
> 曰：「今之清談談科學。」夫科學而至於為清談之具，則中國
> 乃真自絕於科學矣！此余之所以悁悁而悲也。[64]

　　這段話分明是針對科玄論戰中的科學派而發，梁模仿顧炎武批評
王學末流「清談談孔孟」的論式，來批評科學派之「清談談科學」，
這一根據本土思想資源而鑄造出來的語詞，可說是對「中國現代思想
中的唯科學主義」最精確的概括了。[65]
　　綜上所述，我們有理由連繫科玄論戰，並且確實可以由此對梁、
胡對戴震大致共尊其實異趣的細處有較深的瞭解。這一從戴震思想學
術的詮釋和評價上的同尊異由中體現出來的思想交鋒，是梁啟超胡適
學術交往錄中隱而不顯實則意味深長的又一段。在一定意義上，梁、
胡心目中的戴震之異同離合是現代思想史上科玄論戰的一個投影。

---

64 朱維錚校注：《梁啟超論清學史二種》，511-512頁。
65 而戴震，在梁氏心目中正是實「行」科學而非「清談」科學的典範。

第二節　錢穆的重明「宋學」及其對胡適、梁啟超之「戴震」研究的批評

　　自章太炎、劉師培以降，二十世紀二三十年代對清代學術思想史的系統研究，推梁啟超、胡適和錢穆。梁、錢且著有同名的《中國近三百年學術史》，更引發後學對其成就進行相互比較的濃厚興趣。學者將他們相提並論，往往是為品評其學術史整理的得失高下，而能計較其短長的則非親治清學史者莫能為。但學術界似疏於顧及梁、胡、錢此種學術工作的現實關懷，尤其忽視持論後出的錢穆與見解大體一致的胡適、梁啟超之針鋒相對。筆者不才，關心其借題發揮的旨趣，試以三家對清學史中心人物戴震的研究為個案，著力揭示如錢穆《中國近三百年學術史‧自序》所謂「豈敢進退前人，自適已意，亦將以明天人之際，通古今之變，求以合之當世，備一家之言」的那一面，以就教於高明君子。

一　梁啟超、胡適對戴學的推崇和宣揚的一致指向：「反理學」

　　近代以來，戴學尤為凸顯。到二十世紀二三十年代，戴震依然是備受學界關注的人物。尤以梁啟超、胡適為為之鼓吹之要角。前文已結合「科玄論戰」分析其間的若干分歧，[66]但是態度的一致與取向的合流，也是很重要的，從實際影響的角度看，甚至是更重要的。兩人之間似乎有一個默契，不期然而然地將戴震樹立為「反理學」的學術

---

66 筆者認為梁、胡對戴震考據學的方法、精神和成績的看法有驚人的一致，而對戴震的哲學基點的把握和發揮卻有值得注意的重要差異：梁氏側重「情感主義」，胡氏側重「理智主義」。

思想英雄形象，而這一點恰成為錢穆批評的對象，由於論辯語境的變化，錢穆主要針對了胡適。

　　如前文所述梁、胡對戴震的推崇主要在兩點：第一，「科學方法」、「科學精神」的宣揚；第二，重「情欲」思想的發揮。此外，他們又都指出其治學的方法是「分析」和「綜合」的結合，[67]他們都認為戴震的哲學事業既是「革命」又是「建設」，[68]並且都看到戴震自覺地要建立自己的哲學，[69]都傾向於他的哲學是顏李學派的影響和新經學「結婚」的產兒，[70]他們也都用西方的「樂利主義」來比擬戴震的

67　梁啟超：《戴東原先生傳》：「蓋先生雖以考證名家，然所考證，並非枝枝節節、疲精神於一字句一名物之間，彼每研究一對象，必貫通群籍而斷之以己之所自得，其言曰：『最要體會條理二字，得其條理，由合而分，由分而合。』（段譜卷末引）所謂極分析綜合之能事也。」見陳其泰、陸樹慶、徐蜀編：《梁啟超論著選粹》，332-333頁，廣州，廣東人民出版社，1996。胡適：《戴東原的哲學》第63-64頁除引段譜此條外，另補兩條，謂「這三條須參互合看。他說『剖析』，說『分』，說『析』，都是我們今日所謂『分析』。他說的『合』，便是我們所謂『綜合』……戴氏是真能運用這種方法的人，故他能指出分析與綜合二方面給我們一個下手的方法。」

68　參見前引梁啟超：《戴東原生日二百週年紀念會緣起》謂戴為「我們哲學界的『革命建設家』」；及下文所引胡適：《戴東原在中國哲學史上的位置》並舉戴「在破壞方面」、「在建設方面」的哲學成就等等。

69　梁啟超：「《孟子字義疏證》，蓋軼出考證學範圍以外，欲建設一『戴氏哲學』矣。」朱維錚校注：《梁啟超論清學史二種》，32頁。胡適：「戴氏作此書（指《孟子字義疏證》——引者），初名為《緒言》，大有老實不客氣要建立一種新哲學之意……大概他知道程朱的權威不可輕犯，不得已而如此做。這是他『戴著紅頂子講革命』的苦心……」胡適：《戴東原的哲學》，87頁。

70　梁啟超：《戴東原哲學》：「東原既是密之、慎修的鄉後學，受他們影響成就他的考證學。他卻是『十七歲即有志聞道』的人，（與段茂堂書，見年譜葉三）對於哲學上許多問題，不甘以『不理』態度自滿足，中年得顏李學派的幫助，再應用向來的治學方法往前探討，漸漸便鎔鑄出他的『東原哲學』來了。」《飲冰室合集》5《飲冰室文集》卷40，61頁。胡適：「從顏李學派裡產出一種新哲學的基礎。從顧炎武以下的經學裡產出一種新的做學問的方法。戴東原的哲學便是這兩方面的結婚的產兒。」胡適：《戴東原的哲學》，4頁。

重欲重情的思想。[71]等等。總之,梁、胡二位,都從這位清代的「清學」(梁用語)或「漢學」(胡用語,有時又稱「樸學」)代表人物身上看到某種「現代性」,而將戴震歸結為是「反理學」的思想家和學者的重鎮。

《清代學術概論》的基本框架是用西歐文藝復興來比擬清代思想學術,揭示其「對於宋明理學之一大反動」[72]的「由復古而得解放,由主觀之演繹進而為客觀之歸納」的「清學之精神」[73]。而戴震,正是被梁啟超作為反映這一思想學術潮流動向的代表來定位的。他那「遏欲之害,甚於防川」的「東原理欲觀」(即梁所謂「情感哲學」)也是梁把清學與文藝復興相比較的一個中心理由,而其矛頭正是指向宋明理學的。《清代學術概論》的基本理路在《中國近三百年學術史》中被進一步概括為:「這個時代的學術主潮是:厭倦主觀的冥想而傾向於客觀的考察。」[74]也是著眼於「理學反動說」[75]。(所謂「主觀的冥想」是就宋明理學思潮的一般性質尤其指王學末流的蕩越而言)戴震思想學術的地位和意義正是在這一背景下得到評價的。

胡適接受了梁啟超的「理學反動說」,並進一步加以推演。在胡

---

71 梁啟超早在《論中國學術思想變遷之大勢》中「近世之學術」部分就已指出:「惟東原著《孟子字義疏證》及《原善》,以其心得者,以與新安、姚江爭,則亦持之有故,言之成理。其言曰:『君子之治天下也,使人各得其情,各遂其欲。君子之自治也,情與欲使一於道義。』而極言無欲為異氏之學,謂過欲之害甚於防川焉。此其言頗有近於泰西近世所謂樂利主義者,不可謂非哲學派中一支流。」《飲冰室合集》1《飲冰室文集》卷7,93頁。胡適:「戴氏的主張頗近於邊沁(Bentham)彌爾(J. S. Mill)一派的樂利主義(Utilitarianism)。」胡適:《戴東原的哲學》,70頁。

72 朱維錚校注:《梁啟超論清學史二種》,3頁。

73 朱維錚校注:《梁啟超論清學史二種》,89頁。

74 朱維錚校注:《梁啟超論清學史二種》,91頁。

75 參見丘為君:《清代思想史「研究典範」的形成、特質與義涵》,載新竹《清華學報》第24卷,第4期。

適那裡，近世思想史被一分而為兩大階段：「理學時期」和「反理學時期」。而戴震則是反理學時期的樞紐人物。胡適在一九二三至一九三六年間寫的與戴震有關的系列文章如《戴東原的哲學》、《戴東原在中國哲學史上的位置》、《費經虞與費密》、《幾個反理學的思想家》、《顏李學派之程廷祚》、《北京大學新印程廷祚的〈青溪文集〉序》等都是在宏闊的「近世」思想史內自覺地建立一個「反理學」的譜系。顧炎武、顏元、戴震、吳稚暉是其中最關鍵的幾個人物，尤以戴震為樞紐，而以科玄論戰中科學派壓陣大將吳稚暉為殿軍；「有作文『述吳稚暉』的意思」而又有心述戴震哲學的胡適順理成章地在這條線中定好了自己的位置。當胡適認定：「中國的近世哲學可分兩個時期：（A）理學時期──西元一〇五〇至一六〇〇。（B）反理學時期──一六〇〇至今日。」[76]所謂「至今日」的「反理學」人物，恐怕不會把他胡適自己排除在外的。事實上，由於胡適認為科玄論戰是歷史上「理學與反理學」思想鬥爭的現代版，[77]所以在他看來戴震等人正是科學派的先驅者；他所續列的自有淵源自成系統的「反理學」的譜系恰為理學家們所津津樂道的「道統」的反模擬，且直接延伸運用到現代思想界的論戰。

　　可見，胡適在更長的歷史時期和更廣的範圍內發揮理學反動說，思想史的線索由於作了更簡單化的處理而更清楚了，而他本人的自覺的強烈的「反理學」思想也貫徹得更徹底了。

　　宣揚戴震這位「反理學」的思想英雄和學術泰斗，這是梁啟超、

76　胡適：《幾個反理學的思想家》，見《胡適學術文集·中國哲學史》（下），1143頁。

77　「現在事過境遷，我們回來憑弔戰場，徘徊反省，用歷史的眼光來觀察這場戰事，方才明白原來這場爭論還只是擁護理學和排斥理學的歷史的一小段。」「這些議論都可見當時所謂『科學與玄學』的爭論，其實只是理學與反理學的爭論的再起。」參見胡適：《幾個反理學的思想家》，見《胡適學術文集·中國哲學史》（下），1167、1168頁。

胡適最基本的相同之處。

事實上，我們上舉兩人看法種種一致，都可以歸結到「反理學」這一宗旨上去。戴震方法的精密和態度的嚴謹正是就他比理學家解經之疏闊任意要高明而言，「革命」就是要「革」理學的「命」，建設自己的「一家之言」也是沖理學而來，戴震與顏李的思想關係也是著眼於「反理學」而論的，用「樂利主義」來比附更是在中西比較中揭示戴震思想反對理學「禁欲主義」的普遍意義。

在二十世紀二〇年代，經過梁啟超和胡適這兩位大手筆的潤色，戴震作為「反理學」思想家、學者的形象更突出、更高大了。

二　錢穆對胡適、梁啟超之尊「戴」論的辯駁

在二〇年代，梁啟超和胡適當之無愧是弘揚戴學的兩大主力，但是，到三〇年代，錢穆對胡梁異口同聲之尊戴則力持異議。

錢穆有關清代學術的著作主要有《國學概論》第九章「清代考證學」和《近三百年學術史》。前書為作者任教無錫省立第三師範及蘇州省立中學時擔任國文教席國學概論課的講義。一九二八年完稿，一九三一年五月由商務印書館出版。後者為作者任北京大學講授近三百年學術史所編講義。起於一九三一年秋，前後五載書成，一九三七年五月由商務印書館出版。

梁、錢兩人都各有一部《中國近三百年學術史》，兩書同名，取徑不同而各有千秋，學術界常將他們相提並論。當然，筆者不想在眾說繪紜的討論中，再添加一種評議。只想指出，梁、胡、錢三家的觀點之間具有內在的關聯，其著述是相激相蕩，或相影響或有交鋒。

就梁、胡而論。已有學者指出，胡的漢學起於反理學論深受梁的

影響。[78]梁《清代學術概論》不但有胡適從中鼓勵的推動，[79]在對「漢學」的評價上也受胡的影響，[80]《概論》初稿經胡適過目，定稿接受了胡適的不少看法。[81]

　　就梁、胡與錢而言。錢的《中國近三百年學術史》的著作緣起就是針對梁著而發：「余因與任公意見相義，故特開此課程，自編講義。」[82]梁氏作古後，錢著更頗與跟梁思路相近的胡適意見相左。正如余英時、艾爾曼等指出的那樣，以梁、胡為一方，以錢穆為另一派，均為是學術界關於清代學術思想史的代表性的兩大基本觀點的代

---

78 參見丘為君：《清代思想史「研究典範」的形成、特質與義涵》，該文指出了梁、胡清學史研究的關聯，並將他們的理論界說合稱為「理學反動說」；並把它與錢穆的「每轉益進說」和余英時的「內在理路說」一同稱為20世紀在這個領域內最有影響的三大學說，三個「研究典範」。

79 朱維錚校注：《梁啟超清學史二種》，見《清代學術概論》自序，提到胡適的推促是《清代學術概論》的著述動機之一。又見梁啟超1920年10月18日該書脫稿後致胡適的信也提及此事。見丁文江、趙豐田編：《梁啟超年譜長編》，922頁，上海，上海人民出版社，1983。

80 《胡適的日記》，1922年2月15日記道：梁對漢學的評價經過了褒貶不定、由貶到褒的變化，其原因就是「近來因我們把漢學抬出來，他就也引他那已刪之文來自誇了！」顯然是說梁的姊妹篇對漢學的評價是受了胡適自己的影響，當然這只是一面之辭，但也有一定的道理。中國社會科學院近代史所中華民國史研究室編：《胡適的日記》，268頁，香港，中華書局香港分局，1985。

81 胡適：「車中讀梁任公先生的《清代學術概論》。此書的原稿，我先見過，當時曾把我的意見寫給任公，後來任公略有所補正。《改造》登出之稿之後半已與原稿不同，此次付印，另加惠棟一章，戴氏後學一章，章炳麟一章，皆原稿所無。此外，如毛西河一節，略有褒辭；袁枚一節全刪；姚際恒與崔適的加入，皆是我的意見。」《胡適的日記》，36頁，記載日期為1921年5月2日。

82 錢穆：《八十憶雙親·師友雜憶合刊》，141頁，臺北，東大圖書股份有限公司，1986。錢又記，當年如何獲得梁著《中國近三百年學術史》未定稿，如何在梁卒後不久於北大講授梁曾在清華等校開過的同題課程引起群相討論的盛況。路新生《梁任公、錢賓四〈中國近三百年學術史〉合論》認為「錢著自序謂其書『蓋有詳人之所略，略人之所詳，不必盡當於著作之先例者』此即暗指任公所著書」，載臺灣《孔孟學報》，第68期，190頁。

表人物。[83]

　　而這兩大基本觀點之間的區別，據余英時的概括是：「前者強調清學在歷史上的創新意義，而後者則注重宋學在清代的延續性。」[84]筆者進一步要指出的是：在「不知宋學，則無以平漢宋之是非」，尤其「而漢學諸家之高下淺深，亦往往視其所得於宋學之高下淺深以為判」這樣斬截的斷案中，[85]錢穆鮮明地亮出了寓於學術思想史考辨中其崇宋抑漢的立場。[86]這樣，錢穆心目中「必以詆宋學為門面」的「治漢學者」之「魁傑」[87]的戴震必不得如梁、胡之尊崇了。

　　這兩大思路的歧異聚焦到清學史中心人物戴震上，對峙的意見蔚為大觀，其間的交涉，侯外盧在《近代中國思想學說史》中早已揭出：

　　　　故後來研究東原者，則應是歷史地去瞭解，而不是帶有號召色
　　　　彩地去宣揚了。以著者所知，提出了與適之、任公相反的評價
　　　　者，是錢穆氏，錢先生在其所著《中國近三百年學術史》中研
　　　　究東原，似針對了適之的東原哲學，故一方面是高揚，而他方

---

83 余英時：《從宋明儒學的發展論清代思想史》，見《中國思想傳統的現代詮釋》，178-179頁，南京，江蘇人民出版社，1989。艾爾曼：《再說考據學》，載《讀書》，1997（2）。

84 余英時：《從宋明儒學的發展論清代思想史》，見氏著：《中國思想傳統的現代詮釋》，179頁。

85 錢穆：《中國近三百年學術史》，1頁，上海，商務印書館，1937。

86 錢穆：《宋明理學概述・序》謂：「顧余自念，數十年孤陋窮餓，於古今學術略有所窺，其得力最深者莫如宋明儒……故雖私奉以為潛修之準繩，而未敢形之筆墨，為著述之題材也。」《宋明理學概述》，見《錢賓四先生全集》第9冊，8頁，臺灣，聯經出版事業公司，1998。又見《八十憶雙親・師友雜憶合刊》第137頁謂：「余本好宋明理學家言，而不喜清代乾嘉諸儒之為學。及余在大學任教，專談學術，少涉人事，幾乎絕無宋明書院精神。人又疑余喜治乾嘉學。則又一無可奈何之事矣。」類此雖為後出之論，核之錢《中國近三百年學術史》，確實如此。

87 錢穆：《中國近三百年學術史》，自序2頁。

面是低抑，適成對立……[88]

錢穆日後於一九六五年一月二十一日致楊聯陞的信中亦道及此事云：

拙著《近三百年學術史》……對東原《孟子字義疏證》，震於時論梁、胡諸人之見，下筆太囉蘇，不敢從扼要處深下砭箴。[89]

那麼，錢穆是如何「低抑」戴震，又何以是針對了「梁、胡諸人之見」的呢？

這可以從三個方面來看：

1 學術思想淵源的考辨

（1）揭示戴震與惠棟的學術淵源關係，揭穿戴震治學家數

梁啟超對戴震治學方法治學精神的推崇，很大程度上是通過「抑惠揚戴」的方式來實現的。《清代學術概論》謂惠棟派（即吳派）治學方法是「凡古必真，凡漢皆是」，「壁壘森固」。而戴震派（即皖派）的根本治學方法和精神是「實事求是」，是真正代表了「清學」而非「漢學」。梁又稱「惠僅『述者』，而戴則『作者』也」等。[90]要之抑揚之意甚為明顯。

這些觀點在學術界影響很大，然梁氏於兩人之間的學術交往、思想影響關係則未作交代。

胡適也沒有討論。胡著《戴東原的哲學》說：「我們看這幾篇

---

88 侯外廬：《近代中國思想學說史》，387頁。
89 錢穆：《素書樓餘瀋》，195頁，北京，九州出版社，2011。
90 朱維錚校注：《梁啟超論清學史二種》，4、26-28、36頁。

書，可以推知戴氏三十二歲入京之時還不曾排斥宋儒的義理；可以推知他在那時候還不曾脫離江永的影響，還不曾接受顏李一派排斥程朱的學說。」[91]學者極重視戴震對理學態度的前後變化，胡適也不例外，但他把戴的轉變歸到顏李一派的影響上去，中間並沒有惠棟這一環。

錢穆則認為：「蓋乾嘉以往詆宋之風，自東原起而愈甚，而東原論學之尊漢抑宋，則實有聞於蘇州惠氏之風而起也。」[92]他又考出「戴東原論學之第二期」「其深契乎惠氏故訓之說」（即「舍故訓無以明理義」「故訓中求義理」之說——筆者引錢氏之言）。並引證：「《原善》一書，或頗受松崖（即惠棟——引者）《易微言》影響」，隨後小注又及：

> ……當時實知惠戴兩家言義理亦相通，不如近人乃盛尊東原而抑惠也……尤證當時謂惠戴言義理，同從古訓出發也。[93]

這裡所謂「近人」應有梁啟超、胡適在內。錢穆批評他們不知惠戴學術、思想相承相通的真相，而妄為抑揚也。當然，學術思想史的解釋最忌簡單化，批評「盛尊東原抑惠」未必表明錢氏就尊惠抑戴，事實上，戴震在錢著《中國近三百年學術史》中是與章學誠並列的「乾嘉最高兩大師」，[94]早在《國學概論》中錢就指出：「東原之學，不徒在知禮，又貴能知得禮意，以明道為考覈之原，不株守考覈而止，皆承皖學紹宋精神，與吳派不同。」[95]可見，惠棟的地位自然在

---

91 胡適：《戴東原的哲學》，26頁。

92 錢穆：《中國近三百年學術史》，322頁。

93 錢穆：《中國近三百年學術史》，339頁。

94 錢穆：《中國近三百年學術史》，475頁。

95 錢穆：《國學概論》（下），93頁，上海，商務印書館，1931。

戴震之下，這是沒有問題的。但是值得注意的是：第一，錢揭示戴的高明之處也還是要歸功於理學傳統：即「皆承皖學紹宋精神」，這是不無深意的。第二，我們所謂錢的抑戴，乃就其針對戴的「反理學」而言，正針對胡梁基於「反理學」而崇戴，是在「理學與反理學」問題上的爭持，而非聚焦於戴、惠在漢學內部的定位問題。[96]

正是在這個意義上，錢穆接通惠戴的至大關鍵是點出戴震學問的家數：「言義理，同從古訓出發也。」這也是自顧亭林「舍經學則無理學」以來漢學家的中心理論、學術門徑。在這一點上戴震與惠棟並無不同：「舍古亦無以為是」，[97]其內含的價值判斷是：戴震談義理「始終未脫」漢學家「一本諸古訓」的格套。[98]而與「宋明先儒尋求義理於語言文字之表」無法比擬也。

因為在錢看來，按此門徑，殊不能發明義理：「彼輩欲於窮經考古之中，發明一切義理，其愚而無成，可弗待言。」[99]依此途轍，做得最好的如戴東原所得亦不過是「經學家意見」、「執《六經》而認為理之歸縮矣」。[100]其癥結在於：「此亦與東原所謂古訓明而古聖賢之理義明，古聖賢之理義明，而我心之同然者亦從而明之說，為徑略似。要之只許古人有創後人有襲，不敢求古聖之所以為創者以自為創而通其變，故使義理盡於考據，此則東原、次仲（即凌廷堪──引者）之

---

96 正如學者指出的那樣：「錢氏之贊戴震，亦因戴學路徑淵源自朱學，戴氏未斷斷於名物典制之考證，而以明道為職志，此宋學氣象也，故錢著謂戴氏與實齋是為『乾嘉時最高兩大師』；而錢氏之斥戴震，亦全因戴氏之排宋斥朱而起，認為戴氏對宋儒有大不敬。」路新生：《梁任公、錢賓四〈中國近三百年學術史〉合論》，載臺灣《孔孟學報》，第68期，208頁。

97 錢穆：《中國近三百年學術史》，324頁。

98 錢穆：《中國近三百年學術史》，365、383頁。

99 錢穆：《國學概論》（下），129頁。

100 錢穆：《中國近三百年學術史》，386頁。

缺也。」[101]戴震雖承朱子教，但「漢學家精神」畢竟與理學精神不同：「朱子格物，在即凡天下之物而格，今則只求即凡《六經》之名物訓詁而格耳。清儒自閻百詩以下，始終不脫讀書人面目，東原漢學大師，又承江永門牆，最近朱子格物一路，然亦只格得《六經》書本上名物，仍是漢學家精神也。」[102]

侯外廬說，錢氏在有關方面的考證，「確為適之誇大東原的最好批評」[103]。只是錢穆批評的對象恐怕還包括梁啟超在內。

（2）證否戴震與顏李的思想淵源關係，批評因「反理學」而誤置關聯

戴震由早年的服膺程朱到晚年詆排宋儒的思想轉變及其線索何在，是學者極為關心的重要問題。錢穆揭出惠棟在其中的作用，正是不滿於胡梁力持的顏李影響說而起。

梁啟超早就「深信東原學風和顏李有關係」、「我深信東原的思想，有一部分是受顏李派影響而成，雖然在他的著作中一點實證也找不出來」[104]。梁的「深信」根據的是旁證：「同治間戴子高撰《顏氏學記》，謂『東原之學，衍自顏、李』，信也。」[105]問題在於證據不足，儘管如此，「但我覺得這件事有可能性，試大略尋一尋他的線索」，梁揭出了三條線索：①方希原；②是仲明；③程綿莊（即程廷祚）和程魚門（即程晉芳）。[106]

胡適也「不能不疑心他曾受著顏李學派的影響。戴望作《顏氏學

---

101 錢穆：《中國近三百年學術史》，494頁。

102 錢穆：《中國近三百年學術史》，316頁。

103 侯外廬：《近代中國思想學說史》，391頁。

104 梁啟超：《戴東原哲學》，見《飲冰室合集》5《飲冰室文集》卷40，53、60頁。

105 梁啟超：《戴東原先生傳》，見陳其泰、陸樹慶、徐蜀編：《梁啟超論著選粹》，336頁。

106 梁啟超：《戴東原哲學》，見《飲冰室合集》5《飲冰室文集》卷40，60-61頁。

記》，曾說戴震的學說是根據於顏元而暢發其旨（學記一，頁4）。我們至今不曾尋出戴學與顏李有淵源關係的證據。我個人推測起來，戴學與顏李的媒介似乎是程廷祚」[107]。胡適還就這個問題去信與梁啟超討論，認為：「論顏學與戴學的關係似與是仲明無關，而似以程廷祚──『莊徵君』──為線索。戴子高所說，似不誤也。」[108]胡適《顏李學派的程廷祚》就專門介紹了這個「媒介」；胡適《北京大學新印程廷祚〈青溪文集〉序》提到他訪求程氏文集的「動機」及他看到文集後「使我高興也使我失望」的心情都與戴震跟顏李聯不聯得上有關！[109]

綜上所述：第一，梁、胡所本的旁證一樣：戴望的《顏氏學記》；第二，他們都承認證據不足，卻都極力尋找線索（儘管結論不盡一致），「可能」、「疑心」、「推測」等斷語的謹慎與他們內心的深處的「深信」形成強烈的反差；第三，極力在「反理學」的一致上把顏李與戴震續上淵源，尤以胡適為甚。

為什麼會這樣呢？這是尤以胡適最為自覺的、刻意要標示「反理學」的思想譜系的帶有強烈現實感的主觀意向，碰到文獻根據不足勢必陷入困境的反映，其間透露的義理系統上強續淵源要求證據來支持的心態是頗耐人尋味的。

錢穆似深悉此中三昧，力駁其說：

戴望為《顏氏學記》，嘗謂乾隆中戴震作《孟子緒言》，本習齋

107　胡適：《戴東原的哲學》，22頁。

108　胡適於1923年12月27日致錢玄同的信中提到此事。參見耿雲志、歐陽哲生編：《胡適書信集》上冊（1907-1933），324頁。

109　以上二文收入姜義華主編：《胡適學術文集・中國哲學史》（下），1188-1229頁。引語見1226頁。

說言性而暢發其旨,（卷1,顏先生傳）近人本此,頗謂東原思
想淵源顏、李。[110]

　　不難看出,近人即指胡適、梁啟超。錢穆先擺出對方的觀點,然
後詳加駁論。他指出,程廷祚與戴震「往來之詳已難考」,「謂《疏
證》思想自綿莊處得顏李遺說而來頗難證」,程晉芳「《正學論》,極
詆顏、李,遂及東原。（勉行齋文集正學論三）殆以東原《疏證》亦
斥程、朱,故與顏、李並提,非必謂東原之說即自顏、李來也。今考
東原思想最要者,一曰自然與必然之辨,一曰理欲之辨,此二者,雖
足與顏、李之說相通而未必為承襲,至從古訓中明義理,明與習齋精
神大背。若陡以兩家均斥程、朱,謂其淵源所自,則誣也。」[111]
　　凡胡、梁舉為證據的,錢皆一一加以駁斥,並指出胡、梁之所以
「誣」的原因正在於「近人」以顏李、戴震「均斥程朱」而強續淵源。
　　錢穆復舉證以為,與其說戴氏受顏李的影響不如說轉較易受惠於
毛西河、王船山、惠棟。又謂戴震論性寧易遠淵於荀子而不必近求之
於顏、李。[112]前文錢穆揭示惠戴關係的正面主張內涵崇宋抑戴的意
義,已足與此節摧破顏、李與戴震關係的意義相發明。而錢著《中國
近三百年學術史》、《王船山》章中,錢又將「詆非宋儒」的習齋、東
原並舉,極論他們在「理氣之辨」、「心物之辨」、「性道之幽玄」及
「君子之懸格」所關係到理欲之辨等方面,都比不上船山思想之精
深、「規模」之恢宏;其所以如此者,在船山能「溯源心性」、「本乎
發明道真」,承「橫樑關學之遺意」、「仍是宋明儒家矩矱也」。
　　這樣,錢穆既在「淵源」上證明顏李與戴震沒有關係,又在思想

---

110 錢穆:《中國近三百年學術史》,355頁。
111 錢穆:《中國近三百年學術史》,355-356頁。
112 錢穆:《中國近三百年學術史》,356-358頁。

「相通」於「詆排宋儒」的意義上（在這一點上胡、梁的意見未必不實，錢的並舉似證緣於此），以揚王夫之抑戴震、顏、李的方式表明自己崇宋學的旨趣。恰與胡適、梁啟超的所為相反。

2 在「戴學的反響」上的分歧

梁啟超接受胡適的建議，在《清代學術概論》中對戴氏後學有所論列，[113]但語焉不詳，且側重於對其「科學的研究法」與「精神」的揭示，未從哲學角度進行探討。梁啟超《戴東原哲學》第十部分「東原哲學的反響（暫闕）」與第八部分「東原哲學內容五——宇宙觀（暫闕）」，據梁本人講都是因時間太緊趕不及作，故而僅存其目。胡適《戴東原的哲學》將梁文所「暫闕」的都補齊了。尤其整篇文章的第三大部分《戴學的反響》以全文過半的篇幅承接並完成了梁啟超的未竟之業。

錢穆也花了很多筆墨討論戴學的反響，其所論每與胡適大有出入，而出入則每與「理學與反理學」的針鋒相關。

（1）段玉裁

胡適謂戴震大弟子段玉裁對戴晚年的「義理為考覈之源」說已「不很懂得」，並歸因於其對理學的態度：「段玉裁雖然終身佩服戴氏，但他是究竟崇拜程朱的人……怪不得他不能瞭解戴震的哲學了。」[114]而錢穆則認為「東原以義理為考覈之源，而懋堂以考覈為義理之源，此非明背師說，乃正所以善會師說也」[115]。他也指出「懋堂

---

113 參見中國社會科學院近代史所中華民國史研究室編：《胡適的日記》，36頁。

114 胡適：《戴東原的哲學》，90-91頁。

115 理由詳見錢穆：《中國近三百年學術史》，366頁。關於這個問題的討論另請參見余英時：《論戴震與章學誠——清代中期學術思想史研究》，115-117頁，臺北，華世出版社，1980。

言考覈並不主排宋也」的事實。引證中有胡適亦加援引的話:「喜言訓詁考覈,尋其枝葉,略真根本,老大無成,追悔已晚。」而結論則大不一樣。「懋堂畢生精力,萃其《說文解字》一書,乃不自滿假,自居一藝,極推朱子,謂其本末兼賅,未嘗異孔子之教,此其度量意趣,誠深遠矣!」[116]一個說段不懂戴為理學毒害所致,一個說段「善會師說」且不局限於老師的局度而能達「深遠」的境界;一個歸罪於理學,一個歸功於理學。評論者本人思想的異趣,於此可見。

(2) 章學誠

胡適雖認為章學誠「頗能瞭解戴氏的思想」,而對他批評戴氏「詬病」朱子為「飲水忘源」則大不以為然:「章氏說戴學出於朱學,這話很可成立。但出於朱學的人難道就永遠不可以攻擊朱學了嗎?這又可見章學誠衛道的成見迷了心知之明瞭。」[117]而錢穆則深以章說為然:「真知學者莫不實事求是,不爭門戶,故實齋能賞東原。而東原以朱學傳統反攻朱子,故實齋譏之,謂其飲水忘源也。」「然東原詆排朱子,實齋譏之,謂其飲水忘源,慧有餘而識不足。是東原亦未為知道,未為深知夫學術之流別也。」[118]錢穆體會和發揮章學誠的意思,戴震可譏之處在「爭門戶」、「未為深知夫學術之流別也」。所謂「未為知道」之「道」,據上下文是指「辨章學術考鏡源流」的學術見識,即「知夫學術之流別也」,未必是「衛道」之「道」。因而是不是胡適本人太過強烈的反道統反理學意識過分鋪張,延伸過廣,而把未必與道統有關的見解也歸罪於理學?另一方面,錢穆對戴震的批評中,確有對宋儒的尊重在裡邊。(儘管錢也是不持道統論的)這

---

116 錢穆:《中國近三百年學術史》,366-367頁。

117 胡適:《戴東原的哲學》,91-94頁。

118 錢穆:《中國近三百年學術史》,389、407頁。

也很明顯。不僅如此，在清儒中，章氏是錢穆極為推崇的人物，錢本人的史學就深被其澤，[119]然而與宋儒相比則還是要矮上一頭：「起而糾謬繩偏，則有章實齋，顧曰：『六經皆史，皆先王之政典』，然為之君者既不許其以天下治亂為己任，充實齋論學之所至，亦適至於遊幕校讎而止，烏足以上媲王介甫、程叔子之萬一耶！」[120]

（3）焦循、阮元

關於焦循與戴震及陽明的關係，胡適認為焦氏頭腦中的王學妨礙他真正瞭解戴震：「焦循很佩服王陽明的哲學根本上便和戴震不能相容。他所以贊同戴震的性說，正因為戴氏論性，以食色為性，與陽明學派最相近。但戴震說性，雖以食色知識為起點，卻要人『由博學、審問、慎思、明辨、篤行，以擴而充之。』『至於辨察事情而準』，這種純粹理智的態度與『良知』之學根本不同的，也是焦循不能瞭解的了。」[121]因此儘管「二百年來，只有一個焦循瞭解得一部分」[122]戴震哲學，但胡並不被許為真正的傳人。錢穆認為焦循論性善之要義，一曰義之時變，二曰情之旁通，他以焦氏此論與戴東原「去蔽」、「去私」說相比較，認為焦氏之說「似較東原尤完密焉」。又說焦氏論性

---

119 章學誠是錢穆極力彰顯的「乾嘉最高的兩大師」之一，他的「六經皆史」說摧破了自顧炎武「經學即理學」到戴震「由訓詁求義理」的漢學家中心理論，而從「道在六經」的經學藩籬中解放出來，其「通今」（而戴是「稽古」）經世的史學進路深深影響了後來今文經學派的興起而收「學術經世之一效」。章氏在錢心目中可謂卓矣。錢本人的史學所受章氏影響，請參見余英時：《錢穆與新儒家》，見《錢穆與中國文化》，上海，上海遠東出版社，1994。

120 錢穆：《中國近三百年學術史》，自序2頁。

121 胡適：《戴東原的哲學》，123頁。

122 胡適：《戴東原在中國哲學史上的位置》，見《胡適學術文集・中國哲學史》（下），1108頁。

分之不同，亦「非東原所及」，[123]故有學者據此以為「錢著每發為抑戴申焦之論」。[124]至於焦氏與理學的關係，錢則予以好評，認為焦氏「頗與當時專務考據者異」之一大端在於「又治宋明理學者言」。[125]這裡錢的「抑戴申焦」與前揭「揚王（船山）抑戴」等一樣是錢穆整個崇宋抑戴立場的一個注腳，一個環節，是這一根本思想傾向有意識無意識的流露，恰與胡適的看法形成對照。

他們對阮元治義訓的方法的分歧，更能說明問題。胡適認為阮元的「成績在淩廷堪與焦循之上」，因為「他用戴學治經的方法來治哲學的問題；從詁訓名物入手，而比較歸納，指出古今文字的意義的變遷沿革，剝去後人塗飾上去的意義，回到古代樸實的意義。這是歷史的眼光，客觀的研究，足以補救宋明儒者主觀的謬誤」。胡適美其名曰「剝皮主義」：「這個剝皮主義也可說是戴學的一種主要的精神」。[126]胡適在其它論及清學的文字中將「剝皮主義」推許為一種根本方法，在方法論意義上抬得很高，與他本人宣導的「科學方法」一脈相承。[127]錢穆則說：「伊川誨學者，將聖賢言仁處類聚觀之，張南軒祖之，類聚孔孟言仁，而朱子不甚謂然，云恐長學者欲速好徑之心，滋入耳出口之弊。則宋儒未嘗不知將古訓類聚而觀，惟領悟之淺深，仍不在此。近人若以阮氏方法為漢學家獨擅，宋儒皆專輒自信不守古訓，此豈為知漢宋之辨者？」[128]胡適認為以阮元為代表的清儒「剝皮

---

123 錢穆：《中國近三百年學術史》，460、466頁。

124 路新生：《梁任公、錢賓四〈中國近三百年學術史〉合論》，載臺灣《孔孟學報》，第68期，208頁。

125 錢穆：《中國近三百年學術史》，468頁。

126 胡適：《戴東原的哲學》，139、162-163頁。

127 即胡宣揚頗力的「還他一個本來面目」之說。請將胡此處的討論與《〈國學概論〉發刊宣言》相關文字合參，見胡明編選：《胡適選集》，146-147頁。

128 錢穆：《中國近三百年學術史》，480-481頁。

主義」「足以補救宋明儒者主觀的謬誤」，未必盡非。錢穆指出「類聚」、「古訓」之法的流弊，也不是為古人爭閒氣。這些都關係到胡適錢穆之間對宋明理學態度不同，因此，錢穆要說宋儒「未嘗不知」此法，亦不廢「古訓」而要對胡適之偏袒漢學家力持異議了，所謂「近人」，不是胡適又能是誰呢？

3 對戴震「心術」的看法

錢穆論清學史還特重辨「心術」，這是他所理解的「漢宋之辨」的重要一環。不煩多論，且看他是如何品評戴震的學行，就可知其大概。

自章學誠以降，戴的心術問題不斷被學者提起，它主要有兩個方面：一是他詆排自己學術所從出的朱子，算不算不德；二是他有沒有剽竊掩襲趙一清《水經注》校本，如果竊案成立，那麼其人品就不用說了。[129] 就問題的第一方面而言，前文已有討論，錢同意章學誠的裁斷而不取胡適之見，謂戴「未知夫學術之流別也」、「慧有餘而識不足」。關於第二方面，梁啟超作過調停，謂戴趙校本之同「則閉門造車，出門合轍，並非不可能之事」，傾向於認為沒有「蹈襲問題──即著作家道德問題」，還說後人不必為先輩作無謂的發明權之爭。[130] 頗與他的崇戴傾向相表裡。胡適為紀念戴震二百週年，也特曾致函王國維索要《論戴東原〈水經注〉》稿，但我們討論所及胡論戴東原的

---

129 其實它不簡單是學者個人私德問題。前者涉及理學與反理學的思想分歧，論者立場不同則持論自異，如前引胡適為東原辨白就是一例；而後者是個撲朔迷離的學術公案，很難論定；甚至論者與戴震是否有老鄉關係也會影響到對這一問題的看法。因此，這實在是一個複雜過分而所涉未必皆有意義的問題。筆者根本不能也無意討論這個問題本身，而只就對戴震的心術問題錢穆何以必不放過這一事所關涉其尊宋抑漢背景稍加揭示。

130 朱維錚校注：《梁啟超論清學史二種》，374-379頁。

著述文稿,皆未提《水經注》趙戴案。他尚未對此有明確而公開的見解,但顯而易見的是,胡適並不因為王國維對戴震人格的嚴厲控訴而改變「我們那種稱頌戴震及『戴學』的態度」。[131]

　　而錢穆則抓住戴竊趙書之事不放。錢著《中國近三百年學術史》,「戴東原」章:「東原在四庫館,盜竊趙東潛校《水經注》,偽謂自《永樂大典》輯出,以邀榮寵,其心術可知。時紀曉嵐主館事,紀固好詆宋者,東原《疏證》,倘亦有牛鼎之意乎。」[132]錢不單抖出「竊」案,還將《疏證》之「詆宋」聯上,見其「心術」。又謂:「今按實齋屢斥東原心術,今《永樂大典》本《水經注》行世,東原竊趙書一案坐實,大可為實齋說添有力之佐證矣。」[133]按:章氏首出戴震「心術未醇」之論,主要就其好詆宋儒一端而言,尚未提竊書之事。今錢氏以竊案「坐實」實齋此言不虛,乃是在更深廣的層次上不滿於戴氏的心術。錢氏尤未已也,在「龔定庵」章討論魏源對漢學家的批評時又提此事:「默深尤力詆東原,謂其平日談心性,詆程、朱,無非一念爭名所熾,其學術心術,均與毛大可(即毛奇齡──引者)相符。又歷指其著書之不德。」錢又發揮此意,附注中詳引張穆、王國維、楊守敬、孟森諸家說,謂戴氏竊案「殆成定論」,「知戴竊趙書確然無疑也」,以證魏源語非虛發。[134](按:錢氏非《水經注》專家,也無意在《中國近三百年學術史》中審趙戴案,他只是引徵諸家說以糾彈戴震其人心術之不正罷了,其注意者在此不在彼也)但這一點也引起侯外廬的批評:「(錢穆)甚至舉出東原在四庫館盜竊圖書以炫己

---

131 參見陳橋驛:《胡適與〈水經注〉》,收入耿雲志編:《胡適評傳》,上海,上海古籍出版社,1999。

132 錢穆:《中國近三百年學術史》,322頁。

133 錢穆:《中國近三百年學術史》,334頁。

134 錢穆:《中國近三百年學術史》,531-532頁。

之發見，以為證件，事若誠有之，乃賢者之玷，但這能否認他的學術淹博麼？」[135]侯外廬以學問與人品相分，自有他的立場。甚至余英時也認為「實齋『心術』之論自是取自傳統的道德觀點。」[136]特從戴震向當時考證學者道隱衷的角度探究戴氏的心理，而不取乃師之說。但是，這些豈是推崇「內聖外王」之學，認為心術之學關乎世道至大、「議論稍近宋明」的錢穆所能同意的呢？無須他說，只要看看他對閻若璩與毛奇齡學術交涉這一與趙戴案性質相近之事的評論就知道了。「自此後漢學家考據言之」，乃至就戴之高出一般漢學家一頭的義理言之，錢氏都會承認戴震誠為「學術淹博」，但「自宋明以來理學家所謂心性義理言之」，竊書之「事誠若有之」的話，就絕不只是「賢者之玷」的問題了，義理豈可空談，乃必需「躬行實踐，從自身自心打熬透悟」的！何況，錢氏之意「非敢以薄前賢，乃所以勉今賢也」[137]。

　　以上從三個方面揭示了錢穆與胡適、梁啟超在對戴學的詮釋和評價上的抑揚對立內在地關聯著「理學與反理學」的分歧：前至思想學術的淵源，後至身後的反響，乃至其人品心術。細核雙方的文字，非常顯白。尤其從錢穆那邊來看，說「似針對了」胡適還不夠，而確實是針對了胡適和在某些大關節上與他同調的梁啟超。錢穆之「為程朱辯護」，也不只是「無意」的，而是很自覺的。可以說，錢穆「持論稍稍近宋、明」[138]的立場的明確與胡適「反理學」意識的強烈不分軒輊而恰相激蕩。

---

135 侯外廬：《近代中國思想學說史》，392頁。
136 余英時：《論戴震與章學誠——清代中期學術思想史研究》，86頁。
137 參見錢穆：《中國近三百年學術史》，236、252頁。
138 錢穆：《中國近三百年學術史》，自序4頁。

三 圍繞戴震研究的學術觀和文化觀之爭
——抑揚之間的原因與意義的探討

　　學術史研究的意見分歧與學者的現實的學術主張與文化主張的對立有不可分割之關係，這是持論後出的錢穆何以會對戴震取與梁、胡如此殊異的態度及其意義所在的關鍵。

　　對此，錢著《中國近三百年學術史》自序有所提示：

> 今日者，清社雖屋，屬階未去，言政則一以西國為準繩，不問其與我國情政俗相洽否也。捍格而難通，則激而主全盤西化，以盡變故常為快。至於風俗之流失，人心之陷溺，官方士習之日污日下，則以為自古而固然，不以厝懷。言學則仍守故紙叢碎為博實。苟有唱風教，崇師化，辨心術，核人才，不忘我故以求通之人倫政事，持論稍稍近宋、明，則側目卻步，指為非類，其不詆訶而揶揄之，為賢矣！[139]

　　這分明是「持論稍稍近宋、明」的錢穆對「主全盤西化」、「仍守故紙叢碎為博實」的胡適等的嚴厲的批評，這段話寫在清學史的書序裡，可謂用心良苦。彷彿真是「漢宋之爭」的重演或如胡氏所謂「理學與反理學」鬥爭的再起。而這種論爭已不限於考據與義理之辯等的傳統內容，更包括文化主張上的「中西之辯」。要之，分歧集中在學術觀和文化觀，這從他們對戴震研究中體現得淋漓盡致。

　　學術觀上的分歧，集中體現在對漢學的把握的異趣上。

　　對梁、胡盛讚不已的以戴震為典範的漢學的「科學精神」、「科學

---

139 錢穆：《中國近三百年學術史》，自序3-4頁。

方法」，錢是有保留地同意這兩位「近人」持之最力的所謂清代樸學「有合於今世科學之精神」說的，但立論的重心在於批評漢學方法被無限制地濫用：「然漢學家方法，亦惟用之訓詁考釋則當爾。學問之事，不盡於訓詁考釋，則所謂漢學方法者，亦惟治學之一端，不足以竟學問之全體也。」[140]事實上，錢對胡、梁以西方「科學方法」來比附漢學考證之法是極不稱心的：「近世盛推清代漢學家尚證據，重歸納，有合於歐西所謂科學方法者。其實此風源於明代，由一種分類鈔書法，而運用之漸純熟，乃得開此廣圃也。」[141]（按：這裡所謂「鈔書」，非復今日常能耳聞的剽竊他人著述為己出之下作者[142]）可見，錢氏不同於胡梁之用西方「科學方法」來溝通漢學方法並使之近代化，而將其還原為一種無甚奧妙的「鈔書法」[143]，則錢對漢學的基本立場昭然若揭，他對胡、梁之所為的態度也是不言而喻的。[144]

　　梁、胡所為或有不當，但其意可感。

　　在梁啟超親身體會到的「借經術文飾其政論」的弊端如此有

---

140 錢穆：《中國近三百年學術史》，402頁。

141 錢穆：《中國近三百年學術史》，157頁。

142 參見朱維錚：《求索真文明——晚清學術史論》，50-51頁，上海，上海古籍出版社，1996，行文小注指出：「可知顧氏所謂『鈔書』，與今日統行理解大相徑庭。今所謂『鈔書』，在顧氏則稱『竊書』。」見該書第59頁。而顧炎武「著書不如鈔書」之說為錢氏立論的一大根據。

143 錢穆：《中國近三百年學術史》，157頁：「即謂清代經學皆自鈔書工夫中來，亦非不可。此即章實齋所謂纂輯之學也。」章學誠是將其與「著述」之學對舉，頗含批評之意。錢穆引而發揮之。

144 白壽彝：《錢穆與考據學》一文對錢視漢學方法為「鈔書法」之說頗有微詞，未必盡非。此文不免60年代政治批判左右學術批評的傾向，這也不足為怪。然而由於作者在政治上從而在學術上將錢與胡連繫在一起，並沒有細察或視而不見錢氏對清代考據學的諸多看法（「鈔書法」之說就是一例）恰恰針對胡、梁尤其是胡而發，這是不能不指出的。該文收入氏著：《學步集》，北京，生活・讀書・新知三聯書店，1962。

害[145]、胡適看到的「通經而致治平」的夢想依然如此常見的情況下，在二十世紀二〇年代初學術功利主義尚風行知識界的思想氣候裡[146]，梁啟超由此而宣導一種與「不以學問為目的而以為手段」的態度截然不同的「為學問而治學問」的精神。[147]即胡適所謂研究學問的「為真理而求真理」的「態度」和「標準」。[148]他們都以西方純粹求知的傳

---

145 梁啟超對自己過去追隨康有為「借經術以文飾其政論」的經生作為作了深刻的反省：「有為、啟超皆抱啟蒙期『致用』的觀念（指顧炎武等明末清初大儒經世致用的觀念。梁啟超將清學分為啟蒙期、全盛期、蛻分期。蛻分期即衰落期。三期主要代表人物分別為顧炎武、戴震、康梁。——引者）借經術以文飾其政論，頗失『為經學而治經學』之本意，故其業不昌，而轉成為歐西思想輸入之導引。」
　這裡所謂「為歐西思想輸入之導引」的康梁即下文「所謂『新學家』者」的魁首：「而一切所謂『新學家』者，其所以失敗，更有一種根原，曰不以學問為目的而以為手段……晚清之新學家，欲求其如盛清先輩具有『為經學而經學』之精神者，渺不可得，其不能有所成就，亦何足怪？故光、宣之交，只能為清學衰落期，並新思想啟蒙之名，亦未敢輕許也。」以上兩段引文見朱維錚校注：《梁啟超論清學史二種》，5、80頁。
　梁啟超的自我批評是非常嚴肅也是非常嚴屬的。說自己親歷其間的今文學、新學運動「其業不昌」、「失敗」、「並新思想啟蒙之名，亦未敢輕許也。」，「只能為清學衰落期」。並把原因歸結到沒有漢學家那樣的「為經學而治經學」、「以學問為目的」的精神。有鑒於今文學、新學運動「為政治而做學問」的負面效應而提倡不拘泥於世「用」的「科學方法」、「科學精神」又其嚴格是漢學家式的實「行」科學而非「清談科學」，這是梁啟超整理清代學術史的重要背景。

146 參見錢智修：《功利主義與學術》，見陳崧編：《五四前後東西文化問題論戰文選》，北京，中國社會科學出版社，1985。另參見陳來：《化解「傳統」與「現代」的緊張——「五四」文化思潮的反思》，也討論到當時思想界的「激進功利主義」，見《陳來自選集》，桂林，廣西師範大學出版社，1997。

147 參見朱維錚校注：《梁啟超論清學史二種》，40、80頁。

148 參見胡適《論國故學——答毛子水》，見《胡適文存》，第3集卷2，285-288頁，上海亞東圖書館，1922。此信可以作為瞭解胡適研究和揭示並宣導完善「漢學家的科學方法」來「整理國故」、乃至在更深廣的範圍和層次上提倡「科學方法」的心理背景、思想動機的最好材料。文中批評「張君」即《國故》雜誌編輯張煊等人仍不脫「古人『通經而致治平』的夢想」，而新青年毛子水也還有「一個『有用無用』的成見」，可見當時學術界無論守舊或趨新普遍缺乏「為真理而求真理」、

統為借鑑，認為漢學中體現出來的科學方法和精神與之最相接近、應當繼承發展。梁、胡的所欲所為是很有時代意義的，即使在今天看來也仍有其不失警策的地方。

　　然而，胡、梁以「科學方法」、「科學精神」整理國故的流弊日滋，連胡適本人也不諱言，一句話：「……現在一班少年人跟著我們向故紙堆去亂鑽，這是最可悲歎的現狀。我們希望他們及早回頭，多學一點自然科學的知識與技術：那條路是活路，這條故紙的路是死路。」[149]這就是錢穆所指出的「言學則仍守故紙叢碎為博實」。尤其是在中華民族處於日寇侵犯的危急存亡之秋：「斯編初講，正值九一八事變驟起，五載以來，身處故都，不啻邊塞，大難目擊，別有會心。」[150]錢穆自不肯如當年胡適、梁啟超然，從中西比較的視野提升漢學方法與精神為科學方法與精神，並強調學術的非功利性。相反要從中國固有思想學術的源流考辨入手將其分析還原為歷史上一種「鈔書法」，進而宣導「持論稍稍近宋明」的另一種學風，強調學術的「有體有用」、重在揭示「學術經世」的傳統。錢著《中國近三年學術史》能贏得楊樹達等飽學而深具家國之感的知識分子的褒揚，[151]並不是偶然的。正如學者指出的：「其主旨在矯正民國初年學者推尊清代學術，而貶抑宋明理學的觀點；並進一步指出清代學術雖有其優越之處，但若繼續追循此精神，最後將不能開創中國學術的新機運，也

　　「為學問而做學問的」意識。則胡適、梁啟超通過清代學術尤其是漢學的方法和精神的研究而宣揚非功利主義的學術觀，其針砭時弊的意義就由此可見了。他們把戴震視為「我們『科學界的先驅者』」、一個「科學家」的意義也可有所彰顯。

149 胡適：《治學的材料與方法》（1928.09），見《胡適文存》，第3集卷2，205頁，上海，上海亞東圖書館，1930。

150 錢穆：《中國近三百年學術史》，自序4頁。

151 余英時：《一生為故國招魂——敬悼錢賓四師》，見《錢穆與中國文化》，26-27頁。

無法建立完善的民族文化，以抵抗敵國外患。」[152]

關於清代樸學的「方法」與「精神」是否為「科學」的問題，許多現代學者提供了與胡適、梁啟超截然不同的見解。林毓生的研究表明，科玄論戰中的雙方是在對西方現代科學誤解的情況下參與論爭的，像胡適等只不過表達了其科學主義信仰而已。[153]這就是勢必讓人質疑他們所理解的科學方法究竟是怎麼回事，更不用說漢學方法是否科學方法了。郭穎頤也指出：「胡適把現代科學方法與清代學者的經驗主義等同起來，似乎有些牽強。當胡適自己指出中西方文明的本質不同時，這種等同的淺薄之處就不言而喻了。」[154]著有《從理學到樸學——中華帝國晚期思想與社會變化面面觀》的艾爾曼也不同意胡適、梁啟超，把清學史講成「中國現代科學興起的故事」。[155]問題的關鍵也許取決於論者對「科學」的理解程度，現代學者比胡梁有更優越的條件，能夠認識到將清代樸學與西方近代科學相比附是牽強的。在老大中國走向世界走向現代的過程中，文化上的中西比較是不可避免的，識者應將之引向認知雙方的本真，才談得上文化的融合與創新，而不是停留於任情比附的模糊影響之談，否則即不能取人之長又會喪失自知之明。可以有把握地說，胡、梁等近代學人之所以能夠將清代學術抬舉為科學，乃是採用了將「科學」的「方法」與「精神」從科學系統中抽離出來的手法，而這一點恰是成問題的。胡適在題為

---

152 賴福順：《錢穆先生的教學與學術》一文介紹錢著《中國近三百年學術史》，參見《〈民間史學〉1990年冬錢賓四先生逝世百日紀念專刊》，95-96頁，臺北，「行政院」新聞局版，1990。

153 參見林毓生：《中國傳統的創造性轉化》中《民初「科學主義」的興起與含義——對「科學與玄學」之爭的研究》等文。

154 郭穎頤：《中國現代思想中的唯科學主義》，77-78頁，南京，江蘇人民出版社，1995。

155 見前引艾爾曼：《再說考據學》，載《讀書》，1997（2）。

《治學的材料與方法》的講演中終於意識到「材料」對「方法」的制約的嚴重性，意識到如果只將研究的對象局限於「故紙堆」，則清代漢學家式的「科學方法」、「科學精神」並不能給中國帶來近代西方式的進步。隨著對西方科學的認識的加深，他對清代樸學的評價降低了，但是「故紙堆」之說正如當年熱烈推崇的「科學精神科學方法」一樣並不能增進對清代學術的瞭解，這就像梁啟超用「為學問而學問」來讚揚清學的精神讓人總覺皮相一樣。在向西方文化中那種「為真理而求真理」的純粹求知的傳統學習這個特定的問題上，「全盤西化」到是適宜的。錢穆對西方科學的認識大概不會超過胡、梁，但他對漢學方法的看法卻要平實的多了[156]。但是，清學做不到的事，錢穆心目中的宋學就能做到嗎？在大的文化主張上，人們不能不有一個抉擇。

文化觀上的「中西之辯」，可以從他們對戴震理欲觀的分歧看出來。

如前所述，梁啟超推崇戴震「情感主義」哲學，實本諸戴氏理欲觀，胡適亦引為立言的根據。而錢穆則引章太炎的《釋戴》篇中斥戴論理欲「欲當即理乃逮政之言非飭身之典」等話，又引方東樹《漢學商兌》「程朱的嚴辨理欲，指人主及學人心術邪正言之，乃最吃緊本務，與民情同然好惡之欲迴別」。等話對宋明理學的理欲觀作了同情的瞭解，對戴震立言的動機作了有利於宋儒的猜測，[157]並指謫戴震失

---

156 例如梁啟超、胡適與錢穆均引戴震《與姚姬傳書》論「十分之見」與「未至十分之見」，梁認為「其所謂十分之見與未致十分之見者，即科學定理與假說之分也。」由此可見「科學家之態度」、「實科學研究法一定之歷程」。參見朱維錚校注：《梁啟超論清學史二種》，30-31頁。胡亦以戴震所說「十分之見」為「這是科學家所謂證實了的真理」，見胡適：《戴東原的哲學》，66頁。而錢的評論是：「此皆東原論考據至精至卓之說也。」見錢穆：《中國近三百年學術史》，367-368頁。

157 錢穆：《中國近三百年學術史》，358-359頁。

之於「偏」。[158]而雅不願如胡適梁啟超之全然接受並竭力發揮戴震的理欲觀。在錢穆之前，胡適也引了方東樹的那段話，而他的結論則是：

> 至於理欲之辨，誠如方氏之言，本意是指君主的心術。但古來
> 儒者並不是人人都能像方氏這樣認的清楚；他們都只泛指一切
> 人的私欲。理欲之辨的結果遂使一般儒者偏重動機（心術），
> 而忽略效果；自負無私，遂不閱恤苛責人，自信無欲，遂不顧
> 犧牲別人；背著「天理」的招牌，行的往往是「吃人」的事
> 業。[159]

胡適的類似看法錢穆必定是清楚的，對宋儒的理欲之辨，如方東樹然，兩位均有分辨，而取徑之不同，是如此分明。

錢穆所引章氏的話尚有：

> 晚世或盜其言以崇飾悁淫，今又文至西來之說教天下奢，以菜
> 食裂衣為恥，為廉節士所非。誠明震意，諸款言豈得託哉？[160]

將錢引章氏此段文字與上引錢穆自序那段話，合而觀之。可見，錢對大力張揚戴震理欲觀的胡適等人——即類似於章太炎所謂「今又文至西來之說教天下奢」者（章氏蓋針對康有為等為言也。像梁啟超以文藝復興之「情感主義」或胡梁以西方「樂利主義」為比附，豈不

---

158 「章氏謂東原論理欲，乃為當時從政者而發，植之（方東樹——引者）則謂宋儒
　　辨理欲，本亦為立言從政者之心術言之也。惟其如此，故東原辨理欲雖語多精
　　到，而陳義稍偏，頗有未圓。」錢穆：《中國近三百年學術史》，359頁。
159 胡適：《戴東原的哲學》，188頁。
160 錢穆：《中國近三百年學術史》，359頁。

是「文至西來之說」？錢氏亦引而發揮之──引者）之影響敗壞「風俗」、「人心」頗為不滿，所引「誠明震意，諸款言豈得托哉」？在錢穆則意謂責任全在胡適等後人，戴震尚在其次。而胡適等人與戴震思想淵源特深，故錢氏又博引諸家義理（從孔孟、程朱、王夫之、陳澧、方東樹、朱一新到章太炎）以崇宋學取向詳加辯證，以收正本清源、釜底抽薪之效。錢穆在《中國近三百年學術史》最後一章《康長素》中有兩段文字道出其當下之所針對：

> 近人所以盛推戴東原，以東原高提人欲，人欲與奢侈相通，亦謂由是可以企及西洋之文明也。近人見解，仍沿長素而來。其所唱非忠孝非節義諸端，即譚氏《仁學》沖決網羅之教，所主全盤西化，則尚不過到達長素《大同書》境界應有之一級（以其無國界、種界故）而尚不足以企及大同書之最高層。（以其尚有人、禽之別等故）則長素仍安踞最近思想界之峰巔也。
> 故近人所主打倒孔家店者，與長素之尊孔，實同一見解，無大異也。康、譚論奢儉，全由震驚西化而來。今國人風尚日奢，然文明未見遂進，若康、譚見之，不知又將何說。[161]

錢所謂「盛推戴東原」的「近人」，可以把胡適、梁啟超都包括在內，而「所主全盤西化」、「所主打倒孔家店」的「近人」則尤指胡適等人。錢穆確實一語點破了梁啟超、胡適等人推崇戴震的共通理由：他們對戴氏理欲觀的認同發揮表達著「由是可以企及西洋之文明也」的訴求。錢氏又以其「辨章學術，考鏡源流」的功夫將胡適等的見解追溯到康有為並施予了尖銳的嘲諷。

---

161 錢穆：《中國近三百年學術史》，705頁。

　　梁啟超發揮戴震理欲觀，並不是沒有問題的。第一，他用「情感哲學」把握戴震哲學之基點，與《孟子字義疏證》最為得意的字義疏證之一——「情猶素也，實也」是否相協？是否照顧到了王國維《靜庵文集》[162]所精闢地指出的：戴震哲學中之「情」有「兼欲而言之」廣義的情和「狹義之情」兩義，以及張岱年《中國哲學大綱》所細緻分析的：戴氏「情」、「欲」觀念之分合？[163]梁氏有沒有望文生義？第二，當然，梁啟超的結論是把戴震的重情欲的思想與西歐文藝復興中的「情感主義」大膽作比較研究的結果，但是，誠如張君勱所批評的：「梁先生因其提高人欲，乃視之為與歐洲文藝復興，同一方向。歐洲文藝復興之精義為『人生之發見』。一切文字、美術、科學、哲學、政治，盡在其中，單單『情欲』二字，是否為歐洲文藝之本質，已大有疑問。」[164]可見問題很複雜。這樣的比較是否牽強附會？

　　看來，問題在於如何理解西方近代發達的根源以及如何選擇中國的發展道路，而不簡單是一個諸如像梁啟超那樣由於現實需要而對傳統文獻作了創造性誤讀的問題。

　　在這個意義上，不管梁、胡的論說多麼牽強附會，其歷史意義是不能抹殺的。即：梁啟超藉以表達了他召喚「中國的資本主義」的積極意向；[165]胡適也由此抒發了「五四」時代承「打孔家店」餘緒而

162 王國維：《國朝漢學派戴震阮兩家之哲學說》，見《靜庵文集》，97-98頁，瀋陽，遼寧教育出版社，1997。

163 「東原言情，每與欲相提並論，他雖亦講欲與情的分別……但他很注重欲情的連繫。」《張岱年文集》，第2卷，525頁，北京，清華大學出版社，1990。

164 參見張君勱：《評梁任公先生清代學術概論——其中關於歐洲文藝復興、宋明理學、戴東原哲學三點》，見《中華雜誌》（臺北）2:1，1964:1或《民生評論》（香港）15:2，1964:1。

165 陳祖武認為：梁啟超從總體上將全部清代學術同歐洲的「文藝復興」相比照，此種類比雖然簡單、粗疏、不倫，「然而梁先生試圖以對清代學術史的總結，找到清學與『文藝復興』間的相似之點，從而呼喚出中國的資本主義來，則又是有其歷

「打理學家」的反叛精神。[166]因為胡、梁的本意與其說是求「奢」，不如說是求「福」[167]，對胡適等來說，為求現代化而「震於西化」又有何不可呢？

而錢穆對「由是可以企及西洋之文明也」是根本懷疑的。這種看法與章太炎批評康有為等「文至西來之說，教天下奢」的見解同一趨向。錢穆雖同意葉德輝對康有為的指責：「其貌則孔也，其心則夷也」，[168]並一路批評下來，直斥胡適等人。但他畢竟不是葉德輝，甚至也不是以名教為「體」的張之洞。在錢穆對漢宋學術的通盤見解中，有兩點最值得注意：第一，在對漢宋學術基本精神的高下得失的

史進步意義的。」參見陳祖武：《清初學術思辨錄》，338-339頁，北京，中國社會科學出版社，1992。前文已經論及，無論是戴震的「科學精神」還是其重情欲的思想都為梁作此比附的重要根據。錢穆所謂「近人所以盛推戴東原，以東原高提人欲，人欲與奢侈相通，亦謂由是可以企及西洋之文明也」，也指這一點而言。
吳廷嘉、沈大德說：「梁啟超認戴氏哲學為『情感哲學』，這種概念學術上不一定準確，但梁評其以此來反抗宋明理學，反對封建專制和封建倫常對人性的摧殘戕殺，因而『與歐洲文藝復興時代之思潮之本質絕相類』，卻是一點沒有說錯。」見吳廷嘉、沈大德：《梁啟超評傳》，102頁，南昌，百花洲文藝出版社，1996。「這種概括學術上不一定準確」何在？此書並未言明。照筆者的看法，其不準確處恰恰與該書所謂「一點也沒有說錯」的梁將其與文藝復興的比附密切相關。因此《清代學術概論》在談到「中國思想之痼疾確在『好依傍』與『名實不符』」時，其中舉戴震為例竟說：「戴震全屬西洋思想，而必自謂出孔子。」見朱維錚校注《梁啟超論清學史二種》，72頁。其實戴震明明是中國思想家，梁氏亦未證明其受西方何種思想影響，怎麼談得上「全屬西洋思想」？梁氏此說頗不嚴謹，但他的意思還是明白的，蓋他認為戴震思想與文藝復興思想相通也。該書又謂梁給予戴震哲學的一些極高推崇的話（見朱維錚校注：《梁啟超論清學史二種》，34-35頁。）「這些評介，也鮮明地表現了梁啟超自己的學術觀點和抱負」則誠為的論。

166 侯外廬：《近代中國思想學說史》，387頁。

167 參見黃克劍、吳小龍：《胡適「科學的人生觀」的得與失》，見耿雲志、聞黎明編：《現代學術史上的胡適》，北京，生活・讀書・新知三聯書店，1993。

168 〔美〕蕭公權著，汪榮祖譯：《近代中國與新世界：康有為變法與大同思想研究》，36頁，南京，江蘇人民出版社，1997。

判斷評價上，錢穆著眼於宋學精神的高揚和漢學流弊的批評。第二，以朝野學術的區別來分疏宋學，對作為民間自由講習的理學力持辯護尊奉之誠，而對作為朝廷正學的理學則不吝詆斥。[169]這是瞭解錢穆理學觀的一大關鍵。筆者說他崇宋，是指推尊在民間一直有生命力的宋學，而不是歷來被捧為官方哲學的偽道學。這是他跟胡適、梁啟超不同而未必不能相通的一大因緣。另外，在錢穆那裡，道統論遭到了他的批評[170]，譚嗣同《仁學》「沖決網羅」的反「名教」思想亦值得肯定[171]。因此，仍然是經歷了梁啟超、胡適等積極參與其中的現代價值觀的洗禮。但是，面對新文化運動的流弊，世風偏於「奢」[172]，尤其

---

169 上述兩個基本精神貫穿於錢著《中國近三百年學術史》全書，這裡不煩詳為引證。概括地說，錢穆認為清人談義理不如宋明儒，漢學範圍窄、崇古傾向嚴重、流於瑣碎而不涉世務；而宋學境界開闊高遠、有創新精神、重經世明道（辨心術、崇氣節、以天下為己任）。當然，他不是維護作為意識形態的官方哲學的道學，因為他區別了「宋明理學」和「科舉八股」，分辨了「廟堂」、「鴻博」之科與「山林」、「書院」之學。對清廷表面上尊奉程朱，實質利用程朱權威牢籠視聽、禁錮人心的做法，揭露不遺餘力，對扼殺宋學精神摧毀書院載體的文化專制主義進行了激烈的控訴，對被政治權力所控制和腐蝕的官學化的理學先生極盡了諷刺和批判，他尊崇的是那在民間依然抱有真精神之宋學。

170 如錢穆認為：「其實經學即理學，舍經學安得有理學者，亦即變相之道統論也……簡齋（袁枚——引者）既撇去道統見解，故評衡漢宋是非，轉得其平。」見錢穆：《中國近三百年學術史》，433-434頁。他對「當時所謂宋學家底裡」、「當時治理學者之偽而陋」、對「拘固稱正學者」、對「斷斷徒為傳道翼道之辨者」的不敬不屑溢於言表。參見錢穆：《中國近三百年學術史》，562、565、591頁。

171 有意思的是這裡也提到了戴震：「此較之戴東原所謂宋儒言理以意見殺人者，憤激猶過之。挽近世以來，學術思想之路益狹，而綱常名教之縛益嚴，然未有敢正面施呵斥者，有之，自復生始也。」見錢穆：《中國近三百年學術史》，667-668頁。不消說，錢穆對譚嗣同的反「綱常名教」的思想也是作了充分肯定的。因而實際上也是在一定程度上對與之思想相近的批評「宋儒言理以意見殺人者」的戴震作了肯定。

172 參見《國學概論》第十章「最近期之學術思想」，錢穆引《獨秀文存》卷2《青年的誤會》（文作於民國十年夏）一文說明「自此以下，一般青年之誤解新文化運動

欲拔本國文化的根本「打孔家店」[173]而東施效顰，不能不有所針砭。錢穆《中國近三百年學術史》對宋學的態度就是一個實例，因為無論是從承「打孔家店」餘緒到「打理學家」為順理成章來說、還是時賢所謂「孔家店」其實只是「朱家店」而言，宋學都是一個焦點。

由此可見，錢穆對胡適及其參與領導的新文化運動的評價不無苛屬之處。然而，在二十世紀三○年代舊的社會道德規範被打破之後六神無主的社會風氣和外患日亟的局勢之下，錢穆以宋學為精神資源，範導一種不悖於國情的「人倫政事」、「人心風俗」，代表了一種後五四的文化反省意識，其更深的意義也如學者指出的是張揚了一種兼有「批判意識」（批判「全盤西化」論和批判異族對中國文化的破壞）和與「民族意識」（反清與反帝）緊密關聯的「救亡意識」（學術救國）的「文化民族主義」。[174]

以康德祈求「德」（「崇高」）、「福」（「幸福」）一致乃至「德」高於「福」的理路以及韋伯所謂工具理性必以價值理性為範導的思考的尺度，錢穆等的看法較易獲得同情的瞭解。而且，章太炎、錢穆反對尚「奢」的意見似乎更接近於韋伯所揭示的資本主義發展精神動力的新教倫理。這樣說，當然不是要用一種比附取代另一種比附，而是說，對異域文化的認識和對中國固有文化的瞭解都是需要不斷深入

的意義，而轉趨於墮落放縱的生活者，既日繁有徒……」見錢穆：《國學概論》（下），158頁。關於這方面的所見所聞，《八十憶雙親（師友雜憶合刊）》有生動的回憶。

173 胡適到晚年還在為自己作「並不要打倒孔家店」的辯護，參見〔美〕唐德剛譯著：《胡適口述自傳》，252-258頁，上海，華東師範大學出版社，1993。顯然有不同於往年的語境。但是，當年積極致力於打「孔家店」的人們是不是嚴格區分了所謂「儒教」和儒學呢？這可以隨手抽讀他本人的《中國哲學史大綱》（初版於1919.02）一檢便知，更不用說追隨者的諸種論說了。

174 參見丘為君：《清代思想史「研究典範」的形成、特質與義涵》，載新竹《清華學報》，第24卷，第4期，471-474頁。

的，這是人所共望的創造性的文化融合的前提。在這個意義上，胡適、梁啟超所作的未必恰當卻不乏意義的中西比較和溝通的研究經驗、錢穆愈來愈強烈的呼籲對待固有文化須懷著「溫情與敬意」的忠告和主從中國思想學術的固有脈絡出發的學術實踐都是值得重視也值得反省的。在清學史整理中對戴震的研究只是一個例子而已。

第五章

經學的史學化：《劉向歆父子年譜》如何結束經學爭議

　　經典日益喪失其規訓的價值，經學轉而融化為史學的一部分，轟轟烈烈而又悲壯地投入到「史學獨大」的懷抱，這是中國學術之近代命運中最有意味的大趨勢了。這一趨勢可以稱為「經學的史學化」，在民國時期表現得尤其明顯。不僅像持激烈文化變革或「西化」立場的專治經學、小學的錢玄同，情緒激動時大聲疾呼將經典「扔下毛廁去」，較平和時的主張則是將經典「史料」化；即使是文化立場更為穩健的錢穆，其《兩漢經學今古文平議》「全據歷史記載，就於史學立場，而為經學顯真是」（見《自序》）的努力，仍然典型地反映了「經學的史學化」的趨勢。

　　本章以錢穆的成名作《劉向歆父子年譜》為線索，追溯晚清以來的經學今古文之爭對民國學術界的影響，弄清了這一點才能瞭解《劉向歆父子年譜》的學術背景和地位；並試圖描述出當時學者對這篇文章的初始反應，從中分析錢穆與疑古學派代表人物在治學方向上的既有差異又能相通的關係；最後還要指出，民國史學界雖然承受了晚清學人的問題，沿襲了某些看法或治學的路徑，但總的來看，他們是在不同的歷史背景下，有不同的目的，以不同的觀念和方式來處理它，尤其賦予了不同的意義。在經今古文問題研究上的這種不同，最為典型地反映了經學沒落史學主位或經學史學化的趨勢。至於晚清以來的經今古文學之爭所帶來的影響至今但於史無徵的論說，仍需超越。

錢穆晚年《經學大要》諸書文，結合各國歷史與國際時政，著力發揮經學的精神價值，那是後話，但頗有象徵的意義，似乎在召喚著中國經學轉運的新時代的來臨。

一 引言

《劉向歆父子年譜》是錢穆的成名作，一九二九年底完稿，初刊於一九三〇年六月《燕京學報》第七期。[1]

此文的刊佈與《古史辨》的發起人顧頡剛有很深的淵源。顧氏於一九二九年四月十五日到蘇州中學演說，四月二十三日應該校教員錢穆等邀宴。同年七、八月間得見錢穆的《先秦諸子繫年》稿，[2]深賞其才，勸其「不宜長在中學教國文，宜去大學教歷史」，並擬薦其至中山大學任教。顧氏又告訴錢，他「在中山大學任課，以講述康有為今文經學為中心。此去燕大，當仍續前意，並將兼任《燕京學報》之編輯任務」，囑其為學報撰稿。錢氏因蘇中校長汪懋祖（典存）誠懇挽留而辭中大之聘，函告顧，顧復書促前約稿，錢對顧所力主的康說有不同之見，乃草為《劉向歆父子年譜》應之。「此文不啻特與頡剛爭議」，但顧頡剛毫不介意，照登不誤，更力薦其至燕京大學任教。一九三〇年，錢氏由蘇中轉入燕大，為其「生活上一大變」。[3]一九三

1　後經修改收入《古史辨》，第5冊，樸社，1935。1958年8月，錢氏將此文與《兩漢博士家法考》（原載1944年7月中央大學《文史哲季刊》，第2卷，第1號）、《孔子與春秋》（原載1954年1月香港大學東方文化研究院《東方學報》，第1卷，第1期）、《周官著作時代考》（原載《燕京學報》，第11期，1932）修訂彙編為《兩漢經學今古文平議》一書，由新亞研究所出版。該書後收入《錢賓四先生全集》，第8冊，臺北，聯經出版事業公司，1998。

2　顧潮：《顧頡剛年譜》，173、175頁，北京，中國社會科學出版社，1993。

3　錢穆：《八十憶雙親・師友雜憶》，147-148、152、151頁，北京，生活・讀書・新知三聯書店，1998。

一年北京大學聘錢氏講授中國上古史和秦漢史，亦淵源於《劉譜》。[4]

　　《劉向歆父子年譜》是錢穆學術生命中至關重要的一篇文章，是他由一個中學教員躋身大學講壇的主要學術憑藉。錢氏得到史學界實力人物顧頡剛的賞識，自是得力於其尚在草創中的《先秦諸子繫年》稿，但他被學術界普遍接受，卻由於《劉向歆父子年譜》。

　　此文之所以能讓錢穆登臺亮相即獲喝彩，是因為它觸及了當時學術界共同關心的大問題。晚清以降的經今古文學之爭，使當時學者幾乎人人頭腦中存著古文經是否劉歆偽造、《周禮》、《左傳》等古籍是否偽書的疑問。《劉向歆父子年譜》則以《漢書》為基本史料來源，「縷舉向歆父子事蹟，及新莽朝政，條別年代，證明劉歆並未竄改群經，《周官》、《左氏傳》二書皆先秦舊籍，而今古學之分在東漢以前猶未彰著。列舉康氏之說不可通者二十八端」[5]，力闢晚清今文家說尤其痛駁康有為的《新學偽經考》。學者認為，該文「震撼了當時的學術界，使人從康有為《新學偽經考》的籠罩中徹底解放了出來」。《劉譜》出「晚清以來有關經今古文的爭論告一結束」[6]。

　　《劉向歆父子年譜》的刊佈及其圍繞該文論題的筆墨來往，為我們考察錢穆與疑古學派的關係，乃至探討民國史學與晚清經今古文之爭的關係，均提供了極佳的視角。疑古思潮與晚清今文家說有一脈相承的關係，這在當年就已不是秘密，到今天就更為清楚了[7]。而錢

4　余英時：《猶記風吹水上鱗・序》，見《錢穆與中國文化》，239頁，上海，上海遠東出版社，1994。

5　青松（劉節）：《評〈劉向歆父子年譜〉》，見顧頡剛編著：《古史辨》，第5冊，249頁，上海，上海古籍出版社，1982。

6　余英時：《猶記風吹水上鱗・序》、《一生為故國招魂——敬悼錢賓四師》、《〈周禮〉考證和〈周禮〉的現代啟示》，見氏著：《錢穆與中國文化》，239、24、134頁。

7　參見王汎森：《古史辨運動的興起——一個思想史的分析》，臺北，臺北允晨文化出版公司，1987。

穆的《劉向歆父子年譜》恰是批駁以康有為為主的晚清今文家說的，然此文的刊佈既緣疑古學派代表人物顧頡剛之力，後又收入《古史辨》第五冊，這在錢穆與疑古學派的關係上似乎有某種象徵的意義。而其意味何在，似不易看清。有的學者認為《劉譜》雖然在學術觀點、根本精神上與顧氏相悖，但實際上正如錢穆自稱的：「也只想為顧先生助攻那西漢今文學的一道防線，好讓《古史辨》的勝利再展進一程」，以錢穆「為由顧先生發動起來的古史辨運動推波助瀾」。[8]有的學者則認為《劉譜》「是錢先生批評疑古學派的開始……這無異於給疑古學派造偽說一瓢當頭冷水，是顧頡剛約稿時所萬萬沒有想到的」[9]。若將視野稍為放寬，而不限於錢顧二人的交誼，在《劉譜》面世前後，錢穆與顧頡剛、胡適、錢玄同等疑古學派在此問題上意見的分合，進一層說，他們與晚清經今古文學之爭的關係又是怎樣，實有細加考察的必要。錢穆因顧頡剛時「方主講康有為」[10]，起而批駁了晚清今文家言，至晚年更常批評疑古學派而斥及康、廖、崔氏諸說，或平議兩漢經學今古文問題，駁斥晚清今文家言又掃及疑古學派。然在當年，錢穆是否具有通過批駁晚清今文家說而批評疑古學派的自覺意識呢？反過來說，如果錢穆當年與顧頡剛在精神意氣上只是同志，而不是諍友的話，又怎麼理解兩人治史方向的日益偏離？《劉譜》結束了晚清以來的經今古文學之爭，這一點如今已經成為學術界的共識了。[11]就其長時段的歷史效應說，確是如此；但就初始反響來

8　羅義俊：《錢穆與顧頡剛的〈古史辨〉》，載《史林》，1993（4）。羅文引錢說（《評顧頡剛〈五德終始說下的政治和歷史〉》，見《古史辨》，第5冊，630頁），將「程」字誤為「層」字，今改正。

9　廖名春：《錢穆與疑古學派關係述評》，見《原道》，第5輯，217頁，貴州，貴州人民出版社，1999。

10　錢穆：《八十憶雙親・師友雜憶》，152頁。並參見顧潮《顧頡剛年譜》，168頁。

11　除余英時外，羅義俊、陳祖武等均作如是觀。

看，情況又不那麼簡單。以疑古學派三巨頭而論，胡適基本上是很痛快就接受了《劉譜》的結論，但錢穆有沒有說服顧頡剛、錢玄同呢？晚清今古文經學家聚訟紛紜的問題，民國學人努力加以解決，他們的工作與上輩學者有何區別？他們固然在某些方面沿襲著前輩的陳說和舊徑，又在何種意義上超越了前賢？

「但是由於今天新一代的學人對清末民初的今古文經學之爭已隔得遠了，對於這個問題的意義恐怕不免也有些看不清了。」[12]余英時說得一點也不錯。筆者願以《劉向歆父子年譜》為線索，對此稍事追查探討。

二　《劉向歆父子年譜》的學術背景

關於《劉向歆父子年譜》的學術背景，余英時作了精闢的論述：

> 清末康有為的《新學偽經考》支配了學術界一二十年之久，章炳麟、劉師培雖與之抗衡，卻連自己的門下也不能完全說服，所以錢玄同以章劉弟子的身份而改拜崔適為師，顧頡剛也是先信古文經學而後從今文一派。錢先生《劉向歆父子年譜》出，此一爭論才告結束。[13]

羅義俊也有清楚的解說：

> 晚清經學今古文兩家各持門戶，入主出奴。今文學者自劉逢祿

《左氏春秋考證》，鼓說現行本《左傳》不傳《春秋》，並指謫
其書為劉歆所改，及廖平又著《今古學考》，謂漢代古文全是
劉歆所偽造。洎後康有為承劉氏餘緒襲廖平「闢劉」舊說，著
《新學偽經考》，變本加厲，直指斥古文《左傳》諸經盡出劉
歆偽造。其後，崔適著《史記探源》和《春秋原始》推波助瀾
斥劉歆，其弟子錢玄同在《重印〈新學偽經考〉序》中附議補
充。從此，《新學偽經考》與劉歆遍造古文諸經之說風靡學術
界，統治了清末民初的經學研究。[14]

這兩段文字均很扼要，故抄來作為瞭解《劉向歆父子年譜》的學
術背景的底子。

廖平、康有為、崔適，雖不是乾嘉以降經今文學運動的先鋒，但
支配民國史學界的今文家言實不出這三位的論說。劉逢祿等稍早的今
文學家，要通過他們發生影響，其中以康有為最為巨擘。廖平雖啟發
了康有為，但其學說賴康著傳播廣遠，康有為的《新學偽經考》、《孔
子改制考》是玄惑了民國史學界的最主要著作，崔適的《史記探
源》、《春秋復始》不過進一步發揮康說而已。

廖平的《今古學考》提出了影響深遠的「平分今古」之論（廖平
經學六變之初變）。大意為：「今學同主《王制》，萬變不離其宗」，
「古學主《周禮》，隱與今學為敵」。今祖孔子，古祖周公；今祖改
制，古祖從周；今為經學，古為史學。且以兩派皆源於孔子：今為孔
子晚年之說，古為孔子壯年之說。認為兩派雖不同而不能偏廢。此說
出，今文學家康有為、皮錫瑞，古文學家劉師培、章太炎，均持以為
說。廖平不是以文字的異同、不是以是否立於學官之別，而是根據許

---

14 羅義俊：《錢穆與顧頡剛的〈古史辨〉》，載《史林》，1993（4）。

慎《五經異義》的材料，以所主禮制的不同作為劃分兩漢今古學興替的界線，並溯源於孔子。[15]晚清以前的歷代學者，雖常論及今文、古文，卻沒有以今文為一大派，古文為一大派的，用這樣分派的觀點來看漢代經學，實始於廖平的《今古學考》。[16]要而論之，此後學者或尊今抑古、或尊古抑今，各有偏主，但莫不以廖氏所分之門戶為門戶。以致當康有為的尊今抑古之見被《劉向歆父子年譜》推翻後，胡適敏銳地指出：「現在應該回到廖平的原來主張，看看他『創為今古之分，以復西漢之舊』是否可以成立。不先決此問題，便是日日討論枝葉而忘卻本根了。」[17]

　　錢穆《劉向歆父子年譜》、《國學概論》關於漢代經學及清代考證學部分均駁及此說，後作《中國近三百年學術史》、《兩漢博士家法考》有進一步的申論。然而，廖平「平分今古」之論至今籠罩著經學史研究，並滲透到學術史、思想史、文化史等領域，李學勤近有數文，力加匡清[18]，這是後話。

　　當時支配民國史學界的卻是康有為的尊今抑古之見。

　　余英時敘錢玄同、顧頡剛的從古入今的經歷說明《新學偽經考》的影響力，實很恰當。寬泛一點說，崔適也可包括在內。

　　據錢玄同所記：

---

15 參見劉夢溪主編：《中國現代學術經典》，《廖平、蒙文通卷》編校者蒙默關於《今古學考》的說明，石家莊，河北教育出版社，1996。

16 李學勤：《〈今古學考〉與〈五經異義〉》，見《古文獻叢論》，上海，上海遠東出版社，1996。

17 見1931年4月21日胡適致錢穆的信。《古史辨》，第5冊，637頁。又見耿雲志、歐陽哲生編：《胡適書信集》上冊（1907-1933），547頁（將「本根」二字倒為「根本」），北京，北京大學出版社，1996。

18 李學勤：《〈今古學考〉與〈五經異義〉》、《〈說文〉前序稱經說》、《談「信古、疑古、釋古」》。均已收入《古文獻叢論》。還有《走出疑古時代》（收入氏著：《走出疑古時代》，瀋陽，遼寧教育出版社，1994）等文。

崔君受業於俞曲園（樾）先生之門，治經本宗鄭學，不分今古；後於俞氏處得讀康氏這書（指《新學偽經考》——引者），大為佩服，說它「字字精確」，「古今無比」，於是力排偽古，專宗今文。

錢玄同又說：

崔君著《史記探源》、《春秋復始》、《論語足徵記》、《五經釋要》諸書，皆引申康氏之說，益加邃密。

錢玄同又引崔適於一九一一年二月二十五日給他的信：

知漢古文亦偽，自康君始。下走之於康，略如攻東晉《古文尚書》者惠定宇於閻百詩之比。雖若「五德」之說與《穀梁傳》皆古文學，「文王稱王」、「周公攝政」之義並今文說，皆康所未言，譬若自秦之燕，非乘康君之舟車至趙，亦不能徒步至燕也。[19]

　　這就把崔適自己的發明以及對康有為飲水思源之意道得清清楚楚。要而論之，學者從今古不分或信古文經學而改尊今文學派乃至如錢玄同、顧頡剛等尚要超越今古兩派的，均經歷了崇信康有為的一環，甚至在一些根本觀點上不越雷池一步。錢穆《劉向歆父子年譜》將康有為作為主攻對象，「康氏之說破，則諸家如秋葉矣」[20]，實有他的道理。

---

19 以上引文均見錢玄同：《重論經今古文學問題》，見《古史辨》，第5冊，23-24頁。
20 錢穆：《劉向歆父子年譜》，載《燕京學報》，第7期，1193頁，1930。

再看錢玄同。

崔適為引導錢玄同從今入古的關鍵人物，老師的故事在學生身上如悉重演。

錢玄同十五歲即讀畢《春秋》三傳，後見劉逢祿《左氏春秋考證》而「不信任《左傳》」。一九〇八年從章太炎受聲韻訓詁之學，得見氏著《春秋左傳讀敘錄》稿，此稿專駁《左氏春秋考證》，錢玄同復取劉著細讀，終不能苟同章說。此即「一九〇九年細繹劉申受與龔定庵二人之書，始『背師』（章太炎師專宗古文，痛詆今文）而宗今文家言」，但那時只就《春秋》一經排斥《左傳》；並不斥及「《書》之馬，《詩》之毛」，也不懷疑「魯恭王得壁經一事」。「故那時雖宗今文，尚未絕對排斥古文」。一九一一年二月，錢玄同拜崔適為師，讀其《史記探源》稿，而知崔氏的考辨「較劉氏更進一步，並《左氏春秋》之名亦不認為本有，與太炎師之說成為兩極端」。錢玄同又在崔適極力推薦之下，「始得借讀《新學偽經考》」，「始知劉申受之書雖精，但對於劉歆作偽之大本營（即所謂『孔壁古文』）尚未探得」，錢氏「讀《新學偽經考》及《史記探源》以後，深信『孔壁古文經』確是劉歆偽造的」。此即「自一九一一讀了康崔二氏之書，乃始專宗今文」。這樣，一九一一年前後雖有「專宗」與否的不同境界，要而論之，「我對於『經』，從一九〇九至一九一七年，頗宗今文家言」。至一九一七年，更有進境：「自從一九一七年以來，思想改變，打破『家法』觀念，覺得『今文家言』十九都不足信，但古文之為劉歆偽作，則至今仍依康崔之說，我覺得他們關於這一點的考證是極精當的。我現在以為古文是假造的，今文是口說流行，失其真相的，兩者都難憑信，不過比較起來，還是今文較可信些。」所謂「現在」的見解，寫該文字的時間是一九二一年三月二十三日，我們可以看做是其「打破『家法』觀念」後的基本主張，未有變化；而錢玄同「關於這

一點」的堅持也是至死不渝。[21]

　　錢玄同治經的經歷以及經學見解的轉變脈絡之所以值得在此稍費筆墨，因為錢氏實乃民國學術界關於經今古文問題研究的首席發言人。他以太炎弟子的身份改投崔適門下，此事當時即傳為美談。這一方面透露了經今古文學兩派的勢力在民國初年興替消長的信息，也反映了民國學術界對錢玄同這位經學專家、權威的普遍認同。的確，他的看法不僅左右著學生輩如顧頡剛的思想，甚至連胡適那樣的學界領袖人物，也要請他開經學書目，向他請教經學問題，凡有關經今古文之爭的討論均要請他加入。[22]康有為、崔適那劉歆偽造孔壁古文的見解，得了錢玄同的贊助而死灰復燃；[23]章太炎那將聖經歷史文獻化的經學觀，由其傳述和發揮，其支配力不讓康崔諸君；[24]尤其由於他出入古今，對兩派的長處和弊害有親切的體會，使他能撕裂兩廂，發展出「打破『家法』觀念」、「離經叛道」的經學觀，這對於民國學術界的影響尤為深巨。當然，正如他因浸潤過深，對經生門戶之見的偏執，不自覺地要超過一般學者一樣，這一方面的流弊也極大。

　　顧頡剛就是一個例子。顧頡剛中學二年級起在祖父指點下讀經，

---

21 此段文字根據錢玄同的《論今古文經學及〈辨偽叢書〉書》（見顧頡剛編著：《古史辨》第1冊，北京，樸社，1926年11月第3版）、《〈左氏春秋考證〉書後》、《重論經今古文學問題》（均見顧頡剛編著：《古史辨》，第5冊，上海，上海古籍出版社，1982）以及《〈劉申叔先生遺書〉序》（見《錢玄同文集》，第4卷，北京，中國人民大學出版社，1999。該書還收入了上述曾載於《古史辨》的文字），加以整合而成。

22 詳後。

23 顧頡剛在《古史辨》，第5冊《自序》中說：「今古文的本子問題，清代學者已討論了好久，但到民國，除了崔觶甫先生（適）在北京大學大家不甚了了的課堂上揚些垂盡的火焰之外，差不多已經絕響了。至於近來熱烈的討論，則由於錢玄同先生和錢賓四先生（穆）的宣導。」

24 參見王汎森：《章太炎的思想（1868-1919）及其對儒學傳統的衝擊》，臺北，時報文化出版事業有限公司，1985。

經過一翻探究，「不但魏晉間的古文成問題，就是漢代的古文也成了問題了」。一九一三年冬天始聽章太炎講國學，批駁以康有為為主的今文家說。顧頡剛從章太炎那裡既獲得了不能「通經致用」而應「求真」的治學觀念，又獲知「依然活躍於當世的學術界上的」今古文學的分歧。認為「古文家主張六經皆史，把孔子當做哲學家和史學家看待，我深信這是極合理的。我願意隨從太炎先生之風，用了看史書的眼光去認識六經，用了看哲人和學者的眼光去認識孔子」，從而「願意在經學上做一個古文家」。由此找來康有為《新學偽經考》讀（1915年），思想一變，才知道「它的論辯的基礎完全建立於歷史的證據之上，要是古文的來歷確有可疑之點，那麼康長素先生把這些疑點列舉出來也是應有之事」。又從《不忍雜誌》得讀《孔子改制考》，而知「三皇五帝的史事」之不足徵，從而建立起「上古史靠不住的觀念」；且以《孔子改制考》為一部絕好的戰國「學術史」，認為「雖則他所說的孔子作六經的話我不能信服，但六經中摻雜了許多儒家的託古改制的思想是不容否認的」。乃知古文家批評今文家是出於「黨見」，又過了數年，看清章太炎「只是一個從經師改裝的學者」。

　　僅從以上《古史辨》第一冊《自序》的敘述來看，顧頡剛的從古入今似乎主要由於康有為兩《考》的說服力，其實未必如此，我們還是由顧氏的夫子自道來獲得較為全面的瞭解吧。一九一六年，崔適初到北大，顧頡剛上他的《春秋公羊學》一課，「我先前已受了章太炎先生（炳麟）的影響，深信古文家得經學之真，今文家多妖妄之說。後來購讀了《新學偽經考》，雖也知道今文家自有其立足點，古文家亦有不可信處，只因先入為主，仍不能改變我的薄今文而重古文的觀念……對於崔先生的課並無好感。那時的見解，似乎以為我既不想作

今文家，就不必理會這些」[25]。可見，無論是康有為的《新學偽經考》還是崔適的《春秋公羊學》課，均不能把顧頡剛從得自章太炎的「薄今文而重古文的觀念」下拽出來。「在大學畢業之後，始見錢玄同先生。他屢屢提起今古文問題」，[26]並「不止一次地」向他說了那一番令他終生難忘的醍醐灌頂的話：「今文家攻擊古文家偽造，這話對；古文家攻擊今文家不得孔子真意，這話也對。我們今天，該用古文家的話來批評今文家，又該用今文家的話來批評古文家，把他們的假面具一齊撕破，方好顯露他們的真相。」[27]這使他「眼前一亮，知道倘使不用了信仰的態度去看而用了研究的態度去看，則這種迂謬的和偽造的東西，我們正可利用了它們而認識它們的時代背景」[28]。

我們可以看到，經學今古文問題歷經紛爭，莫衷一是，讓顧頡剛對此獲得一個研究的門徑，確立一種理性的態度的，不是章太炎，也不是康有為、崔適，而是錢玄同。錢玄同「打破『家法』觀念」後的主張讓顧頡剛懾服。可以說，正是錢玄同提供給顧頡剛一個系統、一份綱領，讓他知道如何去把握這一複雜的難題。余英時說，顧頡剛和錢玄同一樣，都經歷了從古入今的階段，其實這正是錢玄同影響的結果，是錢玄同帶他從章太炎的見解下解放出來，經歷雙重意義上的「背師」（既「背」了章，又欲「背」了康、崔）。

---

25 顧頡剛：《〈中國上古史研究課〉第二學期講義序目》（1930.06），見《古史辨》，第5冊，258頁。

26 顧頡剛：《〈中國上古史研究課〉第二學期講義序目》（1930.06），見《古史辨》，第5冊，259頁。

27 顧頡剛：《秦漢的方士與儒生‧序》（1954.12），4頁，上海，上海古籍出版社，1998。《〈中國上古史研究課〉第二學期講義序目》（1930.6），見《古史辨》，第5冊，259頁，已提到對他有深刻影響的錢玄同此番看法，文意及表述均極相近，不復錄。錢玄同的《論今古文經學及〈辨偽叢書〉書》（見《古史辨》，第1冊），是錢玄同於1921年3月23日給顧頡剛的信，其中也已說到這個意思了。

28 顧頡剛：《〈中國上古史研究課〉第二學期講義序目》，見《古史辨》，第5冊，259頁。

　　但經學今古文問題畢竟是專門而又艱深的，老師的從旁點撥代替
不了學生的親身閱歷。一九二六年八月起，顧頡剛在廈門大學開經學
專書研究課，講《尚書》。次年十月，在中山大學亦開有此課。一九
二八年上半年在中大續講《尚書》，下半年又開《春秋》研究。通過
這兩門課，「我方才對於今古文問題有較深的認識。我知道我們一講
到古代學術，即離不了漢學，因為現在所有的古書都是經過漢代人的
筆削的；而一研究漢學，今古文就是一個最大的關鍵，因為古文學發
生時曾把所有的學問從頭整理一過，如果我們不把今古文的材料分
清，則未有不以古文學家整理的結果認作當初的原狀的，於是就受了
他們的欺騙了」[29]。

　　一九二七年十月起，顧頡剛在中山大學開「上古史」課，「我始
把上古史的材料作系統的收集」。我們且看他治上古史的方法：

　　　　我便把康先生辨少皞的話鈔了出來，以崔先生論終始五德的話
　　　　校之，更以其它的古史系統證之。始確知《世經》和《月令》
　　　　的古史系統只是王莽的古史系統，這個系統是為他受禪的張本
　　　　的。它的原理在五德說；而五德說從《史記·封禪書》和《漢
　　　　書·郊祀志》看，則其在秦漢間的變遷之跡歷歷可按。[30]

　　一九二九年九月顧頡剛任教燕京大學，一九三〇年二月底至六
月初，[31]顧氏將此意發揮成一塊大文章《五德終始說下的政治和歷

29　顧頡剛：《〈中國上古史研究課〉第二學期講義序目》，見《古史辨》，第5冊，259
　　頁。有關年月的確定，根據王煦華：《顧頡剛先生學術紀年》，見《紀念顧頡剛學術
　　論文集》，成都，巴蜀書社，1990。

30　顧頡剛：《〈中國上古史研究課〉第二學期講義序目》（1930.6），見《古史辨》，第5
　　冊，259-260頁。

31　顧潮：《顧頡剛年譜》，182頁。

史》，[32]初刊於一九三〇年六月《清華學報》第六卷第一期。

　　楊向奎認為顧頡剛此文，沒有在「層累地造成的古史說」的基礎上再前進一步，「它只是重複過去的老路，恢復到今文學派康有為的立場，又來和劉歆作對……是經今文學派的方法，一切委過於劉歆」[33]。楊氏的看法是很中肯的。早在一九三〇年的十月二十八日，胡適就在日記中批評說：「顧說一部分作於曾見錢譜之後（此文的刊佈與《劉向歆父子年譜》幾乎同時，均為一九三〇年六月，而寫作時間比《劉譜》晚幾個月——筆者），而墨守康有為、崔適之說，殊不可曉。」[34]然則，晚清今文家言在當時的勢力確非今日的學人所能想像的了。

　　由此可見，且不論錢玄同的影響，顧頡剛自己的獨立研究也「只是重複過去的老路，恢復到今文學派康有為的立場」了。

　　當然，我們也不能光看到疑古學派精神領袖胡適之在一九三〇年十月有這種批評的論調，其實，他也深受康有為的影響，只是不再固執前見而已。

　　《中國哲學史大綱》可謂是民國初年「東周以前無史論」的代表作。當年康有為出於政治需要，發揮公羊學所渲染的聖人製作的創造精神，建立孔子的權威，為自己的變法維新張目，利用和改造歷史，不單把六經的著作權劃歸孔子，而且把很多重要制度的發明權劃歸孔子，把堯舜等相傳古史人物事蹟說成是孔子偽託的，諸子無不託古改制。實質是把孔子以前的歷史一筆勾銷了，已為「東周以前無史論」

---

32 顧頡剛：《秦漢的方士與儒生・序》明確地指出：「當時曾本崔適先生《史記探源》中所指出的劉歆利用了五德相生說來改造古史系統的各種證據，加以推闡，寫成《五德終始說下的政治和歷史》一文，刊入《清華學報》。」

33 楊向奎：《論「古史辨派」》，見《中華學術論文集》，32頁，北京，中華書局，1981。

34 轉引自余英時：《〈猶記風吹水上鱗〉序》，見《錢穆與中國文化》，239頁。

開了篇。《中國哲學史大綱》與《孔子改制考》在精神氣質上的一脈
相承，別人也許不易看清，康有為的論敵章太炎就太明白了，所以
他能比柳詒徵更敏銳地看到「六籍皆儒家託古，則直竊康長素之唾
餘」[35]。的確《中國哲學史大綱》所懷疑的經書或子書，多用「託古
改制」之說解之，「託古改制」成為胡適解釋曖昧不清的上古史的最
重要的理論。其實他早就接受了此說，留學時期接觸的西學概念「烏
托邦」則加深了他對這一學說的信仰。[36]章太炎當年罵康有為「剽
竊」廖平，而今諷刺胡適「竊」康有為之「唾餘」，並不因胡適「最
感激」他又稍有假借，表明他反感的強烈。當然他沒有忘記指出兩者
的不同：「長素之為是說，本以成立孔教，胡適之為是說，則在抹殺
歷史。」[37]講國粹、衡國故，康章有相通處，章氏必要以尊國史與康
氏之尊孔教立異，這是原則上的分歧（章以康為倡宗教迷信）。在這
一尺度下，章太炎雖歸咎於舊怨，實尤惡於新恨，所以他說：「此其
流弊，恐更甚於長素矣。」[38]章氏之論不免於過激，但他揭出從康到
胡由尊經到疑古的思想史線索，則是極不錯的。後來周予同、錢穆[39]
等均有此類說法，到今天已是人人皆知的事實了。

---

35 章太炎：《致柳翼謀書》（1922.06.15），見湯志鈞編：《章太炎政論選集》（下），763
　　頁，北京，中華書局，1977。

36 《胡適留學日記》1916年3月29日，指出《管子》與《周禮》兩書乃可以與「柏拉
　　圖之《共和國》、莫爾之《烏托邦》」媲美的「吾國之烏托邦」。具體地說，《管子》
　　「乃絕妙之烏托邦也」、「蓋後人偽託管子以為烏托邦，近人所謂『託古改制』者是
　　也」。《周禮》「乃世間最奇辟之烏托邦之一也」、「乃戰國時人『託古改制』者之
　　作」。《胡適留學日記》，海口，海南出版社，1994。

37 章太炎：《致柳翼謀書》（1922.06.15），見《章太炎政論選集》（下），763頁。

38 章太炎：《致柳翼謀書》（1922.06.15），見《章太炎政論選集》（下），764頁。

39 周予同《經今古文學》對顧頡剛、胡適的新史學與晚清今文學的關係多有涉及，其
　　中談到「根本觀念」上的連繫時（第34頁）說：「新史學家顧、胡的學說，實在是
　　今文學家而為現社會所不齒的康有為的諸子託古改制說之進一步的討論」，上海，
　　商務印書館，1929。錢穆的《國學概論》中的有關論述，詳後。

一九一九年十一月到一九二〇年間，胡適與廖仲愷、胡漢民、季融五、朱執信等展開「井田辨」，在上古史料運用上涉及經學今古文問題。胡適雖自稱「我對於『今文』『古文』之爭，向來不專主一家」，但他認為「《周禮》是偽書，固不可信」、「漢代是一個造假書的時代，是一個託古改制的時代」、「劉歆造假書」等，以致懷疑井田制的存在，他甚至自我否定了留學期間所持的《周禮》為戰國時之書的見解，而歸之於劉歆的偽造。[40]其受康、崔諸說的影響益見深重。

胡適一直很重視對經學今古文問題的研究。例如，一九二一年七月一日指導顧頡剛，搜羅整理辨偽之作，要注意「《尚書》的公案」以及「今古文公案」之類「更大的問題」；[41]一九二二年五月胡適有《新儒教之成立》之作，「前半是今文家的儒教，後半是古文家的儒教」；[42]一九二三年五月三十日又提醒顧頡剛：「關於古史，最重要的是重提《尚書》的公案，指出今文《尚書》的不可深信」，並要他讀「猶太民族的古史——《舊約》」，[43]指點他拓寬思路，似有要他超越今古文紛爭的意思；一九二五年四、五月還請錢玄同開《今文家書目》（「晚清今文學底書單子」），[44]等等。

胡適對海外漢學界關於這個問題的研究的進展，也很敏感。一九二七年四月，瑞典漢學家高本漢（胡適譯作珂羅倔倫）寄贈其著作

---

40 《胡適文存》，第1集卷2，《井田辨》卷2，272、278-280頁，亞東圖書館，1925。

41 《古史辨》，第1冊，39頁。

42 參見胡適於1922年5月6日致錢玄同的信，見耿雲志、歐陽哲生編：《胡適書信集》上冊（1907-1933），300頁。

43 《古史辨》，第1冊，200頁。

44 參見胡適於1925年4月12日致錢玄同的信，耿雲志、歐陽哲生編：《胡適書信集》上冊（1907-1933），360頁。又參見錢玄同於1925年5月10日致胡適的信，杜春和、韓榮芳、耿來金編：《胡適論學往來書信選》（下），1128頁，石家莊，河北人民出版社，1998。

「*On the Authenticity and Nature of the Tso Chuan*」(胡適譯為《論左傳之可信及其性質》)給胡適,胡適當即寫出摘要給顧頡剛,並請錢玄同加入討論。一九二七年夏,陸侃如譯出全書,易名為《〈左傳〉真偽考》,胡適又為之作序。

胡適的摘要(作於1927年4月17日)概括該書的大意:

> 全文分兩大段:前段大旨駁康有為的《新學偽經考》,後段從文法上證明《左傳》非魯國人所作,其文法與魯國文字的文法不同,但是前三世紀以前(焚書以前)的著作。[45]

胡適的序文(作於1927年10月4日)提出自己的評論:

> 故我以為珂先生用《左傳》的特別文法組織來和「魯語」相比較,證明《左傳》的語言自成一個文法組織,決非「魯君子」所作──這是他的最大成功。其次,他因此又證明《左傳》和《國語》在文法上最接近,這是他的第二功。這兩個結論和劉逢祿、康有為、崔適、錢玄同諸人的主張的大旨,都可以互相印證。但今文家所主張的枝節問題,如說「《左傳》是《國語》裡抽出來的」,「《左氏春秋》變成《春秋》的《左氏傳》是劉歆幹的」……這些問題還是懸案。珂先生不能證明《左傳》原是《春秋傳》,今文家也不能根據珂先生的成績而就斷定劉歆的作偽。[46]

45　《古史辨》,第5冊,293頁。

46　《古史辨》,第5冊,313頁。胡序全文又見《胡適文存》,第3集卷3,《〈《左傳》真偽考〉的提要與批評》。

要而論之，胡適在經學今古文問題上並無定見。確如所說：「《周禮》一書，我起初只承認他是戰國末年的一部大烏托邦。」[47]到「井田辨」時，認為《周禮》是劉歆偽造的假書，則是退到今文家的立場。看了高本漢的書，看法又有變化。一方面，胡適認為，高本漢證明《左傳》非魯君子所作以及《左傳》與《國語》在文法上最接近，與今文家的說法可以相互印證。因為劉逢祿、康有為等人說，劉歆把《國語》的一部分與《春秋》有關的，改作《春秋左氏傳》；或是說，當日原有一部《左氏春秋》，劉歆取出一部分做了《春秋左氏傳》，剩下的部分做了《國語》。現在，高本漢用文法比較研究的科學方法，證明《左傳》與《國語》有那麼相近的關係，豈不是能為今文家張目嗎？而且，高本漢對中國學者所爭論的焦點問題——《左傳》傳不傳《春秋》——未免隔膜，故此書亦不足以推翻今文家所謂「《左傳》不傳《春秋》」的說法。[48]這是胡適認為今文家的觀點的有力的地方。另一方面，高本漢論證《左傳》為先秦舊書，胡適認為這與錢玄同主張的《左傳》是「晚周人做的歷史」的觀點[49]並無不同，這是對的；但錢玄同又認為「劉歆把《國語》底一部分改成《春秋》

---

47 《胡適文存》，第1集卷2，278頁。這句話可與前引《胡適留學日記》的看法相印證。

48 錢玄同對《〈左傳〉真偽考》的反應確如胡適所料。在1928年4月6日致胡適的信中，他說：「去歲承賜《〈左傳〉真偽考》，謝謝！我覺得這書所說還不足以解決這問題。蓋《左傳》雖非《春秋》的傳但必是戰國時人做的歷史，此不但『偽今文家』如鄙人者這樣說，就是真今文家也未嘗不如此說；不信它是歷史者惟廖平一人，然此乃妄人之尤者耳，其說本無成立之價值也。今所當問者，它是否《春秋》的傳耳。」杜春和、韓榮芳、耿來金編：《胡適論學往來書信選》（下），1132頁。不僅如此，錢玄同於1931年11月16日所作《重印〈新學偽經考〉序》，以及由此改寫的《重論經今古文學問題》，均將高本漢證明《左傳》與《國語》語法最接近的結論，作為「《左傳》和《國語》本是一部書的一個很強有力的證據」。

49 胡適將錢玄同的看法概括為：「《左傳》是偽的《春秋》傳，是真的晚周人做的歷史」，很準確，很扼要。

的傳，意在抵制《公羊傳》」，[50]同時認為「壁中古文」為劉歆偽造，[51]
實未脫今文家的門戶之見。而胡適則又從當年「井田辨」時所謂「劉
歆偽造」的立場撤回，認為劉歆是否主謀等問題仍是「懸案」。這正
是錢穆《劉向歆父子年譜》要解決的問題，時距該文刊佈不到三年。
而「枝節」云云，則今文家大體不誤也。[52]

　　在考察晚清經今古文學之爭對民國史學界的影響時，我們不能忽
略了另一位重要的學者，就是王國維。李學勤說：

> 王國維先生早年治哲學、文學，一九一一年冬東渡日本後始轉
> 攻經史小學。他研究經學既不是康有為那樣的今文家，也不是
> 章太炎那樣的古文家。實際上，他對於清末以來的今古文之爭
> 並非漠視，而是做了很多切實重要的研究工作。[53]

　　從古文字學的角度研究今古文問題，是一條「切實重要」也許還
是根本解決問題的途徑，李氏對王國維的推崇是理所當然的。筆者只
就王氏的研究在當年經今古文問題討論中的地位，略補幾筆。

　　一九一六年十一月，王國維撰《漢代古文考》三卷（刊入《學術

50　錢玄同的看法見《古史辨》，第1冊，278-280頁。

51　《左傳》為漢世張蒼所獻古文，不在「壁中古文」之中，王充誤以《左傳》為「壁
　　中古文」，學者多指出其謬。《左傳》不在「壁中古文」之中，這一點錢玄同也是清
　　楚的。

52　前引胡適3年後致錢穆的信（1931.04.21），亦有不能停留於「枝節」云云，可以互
　　參，知其語境，見其思路。詳下文。

53　李氏列舉王國維在這方面的工作有：始於1916年、1925年還在繼續的漢魏石經研
　　究，著《漢魏博士考》、《漢代古文考》；1918年校唐寫本《尚書孔傳》和薛季宣
　　《書古文訓》；1926年作名文《桐鄉徐氏印譜序》；1917年和1920年，校勘過與古文
　　經學有關的《孔子家語》；《尚書》研究等。李學勤《談「信古、疑古、釋古」》，見
　　《古文獻叢論》，333-334頁。

叢編》第八、九、十三冊中），後經改定，按分篇別出，標題也稍作
改動，收入《觀堂集林》，計有：「戰國時秦用籀文六國用古文說」、
「史記所謂古文說」、「漢書所謂古文說」、「說文所謂古文說」、「說文
今序篆文合以古文說」、「漢時古文本諸經傳考」、「漢時古文諸經有轉
寫本說」、「兩漢古文學家多小學家說」、「科斗文字說」，都是王國維
研究古文字學的重要著作。[54]收入《觀堂集林》的這些文字，並沒有
渲染晚清今古文學之爭這一敏感話題，但是看到這些篇名，再回顧一
下康有為《新學偽經考》所謂《史記》所見「古文」字樣均劉歆偽
竄、又力闢「許學之偽」、又大張「壁中古文」為劉歆所偽造等等說
法，就不難理解王國維樸實無華的建設性工作對康崔諸說的破壞性。
尤其集中體現在他所提出的「戰國時秦用籀文六國用古文說」[55]上。
這可以從錢玄同對此說的反應看出來。

　　一九二三年五月，顧頡剛在《努力周報》上發表「層累地造成的
中國古史」觀以後，激起劉掞藜、胡堇人等之辯論，大為社會注目。
[56]顧頡剛因引《說文解字》有關材料論證禹為大蟲非人王，引起柳詒
徵《論以〈說文〉證史必先知〈說文〉之宜例》（1924年4月1日）一

---

54 袁英光、劉寅生編：《王國維年譜長編》，181頁。天津，天津人民出版社，1996。

55 王國維認為秦時統一文字，「罷其不與秦文合者」，其《倉頡》、《爰歷》、《博學》三
　篇為小篆，皆取自《史籀篇》大篆，故知秦文即籀文；六藝（《詩》、《書》、《易》、
　《禮》、《春秋》）皆用東方（六國）通行文字寫成，不流佈於秦，六國文字，即為
　古文。「故古文籀文者，乃戰國時東西二土文字之異名，其源皆出於殷周古文。而
　秦居宗周故地，其文字猶有豐鎬之遺。故籀文與自籀文出之篆文，其去殷周古文反
　較東方文字（原注：即漢世所謂古文）為近。」此說乃王氏創見。又以兩漢所傳經
　本所用古文轉寫，學者解經必先得小學之助，所以兩漢古文家兼小學家，如張敞、
　桑欽、衛宏、賈逵、許慎等皆是。都可以互證前說。此段文字概括王氏「戰國時秦
　用籀文六國用古文說」頗扼要，故亦引錄於此，見袁英光、劉寅生編《王國維年譜
　長編》，181頁。此說實是論證了漢傳古文諸經有所本、非偽造。

56 王煦華：《顧頡剛先生學術紀年》，見《紀念顧頡剛學術論文集》，1018頁。

文的激烈批駁。顧頡剛於是作《答柳翼謀先生》（1925年11月28日）反駁，文中援引錢玄同的觀點為自己壯氣：「《說文》是一部集偽古字、偽古義、偽古禮、偽古制和偽古說之大成的書。」

　　一九二五年十二月十三日，錢玄同致函聲援顧頡剛，此即《論〈說文〉及壁中古文經書》。很可能是錢氏認為，柳詒徵之說不足駁而王國維的學說對他所固執的今文家說構成更為有力的挑戰，所以此文徵引和針對的主要是王國維的觀點。他一方面以「王氏說《說文》中之古文無出壁中書及《春秋左氏傳》以外者」為「極對」。另一方面，他一則以「今所存齊、魯、邾諸國的鍾鼎文字跟壁中古文」大不相同，足見戰國時秦及六國文字均「大同小異」；一則固執康有為《新學偽經考》、崔適《史記探源》的說法，認為「凡《史記》中『古文』二字都是劉歆們竄入的」、揚雄能識古文奇字為劉歆所誤、許慎更是迷信古文經的，凡此皆不足憑信。錢玄同根據上述理由認定王國維「區為『東土』『西土』兩種文字」之說為「進退失據之論」，他又據康、崔所謂「壁中書之為偽物」的說法，認為把「《說文》中的古文」看作「列國詭更正文之文字」（羅振玉）、「晚周文字」、「東土文字」（王國維）「其實皆無稽之談也」。[57]

　　要而論之，錢玄同與王國維一樣都看到「壁中古文與殷周古文不合」，而對其「不合」的原因的解釋卻大異，王國維給予一種文字演變的歷史的解說，而錢玄同則寧肯相信康、崔的劉歆偽造說，至於錢玄同從王國維那裡接受的見解，與此並不矛盾，反足以為證據。

　　當然，此為一專門而艱深的學術問題，學者對此有不同的看法，自不可免。王國維「戰國時秦用籀文六國用古文說」提出，羅振玉就不首肯，[58]王氏及門弟子容庚尤不苟同。王國維頗欲說服他的學生，

57　以上顧頡剛、柳詒徵、錢玄同的文字均收入《古史辨》，第1冊。

58　袁英光、劉寅生編：《王國維年譜長編》，182頁。

一九二六年八月十八日，他致函羅福頤：

> 近有人作一種議論，謂許書古文為漢人偽造，更進而斷孔壁書
> 為偽造，容希白亦宗此說。擬為一文以正之。兄所集大璽文
> 字，其中與《說文》古文同者如恒字之類當必不少，祈錄
> 示……[59]

同年八、九月間王國維復書容庚：

> ……此段議論，前見《古史辨》中錢君玄同致顧頡剛書，實如
> 此說……今人勇於疑古，與昔人之勇於信古，其不合論理正復
> 相同，此弟所不敢贊同者也……錢君及兄所言，似未注意於戰
> 國時代多量之事實，且於文字演變之跡亦未嘗注意也……[60]

　　王國維想用堅確的證據說服容庚，所以求援於羅福頤，而他主要
針對的是錢玄同等的「勇於疑古」，這一點王氏頗為自覺。但他說錢
玄同等「謂許書古文為漢人偽造，更進而斷孔壁書為偽造」則未免倒
果為因，於錢氏思路未達一間。事實是，錢玄同先接受了康、崔所謂
「孔壁書為偽造」這一根本觀點，「進而斷」「許書古文為漢人偽
造」，用錢玄同的話來說就是「要問這種古文是否真古文，先要問壁
中書等是否真物」。[61]王國維用「老實人」的眼光來看「聰明人」的高
論，才會對錢玄同的論說作如此平恕的理解。不過，王國維顯然是充
分意識到從晚清今文家到錢玄同等的論斷的武斷和弊害，才起而作嚴

正切實的駁證。這是他不能已於言的根本原因。

一九二六年十月，王國維借《桐鄉徐氏印譜序》重申前論「戰國時秦用籀文六國用古文說」。

但容庚接王國維信後，對乃師所下的結論仍難於接受，「即作復書，討論此事」，可惜此信未發，容氏對《桐鄉徐氏印譜序》亦不以為定讞，卻未與作進一步的商榷，從而留下了永遠無從討教的遺憾。[62]

容庚尚且如此，錢玄同更不必說，王國維的成果甚至被他用來證明康有為的學說：

> 王氏最精於古代文字，以其研究所得證明壁中古文經為用六國時訛別簡率之字體所寫，適足以補康氏之闕；且得此重要證據，更足以見康氏考辨偽經之精確。[63]

這段文字出於錢玄同《重印〈新學偽經考〉序》，作於一九三一年十一月十六日，《劉向歆父子年譜》刊佈一年之後，距離王國維自沉昆明湖（1927年6月2日）已有四年多了。可惜的是王國維再也無法反駁他了。後人雖多據王國維的研究批駁錢玄同乃至康、崔諸說，[64]然而當時卻實是康、崔的天下。到一九三〇年六月，顧頡剛還說：

62 袁英光、劉寅生編：《王國維年譜長編》，492頁。

63 錢玄同《重印〈新學偽經考〉序》，126-127頁。方國瑜標點本《新學偽經考》，北平文化學社，1931。

64 如徐中舒，在《經今古文問題綜論》一文中指出：「錢先生因為不相信王國維先生《戰國時秦用籀文六國用古文說》，進退失據，既不知古文之足信，又怎麼能判斷今古文的是非標準呢！」《紀念顧頡剛學術論文集》，72頁。又如李耀仙，也以王國維「戰國時秦用籀文六國用古文說」為根據，駁斥廖平所謂「六書文字為孔子所作」之見。參見《〈廖平選集〉（上冊）內容評介——代序》，見李耀仙主編：《廖平選集》（上），26頁，成都，巴蜀書社，1998。

說是社會上不知道吧,《新學偽經考》已刻了七次版子,《考信錄》也有五種版子,《史記探源》也有兩種版子,其鉛印的一種已三版:這種書實在是很普及的了;《偽經考》且因焚禁三次之故而使人更注意了。說是他們的學說不足信吧,卻也沒有人起來作大規模的反攻,除了錢賓四先生(穆)新近作了一篇《劉向歆父子年譜》之外(此文刊入《燕京學報》第七期,將出版)。[65]

讓顧頡剛感慨的是「王莽的歷史系統」還未被推倒,社會上相信康、崔諸說的人還太少,但這段話也真切道出了《劉向歆父子年譜》面世前「大規模的反攻」之更少的實況;看過《劉譜》的顧頡剛還要來揚康、崔之殘灰,則尤見康、崔輩勢力的廣大了。

總結地說,一九三〇年以前的民國史學界,被晚清以來的經今古文學之爭纏繞著,不知所歸。大體而言,今文學派的見解占上風,學者如錢玄同、胡適、顧頡剛等無不浸潤過康、崔諸說,有的且固執其成見;王國維要算最不受其牽制的了,[66]但他的研究成績卻被錢玄同用來證明康、崔之說,西方漢學界也參加到這個問題的討論中來,高本漢的《左傳真偽考》本是為反駁康有為的,結果卻與王國維的著作同其命運。康有為等人的學說的影響力,不僅體現在「上古史靠不住的觀念」、「託古改制」的古史解釋理論,尤其落實到史學辨偽上對古書真偽的看法,甚至處於「打孔家店」背景下的經學史研究也不能脫其牢籠。[67]確實需要有人起來作「大規模的反攻」了。

---

65 《古史辨》,第5冊,256頁。

66 但王國維也沒有擺脫「平分今古」之見,參見李學勤《〈說文〉前敘稱經說》,見《古文獻叢論》。

67 這可以周予同的《經今古文學》為代表。其初稿題為《經今古文之爭及其異同》初刊於1925年2、3月間出版的《民鐸雜誌》,第6卷,第2、3號。1926年2月由商務印

三　《劉向歆父子年譜》的學術貢獻

《劉向歆父子年譜》的學術貢獻主要體現在以下四個方面：

（一）推翻劉歆遍偽群經之說。

錢穆從時間、偽造方式、偽造的動機目的等方面，論證了康、崔等力主的此說之不可信，[68]晚清以來學術史上的最大公案，得有定論。

（二）論證《周官》、《左傳》皆先秦舊籍。

《周官》、《左傳》是否為劉歆所偽造改竄的偽經，是晚清今古文學之爭的焦點，《周官》、《左傳》成書年代的推定又關乎上古史研究材料的擇別取捨，此事關係重大，錢穆力闢兩書為劉歆竄亂之說。

1　關於《周官》

錢穆引徵《漢書‧郊祀志》所載「五嶽」之說，指出，此說明見宣帝前，其時正行今文，《周禮》等書尚未面世、劉歆尚未出生，非如《新學偽經考》所說：言「五嶽」者為偽說或竄入。[69]

錢穆又考漢廷據《周禮》設官，始於孝平帝元始元年（西元1年）二月置「外史閭師」事。[70]非如《新學偽經考》所說：王莽學周

書館列入「國學小叢書」之一出版，改為今題。1929年10月由商務印書館再版，另編入「萬有文庫」中。參見朱維錚編：《周予同經學史論著選集》（增訂本）所收《經今古文學》之「編者注」，上海，上海人民出版社，1996。《古史辨》第二冊又摘錄了該書之第五、六、七三章。該書第32頁明白聲言「我個人是比較傾向今文的」，第七章只談「經今文學在學術思想上的價值」、第八章只列「經今文學的重要書籍」，而不提「經古文學在學術思想上的價值」，不列「經古文學的重要書籍」。《經今古文學》，上海，商務印書館，1929。

68 關於此點，可參看汪學群：《錢穆學術思想評傳》，第三章《兩漢經學與經學研究》，北京，北京圖書館出版社，1998。

69 錢穆：《劉向歆父子年譜》，載《燕京學報》，第7期，1197-1198頁，1930。

70 錢穆：《劉向歆父子年譜》，載《燕京學報》，第7期，1252-1253頁。

公始於西漢元始三年（西元3年）春，是時《周禮》未成，故建制猶從今博士說；[71] 以及元始五年（西元5年）五月，王莽加九錫。《周官》始尊為經典，朝廷典禮以為依據。[72]

錢穆又揭發康有為所謂劉歆偽造《周禮》以媚新莽說之來源。錢穆考方苞陰襲姚際恒之說，其《周官辨偽》至謂《周官》多有莽、歆的竄入。康有為承方氏餘緒而尤為變本加厲。[73]

錢穆認為《周官》「出戰國晚世」。[74]

2 關於《左傳》

《新學偽經考》認為，「五帝有少暤」說，為劉歆變亂五帝名號，竄之於《左傳》、《國語》、《月令》、《史記·曆書》，以與今文家為難。[75] 崔適《史記探源》認為：「終始五德」之說為劉歆出於以新代漢的政治需要而偽造，並托始於鄒衍。《呂氏春秋》十二紀、《淮南子·天文訓》、《史記》、《漢書》所載有及五德者，皆劉歆偽託竄入。又謂夏尚黑，殷尚白，周尚赤，此因三正，不緣五德。[76]

錢穆據《漢書·魏相傳》，魏相已有奏明引少暤五帝，其引高帝

---

71 錢穆：《劉向歆父子年譜》，載《燕京學報》，第7期，1255頁。

72 錢穆：《劉向歆父子年譜》，載《燕京學報》，第7期，1261頁。

73 錢穆：《劉向歆父子年譜》，載《燕京學報》，第7期，1267-1269、1285-1287、1311-1312頁。後經修改收入《古史辨》，第5冊的《劉向歆父子年譜》補充道：「又四明萬斯大有《學禮質疑》、《周官辨非》諸書。」亦為方氏所聞。《古史辨》，第5冊，242頁。並進一步指出：「古人辨《周官》為劉歆偽造以媚新莽者，其說似起於南宋。其時自惡王荊公依《周官》行新法而云然。不謂清儒自姚際恒、方苞迄於康氏，遂大肆其焰也。」《古史辨》，第5冊，214頁。余英時後又發揮乃師此說，詳加論證。氏著：《〈周禮〉考證和〈周禮〉的現代啟示》，見《錢穆與中國文化》。

74 錢穆：《劉向歆父子年譜》，載《燕京學報》，第7期，1280頁，1930。

75 錢穆：《劉向歆父子年譜》，載《燕京學報》，第7期，1201、1281頁，1930。

76 錢穆：《劉向歆父子年譜》，載《燕京學報》，第7期，1201頁，1930。

《天子所服》，亦明以月令配服色，不屬於三正。[77]至於三皇之說，《莊子》之《外篇・天運》[78]已屢言之。揚雄之《甘泉賦》、《羽獵賦》，均已提及三皇五帝。凡此皆早於莽歆援據三皇五帝五德終始說。錢穆認為三皇五帝固非信史，即今文經說及《史記》所載五帝之說，豈可必信？[79]然古有異說，何必全出歆造？[80]

錢穆又指出，劉歆以前或同時的西漢儒生如張敞、翼奉、翟方進、何武、龔勝等引據《左傳》，史有明文；張敞、翟方進、陳欽等傳習《左傳》，淵源有自。[81]

至於劉歆之「引傳文以解經」，因其獲睹中秘《左氏春秋》，見其實事詳備，可發明孔子《春秋》之簡略，勝於《公》、《穀》虛言義理，故乃分年比附，用相證切。雖當時五經諸儒，亦僅謂左氏不傳《春秋》，並不謂歆遍偽群經。[82]

（三）平情考量新莽代漢的歷史事實，認為此乃西漢以降歷史發展的自然趨勢、人心所向。莽政雖多迂腐，但也有可取之處。

「漢為堯後」之說、運數禪讓之論，為新莽代漢的思想基礎。此類論調均本於《公羊》家三統受命之說，漢儒董仲舒、谷永、眭孟、蓋寬饒、甘忠信、夏賀良等先後相倡。此說本以解釋漢高祖之以平民為天子，至漢德日衰，乃以警庸主，而後轉為新莽斬榛茮、除先道，

---

77 錢穆：《劉向歆父子年譜》，載《燕京學報》，第7期，1201頁，1930。

78 後經修改收入《古史辨》，第5冊的《劉向歆父子年譜》又補充了：《呂氏春秋》之《孝行覽》以及「用眾」、「貴公」篇。《古史辨》，第5冊，244頁。

79 錢穆：《劉向歆父子年譜》，載《燕京學報》，第7期，1314頁，1930。

80 錢穆：《劉向歆父子年譜》，載《燕京學報》，第7期，1281頁，1930。

81 錢穆：《劉向歆父子年譜》，載《燕京學報》，第7期，1196、1207-1208、1229、1237、1249、1297頁，1930。後經修改收入《古史辨》第5冊的《劉向歆父子年譜》又補充了賈誼之作《左氏傳訓詁》、師丹之引《左傳》之「天威」一語等。《古史辨》，第5冊，142，161頁。

82 錢穆：《劉向歆父子年譜》，載《燕京學報》，第7期，1242頁，1930。

不可謂得力於劉歆一人之偽。[83]

　　至於莽政情好復古、高談禮制之風，亦從前漢而來。王吉、貢禹皆主興復古禮以幾太平。莽、歆為政，定井田、釋奴隸、更幣制、倡官賣，皆遠承貢禹上復古禮、下恤民生之意而起。何武、翟方進皆治古文、通《左氏》，其學風蓋承王吉、韋玄成而啟莽、歆，改易官名以慕古昔，蓋亦新政先聲。[84]

　　王莽自元始擅政以來，所重首在理財厚生，元始五年起又及於文獻學術，其一時銳思求治之意，無可厚非。附麗於王莽的儒生，頗多俊傑之士。王莽有理想、有魄力，是其長處；而過於迂執，太事鋪張，則為敗本。[85]

　　總之，錢穆努力擺脫「以成敗論英雄」和「萬世一姓」等的舊史家的成見，使王莽得有解人。

　　（四）力證今古學之分在東漢以前猶未彰著，所謂十四博士「道一風同」、今古學勢同水火的看法，乃近世晚起之說、廖平等人張惶過甚之論。

　　錢穆力闢康有為「尊今抑古」的主張，勢不能不追剿廖平「平分今古」之見，這實是《劉向歆父子年譜》的一大關鍵。

　　西漢諸儒不守家法無分今古。張敞治《左氏》，上封事也用《公羊》義，當時通學本不分今古。劉向治《穀梁》，疏奏也用《公羊》義，非如後人所謂漢儒經學守家法不相通。劉向作《五行志》[86]，論

---

83 錢穆：《劉向歆父子年譜》，載《燕京學報》，第7期，1195、1199、1221、1233、1249、1266、1278頁，1930。

84 錢穆：《劉向歆父子年譜》，載《燕京學報》，第7期，1206、1210、1231頁，1930。

85 錢穆：《劉向歆父子年譜》，載《燕京學報》，第7期，1260、1262、1273、1294、1301、1304-1309、1315頁，1930。

86 錢穆稱「劉向為《五行志》」，微有不當。《漢書‧藝文志》著錄有「劉向《五行傳記》十一卷。」《漢書》本傳稱「向見《尚書‧洪範》，箕子為武王陳五行陰陽休咎

及《左氏》事亦多矣。[87]即使到東漢光武帝建武四年（西元28年），范升疏奏不可立《費氏易》、《左氏春秋》博士，所陳述理由中，既不提及劉歆之偽，又並不分今古文派別，安有如晚近諸儒言今古文之張惶者？[88]

王莽行政今古文說兼採並用，新朝經師多今文傳法，劉歆爭立古文經為廣道術非為篡聖統。[89]

西漢人言古文，正謂古籍耳，《詩》、《書》皆古文也。凡《史記》所謂古文諸條，均可以此意解。康、崔皆不識，以古文為指劉歆爭立諸經之專名，因疑為盡歆偽竄。[90]

之應。向乃集合上古以來歷春秋六國至秦漢符瑞災異之記，推跡行事，連傳禍福，著其占驗，比類相從，各有條目，凡十一篇，號曰《洪範五行傳論》，奏之。」似以「劉向乃《五行傳記》」或「劉向為《五行傳論》」近之。

87 錢穆：《劉向歆父子年譜》，載《燕京學報》，第7期，1196-1197、1212、1244頁，1930。後經修改收入《古史辨》第5冊的《劉向歆父子年譜》又補充了有力的證據：成帝時，漢廷封孔子子孫為殷後，為採納梅福奏議，將《公羊》家之通三統說，推跡及於《左氏》、《穀梁》。當時所謂今古文界限者安在？《古史辨》，第5冊，148頁。

88 錢穆：《劉向歆父子年譜》，載《燕京學報》，第7期，1304頁，1930。後經修改收入《古史辨》，第5冊的《劉向歆父子年譜》又補充說：漢博士經說分家，實起石渠議奏（宣帝甘露三年，即前51年）之後，論漢代經學家派不可不知。當時所立梁丘《易》、大小夏侯《尚書》、《穀梁春秋》博士，此即漢帝稱制特許之異說。《古史辨》，第5冊，119-120頁。此段補論，可與《劉譜》自序舉出的「然今文自有十四博士，已自相異」條相參。

89 錢穆：《劉向歆父子年譜》，載《燕京學報》，第7期，1239、1290-1293、1296、1298、1301頁，1930。

90 錢穆：《劉向歆父子年譜》，載《燕京學報》，第7期，1218頁，1930。後經修改收入《古史辨》第5冊的《劉向歆父子年譜》對「古文」之意，也作了申論。《史記》、《漢書》所謂「古文」，乃指以五經為主的古籍舊書，是與晚世民間「百家言」相對而稱的「前代王官舊書」。劉歆之意乃指壁中古文與朝廷博士書書同類，非與朝廷博士今文立異。康崔輩以「後世今文古文之見」，對劉歆爭立古文經事以及《史記》所言古文多有妄論。《古史辨》，第5冊，166頁。錢穆對「古文」涵義的疏解已詳其早著的《國學概論》第三、四章，後續有發揮。

後來錢穆在《兩漢經學今古文平議・自序》中，極為扼要地指出：「兩漢經學之今古文問題」，「其實此問題僅起於晚清道、咸以下」。此意在《國學概論》中已引其端緒，《劉向歆父子年譜》則代表該觀點的最早面世，後又續有發揮。此實為錢穆在經學史研究中的一大創見。

筆者不憚煩臚列《劉向歆父子年譜》的基本觀點及其主要論據，為的是方便讀者對錢穆解決晚清以來的經今古文學之爭的治學取徑有直觀的瞭解，也可以為下文的討論提供一個切實的基礎。有關的研究文章自然頗能道出《劉譜》的精彩之處，而能把《劉譜》的論旨最為清晰地揭示出來的莫過於錢穆本人的這一段文字：

> 余讀康氏書，深病其牴牾，欲為疏通證明，因先編《劉向歆父子年譜》，著其實事。實事既列，虛說自消。元、成、哀、平、新莽之際，學術風尚之趨變，政製法度之因革，其跡可以觀。凡近世經生紛紛為今古文分家，又伸今文，抑古文，甚斥歆、莽，遍疑史實，皆可以返。循是而上溯之晚周先秦，知今古分家之不實，十四博士之無根，六籍之不盡傳於孔門而多殘於秦火，庶乎可以脫經學之樊籠，發古人之真態矣。而此書其蒿矢也。[91]

四　《劉向歆父子年譜》的初始反響

《劉向歆父子年譜》刊佈兩月後，一九三〇年八月二十五日，

91　錢穆：《劉向歆父子年譜》，載《燕京學報》，第7期，1193頁，1930。收入《古史辨》第5冊時「蒿」字改為「嚆」字，是也。

《大公報・文學副刊》第一三七期,發表了署名「青松」(劉節)的《評〈劉向歆父子年譜〉》[92]。

這篇短評,雖然肯定《劉向歆父子年譜》對康說的批駁「皆甚允當」,但他認為這畢竟只是「消極攻擊舊說」(尚需「積極分析事實,說明今古學之源流與底蘊,以為講論學術史者所取資」),因此此文主要是提出「商榷」意見。

首先,他認為「《春秋經》及《公羊傳》兩者皆非戰國以前古籍」,今文學家攻擊劉歆偽造《左氏傳》、《周禮》,乃五十步笑百步。「且今古學之分,即陰陽五行學說之分」。而《劉向歆父子年譜》以闢康說為主,「未能離開古文家之立足點」,於晚清以降的今古文學之爭,「未能超越」。

這種看法與《劉向歆父子年譜》的本旨大相逕庭,與今天我們對《劉譜》的瞭解亦相距甚遠,然從此類的即時反應,頗可見當時的學術氛圍。錢穆後來回憶說,《劉譜》出,時人「都疑餘主古文家

---

92 後收入《古史辨》第5冊。「青松」為誰?這似乎是個不小的疑問。作者於2000年在臺北臺灣大學中國文學系參加「紀念錢穆先生逝世十週年國際學術研討會」時,當場就有學者提出這個問題,我當時從此文的思想傾向判斷,認定是劉節,但無佐證,而問題又不是專向我提出,故不便貿然作答。只是私下與一位前輩論及此,他認為我的推測有理。後來與另一位前輩學者聊天時,他也提到編書時欲收此文,問我「青松」是哪位學者,我則斷然告以就是劉節。因我素日留心此事,偶見《陳寅恪集・書信集》,235頁,北京,生活・讀書・新知三聯書店,2001,介紹劉節說:「劉節(1901-1977)字子植,號青松……」後又見曾憲禮編:《劉節文集》,廣州,中山大學出版社,2004,書首《劉節先生學術小傳》有云:「劉節,原名翰香,字子植,曾用筆名鱸秋、知非、青松、青、松。」「青松」是「號」還是「筆名」無關緊要,《評〈劉向歆父子年譜〉》一文的作者為劉節,可以斷定矣。可惜《文集》未收此文。值此修訂拙文成書之際,再檢《劉節文集》,見該書所收《劉節先生著述目錄》有云:「《評〈劉向歆父子年譜〉》原載《大公報・文學副刊》,第一百三十七期,1930.08.25,後收入《古史辨》第5冊」,見《劉節文集》,377頁,所幸推測不謬也。

言」，[93]此君的看法可以作為代表。必須指出，劉節這樣看，並不是一點道理沒有。《劉譜》確實採用了古文家的說法，比如錢穆駁康說不可通之第二十一曰：「左氏傳授遠有淵源，歆既偽託，何以托之翟方進？其子翟義為莽朝反虜逆賊，方進發冢，戮及屍骨，歆何為而偽託於方進？」，據學者研究，其說本於章太炎，氏著《春秋左傳讀敍錄》即以此責劉逢祿「讀書而不知論世」。[94]不過，借用錢玄同、顧頡剛的話來說，這是有取於古文家的「歷史考證」，就像成書於《劉譜》之前的《國學概論》[95]根據章太炎《春秋左傳讀敍錄》、劉師培《論孔子無改制之事》論證《公羊》家「王魯新周故宋黜杞之說，細按皆不足信」[96]。一樣並不是要「主古文家言」。《國學概論》把章太炎與梁啟超、胡適擺在一起，將他看作扭轉「清儒尊孔崇經之風」、「啟蒙發凡」的「最近期之學術思想」的開風氣人物，[97]而不認作清代經學的殿軍；至於錢穆更不想揚古文經學之殘灰，所以《國學概論》雖高度評價章太炎的子學成就，但批評他：「惟論史重種族之見，論經則專主古文，而深斥今文，持論時涉偏激，是其所短。」[98]不過劉節作此番評論時，《國學概論》尚未面世，他對於錢穆的見解

---

93 錢穆：《八十憶雙親・師友雜憶》，160頁。

94 黃彰健：《經今古文學問題新論》，8頁，臺北，「中央研究院」歷史語言研究所，1982。李學勤指出：「錢穆等學者恐怕都沒有見過《春秋左傳讀》」（《章太炎論〈左傳〉的授受源流》，見《當代學者自選文庫・李學勤卷》，659頁，合肥：安徽教育出版社，1999），這是對的，但錢穆肯定見過《春秋左傳讀敍錄》，寫作早於《劉向歆父子年譜》的《國學概論》就徵引過它。見下文。

95 據《國學概論・弁言》，此書於1926年夏開始編著，1928年春完稿。商務印書館，1931年5月初版。筆者所據《國學概論》即為此版。此書之竣稿早於《劉向歆父子年譜》，而出版面世晚於《劉譜》。初版此書的觀點自然早於《劉譜》中的見解。

96 《國學概論》（上），98-99頁。

97 《國學概論》（下），144頁。

98 《國學概論》（下），141頁。

不可能有全面的瞭解，也是情理中的事。但是，他對錢穆的「於史學立場為經學顯真是」這一根本點，顯然是隔膜的，這是晚清以來今古兩家入主出奴之見一時難以匡清的表徵。

劉節提出的又一個有力的商榷意見是：「今錢氏之文於劉歆未造偽經之證據頗多，而對於《周官》及《左氏傳》之著作年代無具體意見，吾人認為其抨擊崔康者仍未能中其要害也。」這個看法是中肯的。《劉向歆父子年譜》以批駁劉歆遍偽群經說為主，涉及《周官》及《左氏傳》，也主要說它們在劉歆以前就存在，非其偽造，雖提到《周官》出「戰國晚世」，[99]卻沒展開論證，至於「《左氏》之與《國語》，洵為一書歟，抑二書歟，此未可以一言決也」[100]，也還無明確的主張。確定《周官》、《左氏傳》等重要典籍的成書年代，實是深入討論經學今古文問題的需要，也是上古史研究中關鍵的關鍵。也許正是在劉節等學者如此這般的質詢之下，[101]錢穆很快於一九三二年六月在《燕京學報》第十一期，刊佈《周官著作時代考》，充分論證了何休所謂「《周官》乃六國陰謀之書」之說為近情的觀點。

劉節以「廖平之《今古學考》、崔適之《史記探源》皆精深宏篤，遠在康氏之上」，則足見其既昧於康氏之說統治民國學術界的事實，又猶惑於廖、崔諸說。

劉節還認為，錢穆看不到晚清今文經學運動如歐洲文藝復興那樣的「因復古而思想得解放」的「功績」與「價值」，在筆者看來也是未得錢氏見解之全豹。這一點留待下文來說。

99　錢穆：《劉向歆父子年譜》，載《燕京學報》，第7期，1280頁，1930。

100　錢穆：《劉向歆父子年譜》，載《燕京學報》，第7期，1242頁，1930。

101　《周官著作時代考》開篇有云：「凡篇中所提供者，以有關積極的論點為主。至於消極方面的辯駁，本文不想過分地用力。」錢穆關於「積極」「消極」的用力方向的分辨，似即由劉節的評論語彙而來。

　　不過,學術界對《劉向歆父子年譜》更多積極的評價。這可以傅斯年為代表。據鄧廣銘的回憶,傅斯年對《劉向歆父子年譜》是有不同看法的,他讓鄧廣銘「不要專信錢先生的一家之言」。[102]但他對該文的學術價值卻推崇備至。據《師友雜憶》,錢穆到北京後,初識史語所的主帥傅斯年,「孟真屢邀余至其史語所。有外國學者來,如法國伯希和之類,史語所宴客,余必預,並常坐貴客之旁座。孟真必介紹余乃《劉向歆父子年譜》之作者。孟真意,乃以此破當時經學界之今文學派,乃及史學界之疑古派。繼此以往,則余與孟真意見亦多不合」[103]。出乎錢穆意料的是,傅斯年還是請他到北大任教的主事者,傅氏為得錢穆,既請胡適在北大方面做工作,又讓顧頡剛向錢穆說項。[104]其淵源應如余英時所說,實為《劉向歆父子年譜》。

　　錢穆的回憶提到傅斯年當年對他的尊重是因為《劉向歆父子年譜》可以「破當時經學界之今文學派」,非常準確。所謂「乃及史學界之疑古派」云云,則筆者不敢採信,恐是錢氏將後起之意附到當年之事。要決此疑,需深考《劉譜》刊出之初錢穆與疑古學派的關係。

　　《古史辨》發起人顧頡剛,無疑既是《劉向歆父子年譜》的約稿人也是他的第一讀者。對這篇「不啻特與頡剛爭議」的文章的作意,顧頡剛當然也是很清楚的。他的雅量不僅表現在將此文刊佈出來,而且《五德終始說下的政治與歷史》還採納了「《劉向歆王莽年譜》裡

102 鄧廣銘:《懷念我的恩師傅斯年先生》,載《臺大歷史學報》,第20期;又見《傅故校長孟真先生百齡紀念論文集》,7頁,臺灣大學歷史系,1996。

103 錢穆:《八十憶雙親・師友雜憶》,168頁。

104 錢胡美琦:《錢賓四先生年譜》(二)(未定稿)附注①,引顧頡剛於1931年3月18日致胡適的信中有曰:「聞孟真有意請錢賓四先生入北大,想出先生吹噓。我已問過賓四,他也願意。」見《錢穆先生紀念館館刊》,第4期,127頁,臺北,臺北市立圖書館,1996。

不少的取材和意見」，[105]這主要是指《劉譜》「尋出許多替新代學術開
先路的漢代材料」（主要是指前揭《劉譜》的學術貢獻之第三點）。不
過，也只是「在這一點上，我很佩服錢賓四先生（穆）」。[106]因為前文
說過，《五德終始說下的政治與歷史》的根本方法和路徑完全承襲了
康有為《新學偽經考》崔適《史記探源》的做法。顧頡剛請錢穆批
評，錢穆就寫了《評顧頡剛〈五德終始說下的政治與歷史〉》。[107]這是
一篇頗能說明錢穆與顧頡剛學術分合的文字，如果將它與《劉向歆父
子年譜》尤其與《國學概論》的相關文字連繫起來看，則錢穆與疑古
學派在當年的關係就更清楚了，錢穆對晚清經今文學運動的全面看法
也能了然。

　　《國學概論》描述晚清經今文學運動從興起到演變發展為古史辨
運動的歷史極有理致。錢穆認為晚清經今文學運動頗秉章學誠等「反
經學」稽古、「尚實際」的精神，而「淵源所自，亦蘇州惠氏尊古而
守家法之遺，而不甘為名物訓詁」，「其後以信公羊而信今文，又以信
今文而疑及古文，於是漢學家之以尊古始者，乃遂以疑古終焉。至康
有為出，著《新學偽經考》，而後疑古之思乃達於極端焉」。「清儒以
尊經崇聖，而發疑古辨偽之思，在晚近今文學家而大盛。今則百尺竿
頭，更進一步，去其崇聖尊經之見，而專為古史之探討。（錢穆引徵
梁啟超《清代學術概論》那段「以復古為解放」總結清學史的名論
後，說：「梁氏此論極是。然復先秦之古，猶未已也。繼此而往，則
將窮源拔本，復商周之古，更上而復皇古之古。則一切崇古之見，皆
得其解放，而學術思想，乃有新機。此今日考論古史一派，實接清儒
『以復古為解放』之精神，而更求最上一層之解決，誠為不可忽視之

105　《古史辨》，第5冊，621頁。
106　《古史辨》，第5冊，483頁。
107　原載《大公報·文學副刊》，第170期，1931.04.13，亦收入《古史辨》，第5冊。

一工作也。」）若胡適之、顧頡剛、錢玄同諸家，雖建立未遑，而破棄陳說，駁擊舊傳，確有見地。（錢穆指出：「古史之懷疑，最先始於胡氏。其著《中國哲學史》，東周以上即存而不論，以見不敢輕信之意，近數年來，其弟子顧頡剛始有系統見解之發表。」於是錢穆引了「層累地造成的中國古史」說，又引了胡適對此的分析：稱其為「剝皮主義」、「用歷史演進的見解來觀察歷史上的傳說」等文字；又引顧頡剛《古史辨自序》所謂「我個人的工作，不過在證偽辨古史方面有些主張」而已等話；錢穆還認為，錢玄同「論六經與孔子無涉，謂六經之配成，當在戰國之末。雖同為論證未全之說，要其對經史上同為探本窮源之工作，同有可以注意之價值也。」）

必須強調的是，錢穆對以經今文學運動為集大成的清儒「精神」──「以復古為解放」──有充分的瞭解和極高的評價，他甚至認為當前的「古史之探討」不但是本此精神而來，而且要進一步地開展，對這一精神的承接和發揚，與批駁今文學家如康有為等的主觀武斷之論、門戶壁壘之見，不但不相矛盾而且密切相關，復西漢前之古與擺脫今文學家之成見，實乃一事之兩面。所以《國學概論》一方面主要在第三至四兩章全面批駁晚清今文家加在漢代今古文爭論之上的不實之詞，又在第九章批評康有為之「疑古」：「康氏所疑，多無證武斷」，[108]但他又能在第十章如此高揚「以復古為解放」的精神；他不取「章太炎不信龜甲文，錢玄同等又疑許氏古文皆偽造」的見解，[109]但他卻認可錢玄同「論六經與孔子無涉」等觀點為「確有見地」。錢穆之批評「疑古」，不待《劉向歆父子年譜》「始」來清算，《國學概論》已有這樣的論調了。不過他批評的只是無根的亂疑，並不是「疑

108　《國學概論》（下），126頁。

109　《國學概論》（下），146頁。

古」的思想取向。他當時所謂的「以復古為解放」（歸宿於「一切崇古之見，皆得其解放」），其實就是學者經常討論的「疑古」。

　　這些基本觀點在《劉向歆父子年譜》出來後，只有深化而沒有大的變化。《評顧頡剛〈五德終始說下的政治和歷史〉》一上來就暢談：「《古史辨》也是一種以復古為解放的運動」，幾乎是概要復述了《國學概論》中的見解。他進一步認為《古史辨》運動比今文學家說高明的地方在於：在對上古史料經說的處理上，以「層累地造成的古史觀」為代表的「傳說（自然）演進的說法」，比康有為等所謂劉歆「特意」「人為」「偽造」的等武斷說法合情理、近實際。在建立這一制高點後，他指出他與今文學家的分歧在於：「無論政治和學說，在我看來，從漢武到王莽，從董仲舒到劉歆，也只是一線的演進和生長，而今文學家的見解，則認為其間定有一番盛大的偽造和突異的改換。」這也是當時的他與《五德終始說下的政治和歷史》的作者的分歧。因為「顧先生和今文學家同樣主張歆莽一切的作偽」。錢穆對顧頡剛的批評是，未能用「歷史演進的原則和傳說的演變」對古史材料作充分的處理，反而固執今文家的門戶之見，所以未能實踐《古史辨》運動「以復古為解放」的宗旨。

　　《評顧頡剛〈五德終始說下的政治和歷史〉》刊佈前一月，顧頡剛在給胡適的信中提到錢穆說：「他為學比我篤實，我們雖方向有些不同，但我頗尊重他，希望他對我補偏救弊。」[110]這番話很能說明錢穆與顧頡剛的學術關係。在對漢代歷史的看法、對古史材料的處理、尤其由此涉及的對晚清今文家的辨偽成果的把握上，可以看到兩人為學「方向」的不同。這種不同，在今天看來確實有「疑古」程度的差

---

110 亦見錢胡美琦：《錢賓四先生年譜》（二）（未定稿）附注①，引顧頡剛於1931年3
　　月18日致胡適的信。

異，不過對這一點也不能過於誇大，似乎錢穆當時已有意識地在扭轉疑古學派的精神方向。事實上，錢穆極力堅持的正是參加《古史辨》的很多學者基本接受的「層累地造成的古史觀」（我對這個見解和方法，也抱著相當的贊同），他自己在這個問題上的看法正是在自覺運用該見解和方法（若根據上列見解，顧先生原文所引各種史料及疑點，均可用歷史演進的原則和傳說的流變來加以說明）。雖然他把它解釋為「傳說（自然）演進的說法」也許未必完全符合顧頡剛的原意，但他的修正恰恰是「補偏救弊」。錢穆批評顧頡剛的是他從這一路向上倒退下來，重返今文家的舊徑，[111]「會在《古史辨》發展的途程上，要橫添許多無謂的不必的迂迴和歧迷」。因此他那「助攻」的角色認同，可謂恰如其分。[112]

但是，顧頡剛並沒有接受錢穆的批評，在《跋錢穆「評顧頡剛〈五德終始說下的政治和歷史〉」》[113]一文中，他堅持：今文學家「揭發西漢末年一段騙案，這是不錯的」，「我以為我們現在正當各認其是，向前走去，看討論了多少年之後得到什麼樣的結論。」

討論到最後，誰也沒有說服誰，這時《古史辨》的精神領袖胡適也來參加討論了，他似乎總是在最關鍵的時候出現的。這次，他不是支持顧頡剛，而是傾向錢穆。

早在一九三〇年十月二十八日的日記裡，胡適就將他剛看完的《劉向歆父子年譜》與《五德終始說下的政治和歷史》兩書作了比

---

111 楊向奎的批評（見前）與錢穆的看法完全一致。而兩人又均為「古史辨運動」的參與者。頗可玩味。

112 如果我們不是把《古史辨》運動褊狹地看做只是一個或幾個特別有「疑古」思想的人在做「抹殺歷史」的工作，對此是可以作平情的歷史瞭解的。當然，這絕不是說，我們今天還要固執「疑古」學派的陳見，正像當年顧頡剛還要固執今文家說一樣。

113 《大公報‧文學副刊》，第171期，1931.04.20，亦收入《古史辨》，第5冊。

較、下了評語。認為「錢譜為一大著作，見解與體例都好」而「顧說一部分作於曾見錢譜之後，而墨守康有為、崔適之說，殊不可曉」。[114]證明他於一九三一年三月二十一日主動致信錢穆討論老子年代問題前提到對《劉譜》「十分佩服」、稱讚《劉譜》「謹嚴」，[115]實非泛泛寒暄客套之辭。

　　一九三一年四月十七日胡適又一次主動致信錢穆，一則參加顧頡剛與錢穆爭論未決的「五德始終」問題，一則討論《周官》的本子問題，兩者皆深扣經學今古文之爭[116]，與《劉向歆父子年譜》有密切的關係。錢穆於一九三一年四月二十四日回信作了答覆。[117]

　　關於前一個問題。錢穆與顧頡剛的討論中涉及「秦祠白帝之三

---

114 轉引自余英時：《錢穆與中國文化》，239頁。

115 耿雲志、歐陽哲生編：《胡適書信集》上冊（1907-1933），542頁。

116 耿雲志、歐陽哲生編：《胡適書信集》上冊（1907-1933），546-549頁。又見杜春和、韓榮芳、耿來金編：《胡適論學往來書信選》下冊，1105頁（信中胡適還附有作於1931年4月1日的關於《周官》的「雜記」，該書將其作為4月1日胡適致錢穆的另一封信，誤。）

117 杜春和、韓榮芳、耿來金編：《胡適論學往來書信選》下冊，1098-1101頁。原函無年份，該書將此信繫於1928年，誤。《錢賓四先生全集》第53冊《素書樓餘瀋》亦收此信，該書193頁將此信擬繫於「民國二十一年」，亦不確。理由有三：第一，信中說：「民國十五年夏，穆在無錫編講《國學概論》，始注意及此問題（指『今古文問題』——引者）。」又說「六年來見解未有變」。推算起來此信可能寫於1931年或1932年，絕不可能是1928年。第二，此信開頭說：「先生高興加入今古文問題的討論，尤所盼望。」應該是就胡適於1931年4月21日致錢穆信開頭「你和頡剛討論五德終始的文字，我都讀過了。關於這個問題，我想做一篇文字來參加你們的討論。」這句話而發；此信近結尾處有云：「……庶或有當於先生『根本』之論乎？」這番話實是由回應胡適的信中「不先決此大問題，便是日日討論枝葉而忘卻本根了」的批評而來。第三，信中又有云：「該稿（指《國學概論》——筆者）送商務已逾兩年，尚未印成。」《國學概論》，於1928年春完稿，1931年5月初版。交稿後「已逾兩年」，更不可能是1928年，「尚未印成」，則必在1931年5月之前。若繫於1931年，則年數恰合，月份亦合。因此，筆者將錢穆寫此信的年月日，定為1931年4月24日。

時」是否可信的爭執。胡適從民俗學的角度支持錢穆的看法，認為顧頡剛不相信「秦祠白帝之三畤」乃是上了崔適的當。當然這涉及討論的細部，且不去多說。我們來看他對這個問題的基本觀點：

> 我以為廖季平的《今古學考》的態度還算是平允，但康有為的《偽經考》便走上了偏激的成見一路，崔觶甫的《史記探源》更偏激了。
>
> 現在應該回到廖季平的原來主張，看看他「創為今古學之分，以復西京之舊」是否可以成立。不先決此大問題，便是日日討論枝葉而忘卻本根了。

看胡適的口氣，似乎是把錢穆與顧頡剛各拍了五十大板，批評他們的討論爭小節而不識大體。其實如果不是接受了《劉向歆父子年譜》的看法，胡適就不可能有這種論斷，連繫前面的討論來看，正是《劉譜》掃清了胡適本以為「懸案」的某些「枝葉」。不僅如此，胡適所謂的「大問題」，在錢穆那裡早已「決」了，錢穆所看重的「本根」與胡適所說的相距甚遠。

請看錢穆的回覆：

> 竊謂西京學術真相，當從六國先秦源頭上窺。晚清今文家承蘇州惠氏家法之說而來，後又屢變，實未得漢人之真。即以廖氏《古今學考》[118]論，其書貌為謹嚴，實亦誕奇，與六譯館他書相差不遠。彼論今古學源於孔子，初年晚年學說不同。穆詳究孔子一生及其門弟子先後輩行，知其說全無根據。又以《王

---

118 將《今古學考》寫作《古今學考》，查原稿影印件亦如此（見耿雲志主編：《胡適遺稿及密藏書信》，第40冊，244頁，合肥，黃山書社，1994），此或為錢穆筆誤。

制》、《周禮》判分古今。其實西漢經學中心，其先為董氏公
羊，其後爭點亦以左氏為烈，廖氏以禮制一端劃分今古鴻溝，
早已是拔趙幟立漢幟，非古人之真。

　　該函隨後概述了對這個問題的系統看法，共講了七條，除了最後
一條「詳拙稿《莽歆年譜》」，胡適已經看到外，其餘均詳此時尚未出
版的《國學概論》，並且「還擬於晚周學派及秦焚書兩端詳細發揮，
庶或有當於先生『根本』之論乎」？
　　胡適與錢穆在經學今古文問題上的認識程序的反差，值得注意。
胡適是在一定程度上突破了「尊今抑古」的康崔諸說（在這方面，他
藉重了錢穆的《劉向歆父子年譜》）後，才回到廖平「平分今古」的
主張，最終還是沒有從今文家說的牢籠掙扎出來。錢穆是先擺脫了
「平分今古」的奇談怪論的束縛，對「尊今抑古」之見就有了勢如破
竹的勝算。
　　由此我們又可以看到，錢穆基於史學立場的子學研究對於他解決
經學今古文問題的重要意義，[119]他那由子入經而又歸宗於史學立場的
治學路徑以及他博學自得的治學精神實是他能超越前賢的關鍵因素。
在一定意義上，這也是他忠實地踐履「以復古為解放」的治學宗旨的
自然結果。而胡適的反應，則顯然使他意識到，必須拿出進一步的研
究成果才能打破時人猶所執迷的今文學家的最後防線——所謂某種
「『根本』之論」。
　　胡適去信，主要還是為討論《周官》問題。因他看到錢穆與顧頡
剛討論中提到「近著《周官著作時代考》」（此時尚未刊佈）。
　　該年三月份，胡適發現《史記‧封禪書》有一則材料引《周

---

119 錢穆的《先秦諸子繫年》不僅是他最重要的著作，而且也是他一生學術的基地。

官》，而此條卻不見於《漢書・郊祀志》，又胡適「遍翻《周禮》，不見此文」，只有《周禮・春官》末段有相近的幾句話，卻「似不是《史記》所引」。這引起胡適的疑問：「近人說《封禪書》是劉歆等『錄《漢書・郊祀志》以下』的（崔適《史記探源》卷4），那麼，為什麼這一段引《周官》的話獨不見於《郊祀志》呢？何以所引《周官》獨不見於《周禮》呢？」他先於三月二十九日致信向錢玄同請教，又於四月一日作了一篇「雜記」，提出一個假設：司馬遷時有一部「偽古書」《周官》，後來便有兩種《周官》改本出現。一部是節本《周官》，即《古文尚書》裡的《周官》篇；一部是王莽立於學官的《周禮》。「雜記」最後提出對《周禮》的總看法：

> 《周禮》屢說祀五帝，其為漢人所作之書似無可疑。其中制度似是依據《王制》而大加改定的。劉歆等曾頌王莽「發得《周禮》」，書中用古文字，也很像王莽的倣古風格。我們說《周禮》是王莽用史遷所見的《周官》來放大改作的，似乎不算十分武斷。但我們不能因此說劉歆遍偽群經。

胡適把「雜記」附在信中，讓錢穆提意見。[120]

錢穆的看法與胡適不同：「《周官》，鄙見仍認是先秦書。」

胡適寫於一九三一年五月七日的雜記又說，錢穆查出《史記・封禪書》所引一段出於《周禮・大司樂》，胡適由此所的結論是：「那就更可以證明司馬遷時代有一部《周官》，而文字大不同；又可以證今本確是大大的改作的結果。」[121]

---

120 耿雲志、歐陽哲生編：《胡適書信集》（上）（1907-1933），546-549頁。該「雜記」又見耿雲志主編：《胡適遺稿及密藏書信》，第5冊，457-460頁

121 耿雲志主編：《胡適遺稿及密藏書信》，第5冊，461-462頁。

　　我們不難看出，胡適雖然像今文學家一樣對王莽、劉歆滿懷狐疑，但《劉向歆父子年譜》讓他放棄了「劉歆遍偽群經」的看法，錢穆關於《周官》著作年代的研究雖不能讓他全盤承受，但也從旁促使他由「偽造」說退到了「改作」說。

　　錢穆的《周官著作時代考》同樣使錢玄同作了「讓步」，余英時引《重論經今古文學》（此文由《重印〈新學偽經考〉序》改寫而成）一文錢玄同論《周禮》的文字作了說明，[122]可以補充一點的是，在《重印〈新學偽經考〉序》[123]中，錢玄同還說：

> 他說《周禮》一書是劉歆為王莽而作，故王莽一朝的典禮都與《周禮》相合，乃取《漢書・王莽傳》中莽所措施，一一與《周禮》相證，成《漢書劉歆王莽傳辨偽》一篇。凡所舉證，皆極精覈。看康氏所舉證據，知何休以《周禮》為六國陰謀之書，雖有懷疑之心，還是隔膜之論。[124]

　　他把這一條作為「康氏的特識」之第五大點。《重論經今古文問題》[125]則把此點給刪掉了，可見錢玄同確實作了重大的「讓步」，直到臨終前一年（1937年）三月底作《〈劉申叔先生遺書〉序》還是如此。[126]

　　不過，《重印〈新學偽經考〉序》以及《重論經今古文問題》

---

122 余英時：《錢穆與中國文化》，135頁。

123 作於1931年11月16日，收入1931年北平文化學社出版、方國瑜標點的《新學偽經考》。

124 錢玄同：《重印〈新學偽經考〉序》，27頁。

125 載《國立北京大學國學季刊》，第3卷，第2號，1932，亦收入《古史辨》，第5冊。

126 「《周禮》亦劉氏偽造之書（或戰國時人所著而經劉氏所改作，冒充周公所制之禮。）」《錢玄同文集》，第4卷，328頁。

的主旨卻是開篇的第一句話：「康長素（有為）先生的《新學偽經考》，是一部極重要極精深的『辨偽』專著。」他還援引胡適概括清代學者「科學方法」的話：「尊重事實，尊重證據」、「大膽的假設，小心的求證」，來表彰《新學偽經考》。這儘管是他慣有的看法，但仍讓人覺得與錢穆的看法反差之強烈（《劉向歆父子年譜》論證了《新學偽經考》乃是一部武斷之極的書）。

　　令筆者不解的是，自《劉譜》出，學者自然將錢穆與錢玄同視為學術觀點對立的兩派的代表，但無論是《重印〈新學偽經考〉序》還是《重論經今古文學問題》均無一語提及《劉譜》。然而兩文均堅持說：

> 總之自《新學偽經考》出世以後，漢古文經之為偽造已成為不易之定論；正與閻若璩的《尚書古文疏證》出世以後，晉《古文尚書》之為偽造已成不易之定論相同。我們現在對於康氏這書，應該做程廷祚、惠棟、江聲、王鳴盛、段玉裁、丁晏（均辯駁偽《古文尚書》而對於閻說有所修正者），不應該做毛奇齡、洪良品、王照（均替偽《古文尚書》來辯護者），這是我敢堅決主張的。[127]

一九三五年一月，錢玄同把話就說得更明白了：

> 今日對此問題，雖尚有錢賓四、胡適之、徐旭生諸君之反對劉、康、崔諸君，亦正與晉古文《尚書》一案尚有毛奇齡、洪

---

127 錢玄同：《重印〈新學偽經考〉序》，14-15頁。《古史辨》，第5冊，28-29頁。其實此意全本之於崔適，參見前引崔適致信錢玄同所云：「下走之於康，略如攻東晉《古文尚書》者惠定宇於閻百詩之比。」而角色選擇的自我意識，益為強烈。

　　良品、王照諸君之反對梅、閻、惠諸君一樣。弟之愚見，則確
　　信劉、康、崔諸君所考證者皆精當不易，故時於漢古文經是偽
　　書之說，認為不必再討論了。現在要討論的是今文經之真偽問
　　題。[128]

　　可見，錢玄同儘管能夠承受錢穆的部分看法，但在根本觀點上，
無論是《重印〈新學偽經考〉序》還是《重論經今古文學問題》，均
可視為對《劉向歆父子年譜》的隱隱針鋒相對的即時反應。

　　然而，話又說回來，錢玄同對經今古文問題的看法，並不像他所
表態的那樣，與錢穆水火不容。

　　《重論經今古文學問題》對《重印〈新學偽經考〉序》的一個最
大的補正，是系統批駁了近人劃分今古文界限的種種謬說。如以「文
字之差異」、「經說」派別之對立（如廖平之《今古學考》）、「微言大
義」（今）與「訓故名物」（古）之別、「六經皆史」（古）與「《六
經》皆孔子所作」（今）之異等等來奢談今古文之分者，皆在錢玄同
排斥之列。他的看法是：

　　我以為今文與古文之不同，最重要的是篇卷之多少，次則文字
　　之差異；至於經說，雖有種種異義，其實是不值得注意的。[129]

　　一九三五年一月二十日，錢玄同在給顧頡剛的信中，做了更為重
要的修正。他認為，他的所謂《重論經今古文學問題》一文，應該改
題為「《繼續劉申受、康長素、崔觶甫諸先生而辨偽經》」。理由之
一：如前文所引，古文經之偽，已得定讞，不必「重論」。理由之

128　《古史辨》，第5冊之「最後一頁」。
129　《古史辨》，第5冊，93頁。

二：「至於『經今古文』這個詞的下面加上一個『學』字，此更與鄙見相左。我認為『經今文學』與『經古文學』這兩個詞，都是根本不能成立的。今文五經分成十四家博士，便有十四種說法了……晚出之古文家也有許多說法……」並沒有同條共貫的「今文經學」如「今文《詩》學」，也沒有同條共貫的「古文經學」如「古文《周禮》學」，對歷史上的不同經說，「該平等看待」。當然，「今文與古文是一定要考證明白的，因為有真偽之別，在史料上關係甚大，但並無所謂兩家之『學』。」總之，錢玄同主張「辨偽」，反對「析學」。因此，他推崇康有為的《新學偽經考》，反對廖平的《今古學考》以及「廖傾」的周予同的《經今古文學》。[130]

在突破廖平的「平分今古」之見這一重大關節上，錢玄同與錢穆一樣有著難能可貴的卓見，儘管他們在古文經是否劉歆偽造這一點上有著不可彌合的分歧。我們也許不能就此認定錢玄同接受了錢穆的影響（主要是指前揭《劉向歆父子年譜》的學術貢獻之第四點），但我們可以說，這表徵著《劉向歆父子年譜》面世後，民國史學界一種日益成熟的健康的趨向。這種趨向意味著：民國學人努力掙脫晚清以來或是「析學」析出來的、或是「辨偽」辨出來的今古文學之爭。錢穆、錢玄同、胡適、顧頡剛、傅斯年、劉節等，無不如此，個人由於學術經歷不同，見解各異，所作出的成績有大小，但他們相互影響相互激蕩，方向則是一致的。

五　《劉向歆父子年譜》與經學的史學化

晚清以降的經今文學運動，其歸宿是梁啟超說得最為明白的「有

---

130 以上參見《古史辨》，第5冊之「最後一頁」。

為所謂改制者，則一種政治革命、社會改造的意味」[131]的新託古改制運動，而不單是一種書本文字之學。因而，今古文學之爭又牽扯著政爭，頗為複雜。[132]時過境遷，晚清今古文學之爭波及於民國史學界者，則相對單純，主要是圍繞今古文經的辨偽的學術工作，發生影響的主要是康（康有為）章（章太炎）之爭。

　　章太炎與康有為的分歧在哪裡呢？諸祖耿《記本師章公自述治學之工夫及志向》引章太炎語云：

> 余幼專治《左氏春秋》，謂章實齋「六經皆史」之語為有見；謂《春秋》即後世史家之本紀列傳；謂《禮經》、《樂書》，彷彿史家之志；謂《尚書》、《春秋》本為同類；謂《詩》多紀事，合稱《詩》、《史》。謂《易》乃哲學，史之精華，今所稱社會學也。方餘之一知半解也，《公羊》之說如日中天。學者煽其餘焰，簧鼓一世。余故專明《左氏》以斥之。然清世《公羊》之學，初不過人一二之好奇。康有為倡改制，雖不經，猶無大害。其最謬者，在依據緯書，視《春秋經》如預言，則流弊非至掩史實逞妄說不止。民國以來，其學雖衰，而疑古之說代之，謂堯舜禹湯皆儒家偽託。如此惑失本原，必將維繫民族之國史全部推翻。國亡而後，人人忘其本來，永無復興之望。餘首揭《左氏》，以斥《公羊》。今之妄說，弊更甚於《公羊》。此餘所以大聲疾呼，謂非極力排斥不可也。[133]

---

131 朱維錚校注：《梁啟超論清學史二種》，65頁，上海，復旦大學出版社，1985。

132 參見楊向奎：《清代的今文經學》，見《繹史齋學術文集》，上海，上海人民出版社，1983年。並參見劉大年：《評近代經學》，收入朱誠如、王天有主編：《明清論叢》（第一輯），北京，紫禁城出版社，1999。

133 姚奠中、董國炎：《章太炎學術年譜》，443-444頁，太原，山西古籍出版社，1996。

　　梁啟超以親身經歷敘說以康有為集大成的經今文學的歷史作用：
「我年輕時，認為他們的主張，便是孔子的真相。近來才覺得那種
話，不過一種手段，乃是今思想變化的橋樑。」[134]這一橋樑也就是
《清代學術概論》所發揮的「復古解放」的歷史功能。正如章太炎所
指出的，以「疑古之論」為代表的民國史學是徹底承受了它的「疑古
惑經」的精神甚至極端武斷的「辨偽」成果。但這只是民國史學的一
個重要學術思想來源而已。其實，章太炎本人針對康有為將孔學宗教
化的偏頗，而著力發揮的「六經皆史」（實質是夷經為史）的主張，
這是「疑古」史學的更為重要的「橋樑」，在經今古文問題上尤其是
如此。像錢玄同、顧頡剛等雖然都經歷過「棄古從今」的階段，但並
非是盡棄所學而學，「六經皆史」的觀點自他們接受以後一直起著支
配性的觀念統攝作用，[135]錢穆對章氏「等貫經史」的經學觀也是虛心
承受的。[136]錢玄同、顧頡剛等鄙斥今文家亂引讖緯，也得自章太炎的
啟發。[137]更不用說，錢玄同那「一齊撕破」的經學觀，若不是有康章
等相互對峙為前提，怎麼提得出來。

　　因此，作為民國史學的切近而重要的學術思想來源，無論是以康
有為為代表的今文學家還是以及以章太炎為代表的古文學家均提供了
「橋樑」，與其說是有意識的相互拆臺不如說是無意識的同舟共濟，
為民國學人的「專為古史之探討」大開方便之門。

　　不過，有必要強調的是，這只是一種「橋樑」的作用。如果因強
調晚清經今古文學之爭對民國史學的「影響」，而看不清民國學人的
工作性質，那就會搞不清「過橋人」到底要幹什麼，也許還可能把當

---

134 梁啟超：《儒家哲學》（1927），《飲冰室合集》12《飲冰室專集》卷103，70頁，北
　　京，中華書局，1989。

135 參見王汎森：《章太炎的思想（1868-1919）及其對儒學傳統的衝擊》。

136 錢穆：《國學概論》（上），10-12頁。

137 參見顧頡剛：《古史辨》，第1冊《自序》。

時參與經今古文問題討論的學者，不是誤認作「今文學家」就是誤認作「古文學家」。

筆者認為，民國史學界雖然承受了晚清學人的問題，沿襲了某些看法或治學的路徑，但總的來看，他們是在不同的歷史背景下，有不同的目的，以不同的觀念和方式來處理它，尤其賦予了不同的意義。在經今古文問題研究上的這種不同，最為典型地反映了經學沒落史學主位或經學史學化的趨勢。

這可以從幾個方面來看：

第一，從民國學人對康有為的《新學偽經考》的運用處理來看。

康有為的《新學偽經考》是民國學人討論經今古文問題的中心。今天已經很清楚，它「顯然更是一部提倡『變法』的意識形態之作，並非出於學術上的真知灼見」[138]，「康有為的意向，在於借用原始聖經的權威，以打擊中世紀經院哲學的權威」。[139]其實，在康有為與朱一新的圍繞《新學偽經考》的來往書信，已將它的旨趣說得明明白白，[140]一八九七年梁啟超作《〈新學偽經考〉敘》亦強調乃師此書「其非與考據家爭短長」的遠大立意。[141]劉歆助莽偽造群經之說，之所以能得康有為的青睞和系統發揮，實是由於他特別看重學術的政治意義，即他所謂的新莽朝亡於古文經學這一意象，他強調直到目前士子們尚沉湎其中的「漢學」和「宋學」不過是「偽經」、「新學」，只是亡國之學，他要把士子們引上救國經世的路，所以不能不作如此狂野的獅子吼。

138 余英時：《錢穆與中國文化》，151頁。

139 朱維錚：《新學偽經考·導言》，見《新學偽經考》，11頁，北京，生活·讀書·新知三聯書店，1998。

140 參見康有為：《與朱一新論學書牘》，見姜義華、吳根梁編校：《康有為全集》1，1018-1059頁，上海，上海古籍出版社，1987。

141 梁啟超：《〈新學偽經考〉敘》，見《飲冰室合集》1《飲冰室文集》卷2，62頁。

對於《新學偽經考》的意識形態企圖，錢玄同與顧頡剛等人是非常清楚的。錢玄同知道它「本因變法而作」，[142]顧頡剛也明白「他們拿辨偽做手段，把改制做目的，是為運用政策而非研究學問」[143]。但他們注重的用錢玄同的話來說：「康長素（有為）先生的《新學偽經考》，是一部極重要極精深的『辨偽』專著。」[144]用《重印〈新學偽經考〉序》和《重論經今古文學問題》一再引用的顧頡剛的話來說：「康有為為適應時代需要而提倡『孔教』，以為自己的變法說的護符，是一件事；他站在學術史的立場上打破新代出現的偽經傳又是一件事實。」[145]

錢玄同還認為「《孔子改制考》一書，在考辨史料上，比《新學偽經考》更進一步，也是一部極重要極精審的書」[146]，因為「至康長素作《新學偽經考》而偽經之案乃定。康氏又接著作《孔子改制考》發明『託古改制』這一極要極確之義，而真經中的史料之真偽又成問題」[147]。

與錢玄同、顧頡剛不同的是，《劉向歆父子年譜》論證了《新學偽經考》的武斷不實，但把它作為一部考證之作來考量則並無不同，或也可以說是被逼無奈、勢有不得不然。[148]尤其值得注意的是，《劉

---

142 《古史辨》，第1冊，30頁。

143 《古史辨》，第1冊，顧頡剛《自序》，43頁。

144 以至於湯志鈞《試論〈新學偽經考〉》論該書性質，不能不首先來批駁錢玄同的這一論斷。此文收入《康有為與戊戌變法》，北京，中華書局，1984。

145 語出《五德終始說下的政治和歷史》，見《古史辨》，第5冊，551-552頁。

146 《古史辨》，第5冊，30頁。

147 《古史辨》，第5冊，3-4頁。又參見《古史辨》，第1冊，69頁。

148 稍後的《近百年來之讀書運動》一文（原刊於1935年11月天津《世益報‧讀書周刊》，今改題《近百年來諸儒論讀書》，收入《錢賓四先生全集》，第24冊之《學龠》）看到康有為「他要把考據工夫來推翻傳統的考據」，對他「以《新學偽經考》、《孔子改制考》為以毒攻毒，推翻訓詁考據的話柄」雖認為「此等處未免多

譜》要解決的是劉歆是否偽造群經這樣一個純粹的史學命題，更不必說錢穆一再強調其非常自覺的「史學立場」了。

總之，《新學偽經考》之「經學」經世的精神被擱置起來，其是否可以「與考據家爭短長」的「歷史考證」卻得到了空前的重視。書籍之命運完全取決於看它和運用它的人，以莊嚴的考證面目出現的《新學偽經考》，恐怕連它的作者都不敢相認了，近代學術思想史上也許是最重要的經學著作被作為史學考證書來討論，似乎足以象徵經學的沒落以及史學取代經學的歷史趨向了。

第二，從民國學人討論經學今古文問題的目的以及該問題在史學研究中的地位來看。

一句話，作為古史辨運動一個環節，經學今古文問題的研究討論主要著眼於史料辨偽，它所要解決的只是「史學」問題，並不是為了「通經致用」。

古史辨運動對經學今古文問題的專門探討，可以說起於錢玄同與顧頡剛的書信論學。錢玄同與顧頡剛真堪稱是誼兼師友、意氣相投。

有可議。」但是，錢穆對《新學偽經考》、《孔子改制考》的經學經世的精神並不漠視。但他的《康有為學術述評》（清華大學學報單行本，1936年7月。該文後稍加修訂，成為《中國近三百年學術史》第14章。）以「康氏之新考據」為題，認《新學偽經考》為「考證學中之陸王」，意味著清代經學趨於「絕境」。臨文末，錢穆引徵譚嗣同《仁學》所援引某君批評劉歆的話後說：「此處所引，未知何人語，疑非康即梁。要之當時言維新改制，凡以好古不作誑說歸罪劉歆，已成風氣，所謂非漢非宋非義理考據，而別自成其為一時之學術者。不謂時過境遷，今學者言考據，治漢人經說，尚守其論不變，則所謂惑亂後學之罪，康亦不幸終不得辭也。」（《康有為學術述評》，74頁；《中國近三百年學術史》，708-709頁，上海，商務印書館，1937。）治史者最當注意「時」與「境」。就康有為所處的「時」與「境」而言，《新學偽經考》、《孔子改制考》主要不是考據之作，這一點，錢穆與錢玄同、顧頡剛一樣，均能有歷史的瞭解；所不同的是，就「今學者言考據，治漢人經說，尚守其論不變。」的「時」與「境」而言，錢穆不能不追究康有為的「惑亂後學之罪」。這裡所謂「後學」，難道不包括錢玄同、顧頡剛嗎？

錢玄同指點顧頡剛，辨「偽事」比辨「偽書」重要，「群經」之辨偽比「諸子」之辨偽重要，[149]這促使顧頡剛有意「進一步去推翻『孔子刪述《六經》』這句話了……『《六經》皆周公之舊典』一句話，已經給『今文家』推翻；『《六經》皆孔子之作品』一個觀念，現在也可駁倒了」[150]。顧頡剛的銳氣，反過來引起錢玄同更激烈的迴響：「我以為不把『六經』與『孔子』分家，則『孔教』總不容易打倒的；不把『經』中有許多偽史這個意思說明，則周代——及其以前——的歷史永遠是講不好的。」[151]

很明顯，古史辨運動乃是「新文化運動」的一個環節，錢玄同、顧頡剛等人打破聖經權威的取向，離開「打孔家店」歷史文化背景是難以理解的。但是，它是作為一場嚴肅的史學運動來參與和支持「新思潮」的。

《古史辨》，第一冊所收錢玄同給顧頡剛的第一封信就強調「考辨真偽，目的本在於得到某人思想或某事始末之真相，與善惡是非全無關係」。[152]顧頡剛進而批評康有為《新學偽經考》、崔適《史記探源》等擺不脫「家派的節制」，「黨爭是目的，辨偽是手段；我們則只有辨偽一個目的，並沒有假借利用之心，所以成績一定比他們好」。不用說，「我的性情還是近於史學」的工作乃是「只有辨偽一個目的」的純學術行當。[153]顧頡剛批評「崔述著書的目的是要是要替古聖人揭出他們的聖道王功，辨偽只是手段」的話，也引起錢玄同熱烈的贊同：「所以我們要看中國書，無論是否研究國學，是否研究國史，

149　《古史辨》，第1冊，24，40、52頁。

150　《古史辨》，第1冊，41-42頁。

151　《古史辨》，第1冊，52頁。

152　《古史辨》，第1冊，24頁。

153　《古史辨》，第1冊，26頁

這辨偽的工夫是決不能省的。」[154]

這是他們討論經學今古文問題的出發點。「凡治歷史科學，第一步必要的工作是『審查史料的真偽』，簡稱『辨偽』。」[155]「『經』是什麼？它是古代史料的一部分，有的是思想史料，有的是文學史料，有的是政治史料，有的是其它國故的史料。既是史料，就有審查它的真偽之必要。」[156]正是在這個意義上，錢玄同雖不承認有「今文學」、「古文學」這「兩家之『學』」，但「今文與古文是一定要考證明白的」。[157]顧頡剛的看法與錢玄同並不完全一致，但他也是把經學今古文問題的討論作為上古史研究的前提。《古史辨》第五冊所收文字是該問題的研究專集，顧頡剛在《自序》的末尾根據《五經異義》的材料，將今古文「兩黨」的意見分歧羅列出來後，說：「他們講的都是三代的典章制度，然而任何事項都不同。我們講到三代的歷史時，看它好呢，不看它好呢？要我們作無條件的採取罷，這未免太無別擇力。要作無條件的擯斥罷，又嫌太魯莽。所以我們研究古史，實不得不以漢代的今古文問題作為先決問題；先打破了這一重關，然後再往上去打戰國和春秋的關。」[158]

胡適經常指導顧頡剛要注意重提「今古文的公案」也是出於疑古辨偽的史學需要。錢穆在經學今古文問題上，與顧頡剛意見相左得厲害，但他的「復古解放」的主張，與顧頡剛「先打破了這一重關，然後再往上去打戰國和春秋的關」的主觀願望是一致的，有所不同的也許是他的史學立場貫徹得更為徹底。他們都在「古史辨運動」的軌道內運作。

154　《古史辨》，第1冊，80-81頁。又參見第29頁。

155　《古史辨》，第5冊，25頁。

156　《古史辨》，第5冊，27頁。

157　《古史辨》，第5冊之「最後一頁」。

158　《古史辨》，第5冊，顧頡剛：《自序》，18-20頁。

　　二十世紀初，梁啟超在他的名篇《論中國學術思想變遷之大勢》的「近世之學術」部分，列表將近世學術分為四期並標出每期的中心問題如下：①順康間（程朱陸王問題）；②雍乾嘉間（漢宋問題）；③道咸同間（今古文問題）；④光緒間（孟荀問題、孔老墨問題）。[159]

　　此意在《清代學術概論》得以展開，影響深遠。梁啟超的看法真能巨眼識其大，學者又多能接受其層層「復古解放」的中心思想，若照他的想法排下來，古史辨運動所討論的經學今古文問題應置於何處呢？

　　周予同的《經今古文學》把康有為《孔子改制考》為中心著作的第四期說成「自西漢復於周秦」或「超經傳之諸子的研究」，「其影響直及於現代之古史研究者——如友人顧頡剛君」（或稱「新史家的顧、胡的學說」）[160]，錢穆《國學概論》也以顧頡剛、胡適、錢玄同等「今日考論古史一派」的「專為古史之探討」：「繼此而往，則將窮源拔本，復商周之古，更上而復皇古之古。」[161]

　　這樣看來，古史辨運動所討論的經學今古文問題，只是由漢秦而上復三代的「現代之古史研究」的一個環節，它與道咸間的今古文問題的討論不可同日而語。一方面，它與當年作為占主導地位的經學之中心問題來討論不可相提並論；另一方面，作為已經上陞為主角之現代史學專門研究的一個環節，舊式經生的經論經說不可與之相提並論。問題還是經今古文問題，但討論的目的與方式是截然不同了。

　　第三，從民國學人的經學觀來看。

　　更為重要的是，對經學的根本看法的改變。這關聯到整個意義系統的深刻轉換。

---

159 梁啟超：《論中國學術思想變遷之大勢》，見《飲冰室合集》1《飲冰室文集》卷7，102頁。

160 周予同：《經今古文學》，24頁。

161 錢穆：《國學概論》（下），148-149頁。

正像錢穆的《國學概論》所指出的，古史辨運動在「發疑古辨偽之思」上承「晚近今文學家」而來，他比後者進步的地方在於「去其崇聖尊經之見，而專為古史之探討」。錢穆又敏銳觀察到：「清儒尊孔崇經之風，實自三人（指章太炎、梁啟超、胡適）之說而變，學術思想之途，由此而廣。」[162]這一論斷雖就章、梁、胡的「子學」成就而發，我們從由經學到史學的轉途來看，也還是成立的。

錢穆將康有為作為清代經學的結束人物，而將章太炎作為新思想新學術的一大開山，此見頗具通識。細加分析，康有為的「尊孔崇經」與「專為古史之探討」的距離自不用說，章太炎之衡經論史與胡適等人「古史之懷疑」也有相當的差異。

就「經學」觀而論，章太炎那「六經皆史」的主張雖有夷經為史的取向，這一傾向為新一代學人所拾取和發揮，但不要忘記了，與這一看法相配合，章太炎那裡還有一個更為重要的觀念，筆者將它概括為「以史為經」。就意義系統來看，章太炎所謂的「國史」與康有為的「孔教」非常接近，不同的只是康有為以「孔學」為宗教，而章太炎代之以「國史」為宗教，這是他先是針對康有為而後尤其針對「疑古之說」、「此餘所以大聲疾呼，謂非極力排斥不可也」的根本原因。

不僅如此，即就夷經為史的取向而言，此實非章氏之獨見，乃時代之共識，而新一代學人的見解之激烈新銳，比之章太炎，更不可以道里記。

胡適在一九二二年一月初版的《章實齋先生年譜》中，對章氏「六經皆史」說發了一番「百餘年來」未發之覆：「其實先生的本意只是說『一切著作，都是史料』……其實只是說經部中有許多史料……」[163]

---

162 錢穆：《國學概論》（下），144頁。

163 胡適：《章實齋先生年譜》，105-106頁，上海，商務印書館，1922年1月初版，1923年10月再版。後經姚名達訂補，改名為《章實齋年譜》，137-138頁，上海，商務印書館，1931年8月初版。

錢穆則認為，章學誠「六經皆史」之說，為其針對顧炎武以下直至戴震時經學中心理念「道在六經」而發，「欲以史學易經學」，批評經學稽古，主張史學經世，所以能影響廣遠，經今文學運動亦頗拾其說。「近人誤會六經皆史之旨，遂謂流水帳簿盡是史料。嗚呼！此豈章氏之旨哉」[164]，錢穆批評「近人」不得「章氏之旨」，可謂的論。然而，「近人」之「誤會」，不是個別的見解，實乃時代的意見，「六經皆史」這一命題不過是一座「橋樑」而已。從「史料」的角度論「六經皆史」，不只胡適如此，以《春秋》為「流水帳簿」的梁啟超在一九二三年一月也說：「章實齋說：『六經皆史』，這句話我原不敢贊成[165]；但從歷史家的立腳點看，說『六經皆史料』，那便通了。」[166]梁啟超的話，最足以說明近代學人對「六經」的看法上從經學家的立場到「歷史家的立腳點」的過渡了。梁氏此時所說的歷史學，又決非他在三十年前所謂「史學大半在證經，亦經學也」[167]之作為經學附庸之「史學」，而大體接近於陳寅恪所謂「漸能脫除清代經師之舊染，有以合於今日史學之真諦」[168]之獨立的且取代往日經學之「史學」。

---

164 錢穆：《中國近三百年學術史》，380-386、392、424頁。

165 此前梁啟超有文《太古及三代載記》指出「近儒或倡六經皆史之說，實偏見也」，可以瞭解他「不敢贊成」的理由：「經訓本與史籍殊科，經以明義，非以記事……故群經中記載涉及史事者，誠不失為較確之史材。然必欲混經史以同其範圍，則其道反為兩失。」《飲冰室合集》8《飲冰室專集》之四十三，2-3頁。

166 梁啟超：《治國學的兩條大路》，見《飲冰室合集》5《飲冰室文集》卷39，111頁。

167 梁啟超：《讀書分月課程》（1892年），《飲冰室合集》9《飲冰室專集》卷69，4頁。又見丁文江、趙豐田編：《梁啟超年譜長編》，30頁，將此文繫於1893年，上海，上海人民出版社，1983。

168 陳寅恪：《陳垣〈元西域人華化考〉序》（1935.02），見《陳寅恪史學論文選集》，上海，上海古籍出版社，1992。羅志田引陳寅恪的這段話，從中國學術史發展演化的內在理路的角度，說明「民國初年有一個顯著的現象，即經學從學術中心落向邊緣而史學從邊緣移往中心」，非常恰切。參見羅志田《「新宋學」與民初考據史學》，載《近代史研究》，1998（1）。羅氏所揭示的現象，為我們的討論提供了

周予同則更為直截了當：

> 就是清末章學誠所叫出的「六經皆史」說，在我們現在研究的
> 階級上，也仍然感到不夠；因為我們不僅將經分隸於史，而且
> 要明白地主張「六經皆史料說」……明顯地說，中國經學研究
> 的現階段是在不徇情地消滅經學，是在用正確的史學來統一經
> 學。[169]

這一番話最足以反映新時代新史學以史御經的銳氣，真不啻史學
時代取代經學時代的宣言書。

從「史料」的角度，對「六經」做最不客氣的批評的，要推錢玄
同。他認為，舊時說經，有「今文家」、「古文家」、「宋儒」三派，都
「沒有說到它在史料上的價值」。到了近代，章學誠、章太炎都主張
「六經皆史」，說「孔丘作六經是修史」，「這話本有許多講不通的地
方」，即是完全讓步，承認二章之說：「這幾部歷史之信實的價值遠在
《史記》、《新唐書》之下，因為孔丘所得的史料遠不及司馬遷、宋
祁、歐陽修諸人，『夏禮殷禮不足徵』之語便是鐵證。」[170]

錢玄同的經學觀則要更進一步，用他自己的話來說，叫做「離經
叛道非聖無法的六經論」[171]基本觀點為：「六經」既不是周姬旦的政
典，也不是孔丘的「託古」著作；孔丘無刪述或製作「六經」之事；

大的背景，而本書此章所涉及的是，這一趨向已經發展到了經學退位史學當道的
局面。

169 周予同：《治經與治史》，原載《申報・每周增刊》，第1卷，第三十六號（1936
年），又見《周予同經學史論著選集》（增訂本），622-623頁，上海，上海人民出版
社，1996。

170 《古史辨》，第1冊，104-105頁。

171 《古史辨》，第1冊，104頁。

《詩》、《書》、《禮》、《易》、《春秋》本是各不相干的五部書,《樂經》本無此書;「六經」的配成,在戰國之末。[172]總之,「六經」不過是「幾部無條理、無系統、真偽雜糅、亂七八糟的什麼『經』」,[173]而且「『(聖)經』這樣東西壓根兒就是沒有的」。[174]

這樣,聖人(周公或孔子)與六經「分家」無關了,聖經的神聖性完全打破了,千百年來人人崇信的「大道」所寄的經、經學,作為一個完整統一的(儘管是歷史地形成的)意義系統徹底解構了。還剩下什麼?那幾本古書中還有一鱗半爪頗難採信的史料:

> 乾脆一句話,現在要知道古代的真歷史、真典禮、真制度,最可信據者惟有甲骨刻辭及鍾鼎款識等實物耳。(古文經為偽造自不必說——引者)今文經中,孰為史料,孰非史料,惟有以甲骨刻辭及鍾鼎款識校之,方能斷定其真偽與正誤。[175]

「舉個例來說:我們若疑今文家所言周代的典禮制度不足信,則應該根據尊彝銘文來推翻它,絕對不應該根據《周禮》來推翻它。」

照錢玄同看來,「這是要站在超今文的『歷史家』的立場」。[176]

儘管在他說這樣的話時,並沒有擺脫盡今文家的謬見,但超經學的「歷史家」的立場選擇卻並非自我標榜,而是他真實的努力方向。顧頡剛也是這樣。他說:

---

172 錢玄同:《答顧頡剛先生書》,見《古史辨》,第1冊,67-82頁。
173 《古史辨》,第1冊,52頁。
174 《古史辨》,第1冊,46、280頁。
175 《古史辨》,第5冊,19頁。
176 《古史辨》,第5冊,29頁。

> 現在我們所處的時代和他們（指以往的今古文家——筆者）截
> 然不同了：我們已經不把經書當做萬世的常道；我們解起經來
> 已知道用考古學和社會學上的材料作比較；我們已無須依靠過
> 去的家派作讀書治學的指導。家派既已範圍不住我們，那麼今
> 文古文的門戶之見和我們再有什麼關係！[177]

　　在這一點上，他們與梁啟超，甚至與錢穆，並無不同。錢玄同沒
有接受《劉向歆父子年譜》的基本觀點，一方面固然因為迷信今文家
認為「壁中古文為偽造」的見解，更重要的恐怕是，在他看來，今文
家的說法，由地下「實物」材料得到了證明。

　　至於錢穆，《國學概論》基本贊同並吸收了錢玄同關於「六經」
的看法，凡「經生」門戶之見，亦皆在排斥之列。《劉向歆父子年譜》
「脫經學之樊籠，發古人之真態」的意圖更為自覺，錢穆後來概括自
己的經學研究說：「經學上的問題同時即是史學上的問題……全據歷
史記載，就於史學立場，而為經學顯真是。」（見《兩漢經學今古文
平議‧自序》）此論甚諦。然而，「經學」上的問題，怎麼就是「史
學」上的問題呢？這句話同樣經典地表達了從晚清到民國以來，經學
消退史學主位的歷史趨向。

六　餘論：若干需要擺脫的經學今古文之爭的消極影響

　　錢穆的《劉向歆父子年譜》，不可能解決晚清以來經今古文學之
爭所遺留下來的所有重要問題，但它不愧為篳路藍縷之作。可惜的
是，有相當一段時期，由於眾所周知的原因，該文的基本觀點以及錢

---

177 顧頡剛：《古史辨》，第5冊，自序3頁。

穆關於該論題的其它著作，在大陸沒有什麼大的影響。我們也不是專為錢穆的一家之言推波助瀾，只是深感學術界至今尚不能徹底擺脫今古文學之爭的消極影響，尤其是今文家的門戶之見（當然，並不是要抹殺晚清今古文學兩派尤其是康有為、章太炎的歷史作用），而《劉向歆父子年譜》刊佈的前後，像王國維、錢玄同、錢穆等學者已經做了超越經學門派的很多切實工作，這是不應該被遺忘的，溫故可以知新。

關於經學今古文問題，在大陸學術界占支配性地位的是經學史名家周予同的見解。周氏的基本看法彙集於其成名作《經今古文學》，他認為：今古文的不同，不僅是書寫文字的不同，而且字句有不同，篇章有不同，書籍有不同，書籍中的意義有大不同；因之，學統不同，宗派不同，對於古代制度以及人物批評各不相同；而且對於經書的中心人物，孔子，各具完全不同的觀念。他以「《六經》的次序」問題為例說明經今古文的異同，他指出，今文家以《詩》、《書》、《禮》、《樂》、《易》、《春秋》為序；古文家以《易》、《書》、《詩》、《禮》、《樂》、《春秋》為序。不同的排列次序有不同的意義：古文家的排列次序是按《六經》產生時代的早晚，今文家卻是按《六經》內容程度的淺深。他又列表舉十三條擇要說明「今文學」與「古文學」的同異：一崇奉孔子，一崇奉周公；一尊孔子是「受命」的「素王」，一尊孔子為先師；一認孔子是哲學家、政治家、教育家，一認孔子是史學家；一以孔子為「託古改制」，一以孔子為「信而好古，述而不作」；一以六經為孔子作，一以六經為古代史料。一以《春秋公羊傳》為主，一以《周禮》為主；一為經學派，一為史學派；一則經的傳授多可考，一則經的傳授不大可考；一則西漢都立於學官，一則西漢多行於民間。一則盛行於西漢，一則盛行於東漢。一則斥古文經傳是劉歆偽造之作，一則斥今文經傳是秦火殘缺之餘；一則今存

《儀禮》、《公羊》、《穀梁》（？）、《小戴禮記》（？）、《大戴禮記》
（？）和《韓詩外傳》，一則今存《毛詩》、《周禮》、《左傳》；一則信
緯書，以為孔子微言大義間有所存，一則斥偽書為誣妄。[178]

　　周氏的基本見解如今幾乎成了經學史的常識了，而且思想史、文
化史凡涉及兩漢經學，頗襲其說。

　　學者已經注意到「周予同先生講今文經學與古文經學制度不同，
所列之表（該表亦見《經今古文學》，非上文引據之表——筆者）就
是全據廖平此表，稍作類的歸納而成」[179]。其實，就取材來源而言，
廖平、康有為、章太炎、梁啟超、崔適等近人的著作無不在其採擇的
範圍之內，且作為主要的依據，這似乎是不得已的，然而問題就在
這裡。

　　筆者認為《經今古文學》的致命傷就在於：它以晚清經今古文學
之爭，主要是康有為與章太炎的分歧為依據來劃分從漢代到晚清的
「今文學」與「古文學」；認為今古文學，各自道一風同，勢同水
火，則又不出廖平的窠臼。

　　上引十三條中很多只是晚清今古文學家的分歧，如「斥古文經傳
是劉歆偽造之作」主要是康有為著力渲染的觀點，「以六經為古代史
料」主要是章太炎的見解，周氏所打的問號（？）是崔適等人的看
法，未必在漢代就有這樣的「今古文學」之分。至於「六經的次序」
問題，原是康有為為打倒古文經學提出來一項「存案」，[180]其能否成
立，大可懷疑。至於周氏「引申」出來的「意義」如「今文家卻是按

178 該書自初刊以來，後雖經修訂，然基本見解未有大的變化。此據《周予同經學史
　　論著選集》（增訂本）所收之《經今古文學》。
179 黃開國：《廖平評傳》，96-97頁，南昌，百花文藝出版社，1993。
180 見康有為《新學偽經考》之《史記經說足證偽經考第二》，朱維錚、謬梅校注本有
　　注揭出初刻重刻兩本引《禮記·經解》所及六經次序與原文不合，是「竄易」與
　　「漏改」。見該書第25頁。

《六經》內容程度的淺深」為序，此點更可商榷。《經今古文學》未注此說所本，由氏著《群經概論》及《中國經學史講義》[181]可知其本於董仲舒《春秋繁露・玉杯篇》。《玉杯》篇雖有云：「君子知在位者之不能以惡服人也，是故簡六藝以贍養之。《詩》、《書》序其志，《禮》、《樂》純其美，《易》、《春秋》明其知。」但重在申論「六學皆大，而各有所長」，君子貴能「兼得其所長」。以《詩》、《禮》、《樂》、《書》、《易》、《春秋》為序分言「六學」之旨及其「長」，並不與所謂今文家的「六經的次序」環環相扣，原文亦未必有「按《六經》內容程度的淺深」之層層遞進的深意。

其實早在一九三五年，周予同的老師錢玄同就已經精闢地指出：

> 友人周予同兄之《經今古文學》，我也以為不對，因為他的見解是「廖傾」的，而且他不僅要析漢之今古文「學」，還要析清之今古文「學」；而且他竟認所謂清之今古文「學」與所謂漢之今古文「學」是一貫的：這都是弟所反對的。[182]

學術工作是一項非常艱苦的事業，每一個陳說的突破都是很不容易的。新一代學人，在基礎和學養上都很難跟我們所討論到的任何一位前輩學者相比，只有站在前賢的肩膀上，才有可能將這項事業有所推進，至少可以少走彎路。在經學今古文問題上，前輩學人的努力與曲折，難道不讓人深思嗎？

---

181 《周予同經學史論著選集》（增訂本），215、846頁。
182 《古史辨》，第5冊之「最後一頁」(3)。

第六章

「國史」創制：《國史大綱》「重明中華史學」的新努力

　　「國史」創制，應該成為書寫「中國學術之近代命運」之不可或缺的一章，理想上，應該成為點睛之筆。

　　為什麼這樣說呢？原始要終，中國、中國之學術，在近代面臨最為深刻而全面的挑戰是隨著西力東侵而來的西學東漸，晚清以來，中國人遭遇「三千年未有之變局」，持有傳統「天下」觀的中國，被迫融入新世界，尤其是必須在滲透著強權和暴力的現代民族國家體系中不斷地學習適應、改變和重新自我定位，一方面，積纍了數不清的「落後挨打」的慘痛經驗，一方面經歷了無數次「盡棄所學而學焉」的脫胎換骨，一方面也在揮灑數千年積澱下來的智慧、力量與理想，書寫著一個人類歷史上綿延最久的偉大文明鳳凰涅槃的美麗神話。所有這一切必然會凝結成一部部的新「國史」。既出於時勢激蕩下中國人重新界定自我、認識自我的新需要，也是「究天人之際、通古今之變、成一家之言」的學術傳統的內在要求。

　　在晚清，章太炎、梁啟超等人就已經有積極的擘畫，夏曾佑則出其章節體《中國歷史教科書》，均為新通史創制之先驅。到一九四五年，抗戰勝利，「中國的歷史，從此又將走入一個新的階段」。顧頡剛編撰完成《當代中國史學》，在「通史的撰述」一節盤點最近的成績說：「中國通史的寫作，到今日為止，出版的書雖已不少，但很少能夠達到理想的地步。本來以一個人的力量來寫通史，是最困難的事

業，而中國史上須待考證研究的地方又太多，故所有的通史，多屬千篇一律，彼此抄襲。其中較近理想的，有呂思勉《白話本國史》、《中國通史》，鄧之誠《中華二千年史》，陳恭祿《中國史》，繆鳳林《中國通史綱要》，張蔭麟《中國史綱》，錢穆《國史大綱》等。其中除呂思勉、周谷城、錢穆三四先生的書外，其餘均屬未完之作。錢先生的書最後出而創見最多。」[1]

本章就以《國史大綱》為中心，探討抗戰期間錢穆所致力的「新史學」。自晚清章太炎等提倡「國史」的觀念以來，民國時期以錢穆《國史大綱》堪稱較為成功的學術實踐。我們試圖展示其「民族文化史學」的個性，揭示其「士大夫之學」的精神價值。著力發掘其從長時段、從國史發展的長程關注中國現代命運之堅貞努力的深遠意義。

《國史大綱》是錢穆的代表作[2]，也是他的著作中最有爭議和最

1　以上兩處引文，分見顧頡剛：《當代中國史學》，《引論》，77頁，瀋陽，遼寧教育出版社，1998。顧氏之前，陳夢家已有類似評價：「在此三年內，我們看到三部新出版的通史，此書（指張蔭麟《中國史綱》——引者）是其一。其餘兩本，一是錢穆先生的《國史綱要》（商務印書館出版，上下兩冊），一是顧頡剛先生的《上古史》（雲南大學講義，分章載《文史雜誌》），這兩部書都是值得讀者們再去參考的。錢氏的廣博而多新見解，可以作中國通史的綱目看……四年以前，筆者與錢氏同在蒙自，因為看到他的《上古史綱要》而希望他寫出一整部國史綱要，這個願望到底達到了，對於有志史學者真是嘉惠不淺。」陳夢家：《評張蔭麟先生〈中國史綱〉第一冊》，此書評作於1941年12月底，原載《思想與時代》，第18期，1943，又見《夢甲室存文》，258頁，北京，中華書局，2006。兩位先賢的品鑑，是經得起「歷史的檢驗」的。陳氏又提到錢著《國史大綱》的緣起，很重要，請讀者與本章下文參看。又據裘錫圭回憶：「我記得很清楚，我念譚其驤先生的古代史課程應該已經是在1953年到1954年間，他在課堂上向我們推薦中國通史方面最好的參考書，就是錢穆的《國史大綱》。」氏著：《「古史辨」派、「二重證據法」及其相關問題——裘錫圭先生訪談錄（裘錫圭、曹峰）》，原載《文史哲》，2007（4），又見《裘錫圭學術集‧雜著卷》，287頁，上海，復旦大學出版社，2012。此尚可見海峽兩岸分治之初，《國史大綱》在大陸方面的影響。

2　錢穆的弟子余英時用「一生為故國招魂」概括乃師的志業，認為「『招魂』意識全

有影響的一部,頗為研討錢穆學術者所注目。《國史大綱》醞釀和草創於二十世紀三〇年代日寇侵淩下的中國,初版於中日兩民族生死肉搏未見分曉的一九四〇年六月。學者們均能瞭解該書面世的時代背景賦予它強烈的民族意識和愛國情感,但對於錢穆由於時局激蕩而炎炎謀求「新史學」的創造的努力,則未引起足夠的重視、需要進一步的探討。[3]迫在眉睫的亡國滅種的危機以及由此上溯至晚清以降亡天下的憂患,促使他作新華族通史,力造一家之言。這是錢穆所提倡和實踐的「新史學」的中心關懷所在,它的結晶就是《國史大綱》。本章緊緊圍繞《國史大綱》揭示其所致力的「新史學」,期於在已有研究的基礎上對錢穆成學的類型、旨趣與個性的瞭解有所推進,進而在近代學術思想史上對其史學作盡可能恰當的定位。

幅呈露的絕大著作必推《國史大綱》為第一」。(余英時:《錢穆與中國文化》,27頁,上海,上海遠東出版社,1994。)羅義俊甚至強調「若要舉其代表作,而且只能一部,那就是《國史大綱》」。羅義俊:《論〈國史大綱〉與當代新儒學——略及錢賓四先生史學的特性與意義》,載《史林》,1992(4)。

3 陳勇的《錢穆傳》之第七章「流轉西南」的第四節「貫通古今的通史著作——《國史大綱》」,其中敘述錢穆在三十年代對新通史的編撰理論與方法的思考,提及有關的幾篇文章:1934年刊於《大公報‧圖書副刊》20期的《評夏曾佑〈中國古代史〉》、1936年11月——1937年1月連續在《中央日報》文史副刊1期、6期、10期上發表的《略論治史方法》、《論近代中國新史學之創造》等文。認為「《國史大綱》『引論』及其『書成後記』(當做『書成自記』——引者)對通史編撰理論與方法的論述,只不過是他一系列思考的系統總結而已。」該節並有「錢穆理想中的中國新史學」等為題的討論。(陳勇:《錢穆傳》,162-163、184-188頁,北京,北京人民出版社,2001)可以說已留意及此。桑兵在《近代學術傳承:從國學到東方學——傅斯年〈歷史語言研究所工作之旨趣〉解析》一文中,討論到30年代錢穆與張蔭麟「共有志為通史之學」,張逝世後,錢穆等人借悼念之機,「再度提出『中國今日所需要之新史學與新史學家』的問題,他們顯然認為史語所式的道路並不能成就新史學……用意在於標明自己的為學之道,破主流派對史學的主導,並且另立新史學的範疇。」載《歷史研究》,2001(3)。桑氏對錢穆等所提倡「新史學」在民國史學史中的意義非常敏感,對錢穆治學的取徑也頗有同情的瞭解,當然,對錢穆為學的宗旨,尚多「發明」的餘地。

一　造作新通史——時代的需要與時代的限制

　　一九三一年秋，「九一八事變」爆發。這件事對中國知識分子尤其是中國史學家的震動之大，可以從陶希聖回憶傅斯年的一段文字中充分感受到：

> 民國二十年，孟真在北平，擔任中央研究院歷史語言研究所所長，同時主持北京大學史學系。我到北京大學教書，九一八事件發生，北平圖書館開了一個會，孟真和我都在座。他慷慨陳詞，提出一個問題：「書生何以報國？」大家討論的結果之一，是編一部中國通史；此後北大史學系即以這一事業引為己任。「書生何以報國」這一句話始終留在同的心裡，激勵著大家來工作。[4]

　　要知道傅斯年是主張「史學即是史料學」的，是「反對『國故』一觀念」、「反對疏通」、「不做或反對所謂普及那一行中的工作」的，也是反對「著史」的，是主張為學術而學術而反對「把些傳統的或自造的『仁義禮智』和其它主觀，同歷史學和語言學混在一起的人」的。但是國難的刺激幾乎使他根本違背自己的學術理念，而提出「書生何以報國」的問題，從而激發了北大史學同人以「編一部中國通史」這一事業引為己任。[5]

4　轉引自傅樂成：《傅孟真先生年譜》，32-33頁。臺北，傳記文學出版社，1979。

5　所以毫不奇怪日後傅斯年竟「創意要」張蔭麟為高中生編一部通史教科書——《中國史綱》。張蔭麟《中國史綱‧初版自序》（作於1941年3月）鄭重道出：「這部書原不是作者創意要寫的。創意要寫這部書並且給他以寫這部書的機會的是傅孟真先生和錢乙藜先生。」張蔭麟撰、王家範導讀：《中國史綱》，上海，上海古籍出版社，1999。傅斯年對中國通史的編撰事業的大力宣導與支持，是「在時代壓力之下，客

在傅斯年領導下的北大史學系旦旦謀成此事，並在中國通史一課的教學設計上煞費苦心，獨擔中國通史課一責最後落到進校任教不過兩年的錢穆身上：

> 瀋陽事變以後，傅斯年與北京大學同仁集議，僉以迅速編纂一部足以喚醒國魂的中國通史，為禦侮救國的亟務。同時並決定將以前分請將近十五位專家作專題講演之中國通史一課改請一位教授專任講授，錢（指錢穆──引者）被推選擔任這一教席。民國二十二年秋，錢開始用滿腔熱忱來講授，即在嚴寒冬天，錢仍時時拭額汗不已。相湘當時隨班聽講時所親見。[6]

又據錢穆回憶，「時國民政府令中國通史為大學必修課」，所以北大此舉也是「遵令辦理」。[7]

今天的人們已經很難理解何以當時舉國上下一下子突然如此重視一門大學通史課、如此急需哪怕是一部合用的中國通史。一方面是時局對「中國通史」提出了特殊的要求，即必須「足以喚醒國魂」，這當然是很難達到的。一方面是就當時學術界的狀況來說，根本滿足不了這種要求。錢穆對此有深刻的認識：

> 今日所急需者，厥為一種簡要而有系統之通史，與國人以一種對已往大體明晰之認識，為進而治本國政治、社會、文化、學

観徵實、為學問而學問的治學風格之自我調整」的又一個特別生動的例子。其它類似的情況及其分析可參看羅志田主編：《20世紀的中國：學術與社會：史學卷》，第二編《民國的新史學及其批評者》，濟南，山東人民出版社，2001。

6　吳相湘：《民國百人傳》，第4冊，《錢穆闡揚傳統文化》，臺北，傳記文學出版社，1971。朱傳譽編：《錢穆傳記資料》（一），6頁。

7　錢穆：《八十憶雙親・師友雜憶》，171頁，北京，讀書・生活・新知三聯書店，1998。

術種種學問樹其基礎，尤當為解決當前種種問題提供以活潑新鮮之刺激。茲事體大，勝任愉快，驟難其選。又兼年來社會不寧，學人不努力，全以草率苟且從事，何從成此艱巨之業？故社會雖有此需要，而出版界則無此作品。則商務之重印此三十年前一部未完之中學教科書（指夏曾佑的《中國古代史》——引者），列為今日嶄新之《大學叢書》者，正是此三十年內中國政治、社會、學術種種方面一極好之寫照也。[8]

造成這一後果的原因自然是十分複雜的，僅就史學界來說，晚清以降史學發展日益專科化日益學院化也日益碎化的風氣，實難辭其咎。就近而論，它與以胡適、顧頡剛、傅斯年等人為代表的主流派的學術主張與實踐大有干係。錢穆觀察到：「當時學術界凡主張開新風氣者」如胡適、顧頡剛、傅斯年於「史學則偏重先秦以上」。如傅斯年「彼似主先治斷代史，不主張講通史」，其著述談論基本不出先秦以上的範圍，學生有專治明史有成績者，傅斯年竟不許其上窺元代，下涉清世。由於胡適與傅斯年等意見相近，「故北大歷史系所定課程似先注意於斷代史」[9]。這一點在也是北大學子的史家楊向奎的回憶裡得到了印證。他羅列了當年北大史學系諸老師開的課目，也認為：「當時北大的歷史系，應當稱作中國古代史專業（先秦史專業）。」[10]北大史學系在情急之下，由多位能「作專題講演」的「專家」來拼湊「中國通史一課」。由於「無一條線通貫而下」，「實增諸位（學

8 錢穆：《評夏曾佑〈中國古代史〉》，原刊於天津《大公報 · 圖書副刊》，第20期（筆名「公沙」），1934.03.31，又見《中國學術思想史論叢》（九），280頁，收入《錢賓四先生全集》，第23冊，臺北，聯經出版事業公司，1998。

9 錢穆：《八十憶雙親 · 師友雜憶》，168-169頁。

10 楊向奎：《回憶錢賓四先生》，見中國人民政治協商會議江蘇省無錫縣委員會編：《錢穆紀念文集》，3頁，上海，上海人民出版社，1992。

生——引者）之不通」。這種拼盤式的講授不啻是在用斷代史的精神來講通史。被錢穆痛斥為「我們的通史一課實大不通」的現象可以說是當時學風最典型的反映。[11]

從上述的討論可知，「九一八事變」後，傅斯年是大力提倡和支持中國通史的編撰的，這其中自然含有在新形勢下自覺調整自己的學術觀念的意味，但從他不讓學生做貫通的研究、不讓張蔭麟進入史語所和北大史學系[12]（後雖鼓動張蔭麟為高中生編中國通史教科書）等事情來看，他的提倡和支持基本上只是停留在學術領袖登高一呼、謀作「宣傳」的層次，而絕不可能身體力行。所以當時雖舉國共盼一部像樣的中國通史，但真正「有志為通史之學」、有學力才識為「通史大業」充當「馬前一卒」的實是鳳毛麟角，大約只有錢穆、張蔭麟等數人而已。[13]

吳相湘說，錢穆是「被推選擔任這一教席」，其實從後來錢穆的回憶來看，這多半是他不畏艱難毛遂自薦主動請纓所爭得。為此，他甚至不願與陳寅恪分擔而力主「獨任其全部」。北大同仁有見及多人分授難於一貫，才思變計，又考慮到「但求一人獨任，事亦非易」，

---

11 參見前引吳相湘的文字以及錢穆《八十憶雙親‧師友雜憶》，171頁所記有關內容。

12 桑兵認為傅斯年的態度反映出他對張蔭麟偏向「博通」一途的治學路線有所保留。參見氏著：《近代學術傳承：從國學到東方學——傅斯年〈歷史語言研究所工作之旨趣〉解析》，載《歷史研究》，2001（3）。

13 錢穆自述：「故友張君蔭麟，始相識在民國二十三年春夏間。時余與張君方共有志為通史之學。」見氏著《中國今日所需要之新史學與新史學家——本文敬悼故友張蔭麟先生》，原載《思想與時代月刊》第18期，發表於1943年1月。收入蔣大椿主編：《史學探淵——中國近代史學理論文編》，1054頁，長春，吉林教育出版社，1991。錢穆在西南聯大任「中國通史」課時，曾對學生李埏提及：「晚近世尚專，輕視通史之學，對青年甚有害。滇中史學同仁不少，但願為青年撰中國通史讀本者，唯張蔭麟先生與我，所以我們時相過從，話很投機。」李埏：《昔年從遊之樂，今日終天之痛——敬悼先師錢賓四先生》，見中國人民政治協商會議江蘇省無錫縣委員會編：《錢穆紀念文集》，13頁。

才提議「由錢某任其前半部，陳寅恪任其後半部」，也可算是很實際的謀劃了。況且陳寅恪當時正是聲名如日中天、為新舊各派學人所看重的大教授，而錢穆由講師升為副教授才不久[14]。但是為了真正貫徹「一條線通貫而下」的授史主張，錢穆真可以說是勇於犯難了。[15]

錢穆確能不負所任。通史精神之貫注、每講標題之斟酌、全程綱要之寫定、《參考材料》之選排、《國史讀本》之編撰等，均按計劃並根據學生的程度和實際需要，步步奮勉、事事盡心。加之上課態度認真、雄辯滔滔、情感飽滿，成為北大最叫座的大課之一。如是者先後四年。[16]

---

14 錢穆於1931年秋任北大史學系講師，1932年任副教授，1936年任教授。錢胡美琦《錢賓四先生年譜》（二）（未定稿）附注②，據北京大學原始檔案。見《錢穆先生紀念館館刊》第四期，114-115、127-128頁，臺北，臺北市立圖書館，1996。

15 參見前引吳相湘的文字以及錢穆《八十憶雙親‧師友雜憶》，171頁所記有關內容。錢穆後來向余英時等談及他與陳寅恪在西魏府兵制的看法上的異同之處，「他很推崇陳寅恪的貢獻，但認為專題考證的具體結論和通史所需要的綜合論斷未必能完全融合無間。」見余英時：《猶記風吹水上鱗──敬悼錢賓四師》，見《錢穆與中國文化》，14頁。從中也可以看出錢穆對「通史之學」所懸的標準。

16 詳情可參見錢穆《國史大綱》的「書成自記」，1940年6月初版1944年1月「渝第一版」，國立編譯館出版，商務印書館印行；《八十憶雙親‧師友雜憶》，171-174頁；錢胡美琦《錢賓四先生年譜》（二）（未定稿），《錢穆先生紀念館館刊》第四期，116頁。本書所用《國史大綱》的版本當略作交代。我曾據1947年國立編譯館所出之上海第3版，為文《抗戰期間錢穆所致力的「新史學」──以〈國史大綱〉為中心的探討》，刊佈於中國社會科學院近代史研究所編：《中國社會科學院近代史研究所青年學術論壇2001年卷》，北京，社會科學文獻出版社，2002。因篇幅所限，未能將全文登載，是為本章內容先期發表之部分。當時所用已為抗戰勝利之後的本子，距離那烽煙嫋嫋的中華民族一致對外禦侮的歲月，已有年頭矣，頗不愜意。該書初版頗難得，後訪得1940年6月初版1944年1月「渝第一版」，國立編譯館出版，商務印書館印行。是為中日對決尚未分出勝負之時陪都重慶所出之本，甚為我所珍愛。雖筆者引文所涉及者，渝本與滬本無何差異，但渝本顯然有特殊的價值，本書此章所用改從此版。渝本扉頁有「國立編譯館大學用書編輯委員會謹注」云：「本書原是教育部史地教育委員會中國史學叢書丙輯第三種，茲經部核定列入部定大學用

對新的中國通史的孕育來說,日本侵華的形勢,無疑是根本推動力。時局的發展,進一步催促它的誕生,但也給它帶來不少的限制。

一九三七年七月七日,盧溝橋事變爆發,從此開始中華民族的全面抗戰。錢穆攜「平日講通史筆記底稿數冊」隨學校輾轉南遷,於一九三八年四月到達昆明的蒙自。「自念萬里逃生,無所靖獻,復為諸生講國史,倍增感慨。學校於播遷流離之餘,圖書無多,諸生聽餘講述,頗有興發,而苦於課外無書可讀,僅憑口耳。為憾滋深。因復有意重續前三年之《綱要》,聊助課堂講述之需。」[17]

儘管如此,當時他還沒有把它寫成教科書出版的意思。在陳夢家的力勸之下,才有《國史大綱》的面世。錢穆被說服的過程頗堪玩味。從中我們可以看到:錢穆早「有志於通史之學」,但他要寫的中國通史會是什麼樣子,還不清楚,正在探索之中。不過,草率編撰一部教科書,決不符其理想。他當時考慮的是等條件許可時「仿趙甌北《二十二史札記》體裁」寫成專題性的考史之作,講義無當於著述,這是學人很自然會有的名山事業之想。陳夢家那一番不可「為一己學術地位計」而要「為全國大學青年計」、「為時代急迫需要計」的懇切陳詞,打動了素以通人自期的錢穆。但是「茲事體大」,「流亡中」既不得「機會」,著述研究條件又不副所需,這又讓他很猶豫。而陳夢家則認為正因為「今日生活不安,書籍不富」,才好專心一意「來寫一教科書」。錢穆這才「改變初衷」,「余之有意撰寫《國史大綱》一

書。」可見錢穆《國史大綱》影響擴大之一斑,亦可見國家旨在發揮其教育功能以提振民氣的深誼。扉頁又標出以下醒目的文字:「本書謹奉獻於前線抗戰為國犧牲之百萬將士——二七,五,一〇,——二八,六,一四。」此當為錢氏本人所題。於此,不僅可知該書之撰著時間(1938年5月10日——1939年6月14日),尤其可見該書向為中華民族之生存而不畏犧牲的義勇之士敬禮的深情厚意與學術報國的良苦用心。

17 參見錢穆《國史大綱》的「書成自記」,3頁。

書，實自夢家此兩夕話促成之」[18]。

錢穆平生撰述頗為謹慎，「至於此書，獨有不然。若自秘藏，雖待之十年，終不能定。而暴寇肆虐，空襲相隨，又時時有焚如之慮。因率爾刊佈」[19]。

因此，該書枝枝節節，疏漏謬誤處不勝枚舉。[20]此前此後錢穆的其它著作沒有一本是這樣的。

一部國史與國運之間如此密合的關係，能不讓人感慨係之？《國史大綱》就是這樣一部國難當頭的「尷書」！

二 「新史學」的內涵

自一九三三年秋在北大擔任中國通史課以後，錢穆對編撰新的中國通史的宗旨與方法、體裁與內容、框架結構與問題意識等等進行全

---

18 錢穆：《八十憶雙親・師友雜憶》，216-217頁；又參見前引陳夢家《評張蔭麟先生〈中國史綱〉第一冊》一文。

19 錢穆：《國史大綱》的「書成自記」，3-4頁。錢穆於1941年1月20日致學生李埏、王玉哲的信中亦有云：「『史綱』成之太草促，然實穆積年心血所在……最近一年內，擬加插地圖，並增注出處及參考書要目，以後並隨時增訂……本不願急切成書，特以國難根觸，不自抑制耳。相知者當知此意。其中難免疏誤，故望弟等亦當留心指出，可漸改正也。」李埏：《昔年從遊之樂，今日終天之痛——敬悼先師錢賓四先生》，見中國人民政治協商會議江蘇省無錫縣委員會編：《錢穆紀念文集》，17頁。

20 瞿宗沛：《評錢穆先生〈國史大綱〉》，高度評價錢著，並舉出初版《國史大綱》較重要的十九處可商榷之點一一指正，感慨地說：「戰爭，雖然阻止不了《國史大綱》的刊佈，但在抗戰前素以記誦淵博、考訂精審著稱的學者，在抗戰中完成的作品，竟不能免除許多可以避免的失誤：這也足夠證明戰爭對於學術界的影響的深刻了……」該文原刊《文史雜誌》，第2卷，第4期，1942年4月15日出版。朱傳譽編：《錢穆傳記資料》（二），41頁。筆者曾將1947年上海三版的《國史大綱》與商務印書館北京1994年版逐字校閱一過，顯見改正之處亦頗多。而瞿氏之文刊佈於抗戰尚未勝利之1942年，對於戰爭給學術帶來的影響的體會，是尤為痛切的。

面而深入的探索，他以此為中心，積極謀求史學的革新，樹起「新史學」的大旗並身體力行。這是近代史學史上很值得注意的一頁。

（一）「新史學」旨在「重明中華史學」

有學者指出：「在梁啟超之後，『新史學』的口號不斷被提起，作為與前人或同輩劃界的標誌，相同的概念之下，內涵卻有極大分別。所謂『新』，大體是由『西』衍生出來，西學的不同流派，成為國人推陳出新的依據。所以，近代中國文化學術之新，並不依照歐美本來的時序，結果立異往往是創新的變種。」[21] 錢穆的「新史學」自然也難免「西學」的影響，[22] 但他的主旨卻在於超越與「西學」有甚深瓜葛的「革新派」[23] 和「科學派」[24]（錢穆不以「傳統派」即「記誦

---

21 桑兵：《近代學術傳承：從國學到東方學──傅斯年〈歷史語言研究所工作之旨趣〉解析》，載《歷史研究》，2001（3）。這一觀察大體不錯，若要細摳起來，近代中國史學所秉承的「西學的不同流派」，尚可分為：「從日本轉手的西學」（如梁啟超等的「新史學」、郭沫若等的「唯物史觀」派）和「直接得自西方的西學」（如胡適、何炳松、陳寅恪、傅斯年等得之於歐美）、還有「從蘇俄轉手的西學」等。

22 余英時：《一生為故國招魂──敬悼錢賓四師》，說明錢穆所謂「中國歷史精神」的觀念承自晚清梁啟超的「國風」、《國粹學報》「國魂」、「國粹」以及流行甚廣的「黃帝魂」等觀念，而「國魂」、「國粹」的觀念最初從日本開始，而日本人又受了德國人講「民族國家精神」的啟示。收入氏著：《錢穆與中國文化》。戴景賢《論錢賓四先生「中國文化特質」說之形成與其內涵》，指出錢穆之「生理」與「病理」對立之觀點，與Oswald Spengler的文化形態觀有相近之處，又有重要不同。見臺灣大學中國文學系編印：《紀念錢穆先生逝世十週年國際學術研討會論文集》，31-32頁。又據錢穆的早期學生洪廷彥、諸宗海回憶，錢穆對康德、尼采、黑格爾、柏格森、羅素、克羅齊等西方哲學家的思想津津樂道。參見中國人民政治協商會議江蘇省無錫縣委員會編：《錢穆紀念文集》，34、66頁。

23 又稱「宣傳派」，主要包括以梁啟超為代表的晚清「新史學」以及以郭沫若為代表的「唯物史觀」派。

24 又稱「考訂派」，主要是指以胡適為領導的「整理國故」運動、顧頡剛的「疑古」以及傅斯年的「重建」為內容的「史學革命」。

派」為主要批評對象，並亦取其「工夫」）。誠如其夫子自道，旨在
「重明中華史學」：

> 近人治史，群趨雜碎，以考覈相尚，而忽其大節；否則空言史
> 觀，遊談無根。穆之此書（指《國史大綱》——引者），竊欲
> 追步古人，重明中華史學，所謂通天人之故，究古今之變，以
> 成一家之言者。[25]

所謂「以考覈相尚」者，主要指「科學派」，也可將「傳統派」
包括在內。此種取向的流弊，上文已略作交代。所謂「空言史觀」
者，不僅就「唯物史觀」派而言，也包括晚清梁啟超等宣導的「新史
學」派。錢穆認為「近人治史好言系統，然系統亦未易求，晚近學人
言國史系統，不越兩途。一謂自秦以來，莫非專制政體之演進。無論
歷史上任何事項，莫不以帝王專制一語為說」。錢穆「名之曰『近代
中國人之維新觀』，實即是一種『崇洋媚外』觀」；另一途則「又或根
據西洋最近唯物史觀一派之論調，創為第二新史觀。其治史，乃以社
會形態為軀殼，以階級鬥爭為靈魂。所論厥為自秦以來，中國社會形
態之階段分別。若謂中國尚在封建社會之階段中，絕未走上商業資本
社會之階段」。錢穆認為這一派的史觀「僅為彼等政治趨嚮之一種工
具，一種說法，惜亦同樣無當於國史之實際真相」，與上述治史取徑
不無關係，錢穆又觀察到：「近人治史，每易犯一謬見。若謂中國史
自秦以下，即呈停頓狀態，無進步可說。此由誤用西人治史之眼光來

---

25 引自錢穆於1941年1月20日致學生李埏、王玉哲的信。李埏：《昔年從遊之樂，今日
終天之痛——敬悼先師錢賓四先生》，見中國人民政治協商會議江蘇省無錫縣委員
會編：《錢穆紀念文集》，17頁。

治中史，才成此病。」[26]

在對「中國近世史學」流派的遺產作了認真清理的基礎上，錢穆積極提出建設「新史學」的主張：

> 中國新史學之成立，端在以中國人的眼光，來發現中國史自身內在之精神，而認識其以往之進程與動向。中國民族與中國文化最近將來應有之努力與其前途，庶亦可有幾分窺測。否則捨己之田，而芸人之田，究亦何當於中國之史學。[27]

《國史大綱》把這種「新史學」的追求集中體現在新通史編撰所必備的兩大條件上：

> 今日所需要之國史新本，將為自《尚書》以來下至《通志》一類之一種新通史，此新通史應簡單而扼要，而又必具備兩條件。一者必能將我國家民族，已往文化演進之真相，明白示人，為一般有志認識中國已往政治社會文化思想種種演變者所必要之智識，二者應能於舊史統貫中映照出現中國種種複雜難解之問題，為一般有志革新現實者所必備之參考。前者在積極的求出國家民族永久生命之泉源，為全部歷史所由推動之精神所寄，後者在消極的指出國家民族最近病痛之證候，為改進當前之方案所本。此種新通史，其最主要之任務，尤在將國史真態，傳播於國人之前，使曉然瞭解於我先民對於國家民族所已盡之責任，而油然興其慨想，奮發愛惜保護之摯意也。此種通

---

26 錢穆：《略論治史方法》（1936），見《中國歷史研究法》，151-152、155頁，北京，生活‧讀書‧新知三聯書店，2001。

27 錢穆：《略論治史方法》（1936.11），見《中國歷史研究法》，156頁。

史，無疑的將以記誦考訂派之工夫，而達宣傳革新派之目的。
彼必將從積存的歷史材料中出頭，將於極艱苦之準備下，呈露
其極平易之面相。將以專家畢生盡氣之精力所萃，而為國人月
日流覽之所能通貫，則編造國史新本之工作，其為難於勝任而
愉快，亦可由此想見矣。[28]

這真不啻是「新史學」的宣言書！

總結地說，錢穆所致力的「通史之學」，不單自覺承繼中國史學
通史致用的傳統（相對於那些與傳統「通史之學」有意疏離的流派來
說，他的執著於「舊」反而顯出「新」意）；更重要的是，迫於晚清
以降西力東壓、西學東漸的嚴重局勢，國人對本國的歷史文化急遽喪
失獨立的見解、清明的自信、求真的意志、「愛」「護」的熱情，錢穆
有感於此，力圖「以中國人的眼光」、站在中國人的立場上、飽含中
國人的感情，「重明中華史學」，揭示「國史」的「精神」，展現「國
史」的「進程與動向」，重建中華民族的自我意識與自信心，以貢獻
於「中國民族與中國文化」的未來。這是錢穆所揭櫫的「新史學」的
基本精神。

日本侵華帶來的亡國滅種的新危機，最終催促他迫不及待地端出
他那久蓄心中的「一家之言」。[29]

---

28 錢穆：《國史大綱・引論》，7頁。

29 錢穆的學生吳沛瀾回憶他上錢穆的「中國通史」課：「那時國難當頭，大家關心國家
的命運。錢師在課上說，他研究歷史是從『九一八』事變後開始的，就是要探究我
們國家民族還有沒有希望。」吳沛瀾：《憶賓四師》，見中國人民政治協商會議江蘇
省無錫縣委員會編：《錢穆紀念文集》，52頁。錢穆在『九一八』事變以前已發表有
《劉向歆父子年譜》等文章，又出版過《國學概論》等著作，怎麼能說「研究歷史
是從『九一八』事變後開始的」呢？也許是錢穆的口誤？也許是吳沛瀾的回憶不確？
但要說，錢穆致力於「要探究我們國家民族還有沒有希望」的以「中國通史」為中
心的「新史學」，則確是從『九一八』事變後開始的，此段追憶適為有力之旁證。

（二）「新史學」是「一種人事之研究」，研究「國史」旨在增進對「國家」「民族」之「大我」的自我認識、自信自愛與自我完善

　　《中國今日所需要之新史學與新史學家》開宗明義第一句話是：「歷史乃人事之記載，故史學亦為一種人事之研究。」人事有「持續性」，所以「人事乃由過去穿透現在而直達將來，過去與將來凝成一片，而共成其為一有寬度之現在。研究歷史者，實即研究此一有寬度之現在事件也。其事活潑現在，而且已直透而達將來，豈得謂歷史只屬於過去人事」[30]？不僅如此，「歷史乃一時間性的學問」，「在此（指歷史上之時間，而非心理物理上的時間——引者據原文補充說明）進行中，有持續，亦有變動，而自有其起訖，而成為一事業，或為一生命。歷史正為一大事業，一大生命。故歷史上之過去非過去，而歷史之未來非未來，歷史學者當凝合過去未來為一大現在，而後始克當歷史研究之任務」。進而言之，「歷史上之事變」，「乃盡屬一種改變過去與改變將來之事業也」，「故歷史實為人類事業之不斷改進，而決非命定。研究歷史，即謂之乃研究如何改進現在人事之一種學問，亦無不可」。總之，「研究歷史，斷不在記憶過去，而在瞭解現在，把握將來」。[31]

　　從這裡，我們可以瞭解《國史大綱・引論》批評「科學派」「以活的人事，換為死的材料」是根據於怎樣一種義理，可以理解他為什麼不滿於「革新派」的不顧「事實」卻有取於它的「目的」。

---

30 錢穆：《中國今日所需要之新史學與新史學家——本文敬悼故友張蔭麟先生》，見蔣大椿主編：《史學探淵》，1046、1048頁。

31 參見錢穆：《中國今日所需要之新史學與新史學家——本文敬悼故友張蔭麟先生》，見蔣大椿主編：《史學探淵》，1050-1053頁。

國史為「一大事業，一大生命」，「直上直下，無過去無將來」。此種觀念集中體現在錢穆自信「可懸國門，百世以俟而不惑也。」的兩段名言上：

> 近者以敵國外患之深侵，而國內漸臻於統一。以一年半之艱苦抗戰，而國人逐漸知自力更生之為何事。蓋今日者，數十年乃至數百年社會之積病與夫數千年來民族文化之潛力，乃同時展開於我國人之眼前……要之我國家民族之復興，必將有待於吾國人，對我先民國史略有知。此則吾言可懸國門，百世以俟而不惑也。[32]

所謂對「對我先民國史略有知」，主要是指：

> 一民族文化之傳統，皆由其民族自身遞傳數世數十世數百世血液所澆灌，精肉所培壅，而始得開此民族文化之花，結此民族文化之果。非可以自外巧取偷竊而得……我國人不自承其為不肖，不自承其為墮落，而謂我先民文化所貽，固不足以爭存於斯世。是既疑我先民久為倖生偷存，而我當前之所為抗戰與建國者，是不啻仍將效法我先民繼為此倖生而偷存也。非然者，我民族國家之前途，仍將於我先民文化所貽自身內部獲得其生機（這樣才是「更生之變」——引者據原文補充說明）。我所謂必於我先民國史略有知者，即謂此。是則我言仍可懸國門，百世以俟而不惑也。[33]

---

32 錢穆：《國史大綱・引論》，26-27頁。
33 錢穆：《國史大綱・引論》，27-28頁。

　　這兩段鄭重道出的警世之言,可以說是《國史大綱》的最終結論。這是錢穆最想告訴讀者的,一句話,只要我們不自絕民族文化的生機,而尋求不悖於中國歷史文化的精神的「更生之變」,我們的國家民族是大有希望的。這一點被有幸聽過他的課的學生柳存仁忠實地記錄了下來:

> 在這裡,我覺得要特別提起令人欽佩錢先生的地方,是時時刻刻蘊藏在他的腦子裡面的一股新鮮活潑的動力和精神,因著這種動力或精神的至大至剛的繼續不斷地擴張、發展,自然而然地擴大了他的研究學問的內容,充實了他的強健不息的身體,其根本的原因,又可從他的治學的基本的態度來表達出來,那可歸納於他幾十年來朝夕不忘的一句簡短的話,就是:「從三千年來的中國歷史的動態波蕩仔細的觀察思考,今日的中國是絕對的有希望有前途的!」這句話說起來好像很簡單,然而它卻是錢先生幾十年來研究學問積纍而得的寶貴的結晶品。[34]

　　錢穆的這位北大學生的話,說得真是深切著明!讀其書,想見其為人。哲人已逝,今日我們只能通過照片之類一睹錢氏的氣象,筆者寡聞,未見對錢穆神采的描摹逼真愜理過於此者。這段話透徹地揭示了,個頭矮小但卻「實大聲宏」、「帶著一種『南方之強』的學者氣息」的錢賓四先生的「宏」「大」「剛」「強」之所以然。錢穆晚年在給孩子的信中有云:「我今年已八十六歲,自七歲始識字讀書,到今恰八十年,自念唯有苦學二字。而因此對愛國家愛民族積有一番信

---

34 柳存仁:《北大和北大人》,此文原刊於《宇宙風乙刊》27、29、30期,1940年8、9、10月。陳平原、夏曉虹編:《北大舊事》,299頁,北京,生活・讀書・新知三聯書店,1998。

心。」[35]因「苦學」而「對愛國家愛民族積有一番信心」。這是錢穆一生的真實寫照，也可說是對《國史大綱》的一個最簡明的註腳。更值得注意的是，柳存仁的文章刊發在一九四〇年八至十月間，就是說《國史大綱》甫出版，中日對決正在拉鋸之際，錢穆所張揚的那種不可戰勝的氣概，已經灌注在他的學生輩的胸次了，「而他跋涉於湘滇旅途中所寫的一部《國史大綱》，正像馬一浮（浮）先生所印的《泰和講錄》，馮芝生（友蘭）先生近年所著的《新理學》、《新世訓》等書一樣，又是一位悲天憫人的學者哲人，在戰亂播遷的動盪的時代裡，苦口婆心的給予我們整個民族國家的指示、勇氣和光明」[36]。如果用而且只用一句話來概括《國史大綱》的教訓，我以為，那就是柳氏所錄錢穆洪聲宣告的：

> 從三千年來的中國歷史的動態波蕩仔細的觀察思考，今日的中國是絕對的有希望有前途的！

這樣的歷史意識無疑是充滿了對國史的「溫情與敬意」，也飽含著對國家民族的自尊與自信。不過仍然必須強調的是，這是「仔細的觀察思考」的產物，是「錢先生幾十年來研究學問積纍而得的寶貴的結晶品」。事實上，只有建立在理性認知基礎上的民族情感才是有意義的。這不僅集中表現在他對中國中唐以下「社會積病」與「挽近中國之病」[37]的分析與診治等問題的看法上（當然，對錢穆來說，對最

---

35 錢遜：《父親給我的三封信》（筆者所引此信寫於1980年），見《錢賓四先生逝世十週年紀念專刊》（錢穆先生紀念館館刊，年刊第八期），248頁，臺北，臺北圖書館，2000。

36 柳存仁：《北大和北大人》，見陳平原、夏曉虹編：《北大舊事》，301頁。

37 詳見《國史大綱》。集中的討論見《國史大綱・引論》。其中錢穆舉出「挽近中國之病」主要有：「晚清革命之難局」、「民國以來締構中央統一政權之難局」、「民國以來社會中堅勢力未能形成之難局」、「士大夫之無識」等。

近病痛之證候的針砭的前提乃在對於我國家民族永久生命之泉源的認取），對國史特性的認知也是如此。錢穆認為與西洋史相比較，中國史有一個顯豁的特點：「即我民族文化常於和平中得進展是也。」並設喻說明：「中國史如一首詩，西洋史如一本劇」，「西洋史正如幾幕精彩的硬地網球賽，中國史則直是一片琴韻悠揚也」[38]。乍看起來，這樣的中西對比甚至都遠遠超出了學者所批評的「對歷史作玄學的解釋」[39]，而近於對自家故物大唱其讚美詩了。不過，就錢穆的本意來看，這樣的隱喻也只限於說明「中國史上大規模從社會下層掀起的鬥爭，常不為民族文化進展之一好例也」，告誡國人不要忽視「中國史非無進展，中國史之進展，乃常在和平形態下，以舒齊步驟得之」。而其中蘊涵的多元的歷史文化觀，我們則更不應忽視。但是，他對中唐以來在和平形態下逐步形成的「一平鋪散漫的社會」隱藏的危機是非常清醒的，且反覆三致意焉。事實上，錢穆正是由此引出對晚近「社會積病」的分析。[40]他對這種社會的無力感的深刻認知從如下閒閒一語透露無遺：「中國社會，實已走上了一條比較和平而穩定的路，而適為狹義的部族政權（指滿洲——引者）所宰制。」[41]

　　而自晚清以降，加以西力東侵，西學東漸，復加以東鄰壓境，國勢日蹙，惟錢穆以為仍不可、尤不可喪失「信心」。我們已經說道，《國史大綱》就是錢穆「苦學」所「積」充分表達他「愛國家愛民族」的「一番信心」的「一家之言」。不難理解，他當然是針對晚清

38　《國史大綱・引論》，11頁。

39　胡繩：《論歷史研究和現實問題的關聯——從錢穆先生的〈國史大綱引論〉評歷史研究中的復古傾向》，參見《胡繩文集》（1935-1948），250頁，重慶，重慶出版社，1991。

40　《國史大綱・引論》，23-24頁。

41　《國史大綱》，603頁。

以來同樣為「愛國家愛民族」之情所纏繞但卻對民族文化喪失「信心」的國人而發。

　　國難當頭，在錢穆看來不啻為「文化自遣」的悲觀論調也益發激越了。胡適在「九一八事變」的週年紀念發表的《慘痛的回憶與反省》一文，就可以作為代表。他在文中痛切地說：

> 我們的大病源，依我看來，是我們的老祖宗造孽太深了，禍延到我們今日。二三十年前人人都知道鴉片、小腳、八股為「三大害」；前幾年有人指出貧、病、愚昧、貪污、紛亂為中國的『五鬼』；今年有人指出儀文主義、貫通主義、親故主義為「三個亡國性的主義」。（《獨立》第十二號）……這些大毛病都不是一朝一夕發生的，都是千百年來老祖宗給我們留下的遺產。這些病痛，「有一於此，未或不亡」，何況我們竟是兼而有之，種種亡國滅種的大病都叢集在一個民族國家的身上！向來所謂「東亞病夫國」……即如「纏腳」……又如「八股」……這些老祖宗遺留下來的孽障，是我們這個民族的根本病……病根太深，是我們的根本困難。但是我們還有一層很重大的困難，使一切療治的工作都無從下手。這個大困難就是我們的社會沒有重心，就像一個身體沒有一個神經中樞，醫頭醫腳好像都搔不著真正的痛癢……[42]

　　我們之所以說胡適的文字可為代表，不光因其身份與地位之重要，也是由於其議論並不完全皆出於一己之創造，而是彙集了晚清以來的一系列自我批判以及外來批評的聲音。除了此處羅列的諸如「三

---

42 胡適：《慘痛的回憶與反省》（作於1932.09.11），見《胡適文存》，第4集卷4。

大害」、「五鬼」、「三個亡國性的主義」等劣根性毛病之外,日後胡適還補充了許多類似的「我們所獨有的」、「國粹」、「固有文化」。比如《信心與反省》一文,就列舉了「我們所獨有的寶貝:駢文、律詩、八股、小腳、太監、姨太太、五世同堂的大家庭,貞節牌坊,地獄活現的監獄,廷杖板子夾棍的法庭……」注意:這個省略號是胡適本人而非筆者所加。胡適那「中國不亡,是無天理」的「憤慨」「悲歎」之辭也廣為流傳。[43]一九三二年,「全盤西化」論的代表作——陳序經著《中國文化的出路》出版後,作為知識界領袖的胡適也為文應和,以至日後被人視為該論的代表人物。胡適等人是愈走愈遠了。

類似的論調,雖出於時局的激蕩,卻反映了晚清以降國人普遍的心態,正如錢穆所觀察到的:

> 這次跟日本人打,中國人還有股勁:我就是看不起你,你跟我學的,倒反來欺侮我!假如現在侵略我們的不是日本,而是英、美等國,中國人內心裡早就認輸了。一切都不如他們,哪敢跟他們拼?[44]

「全盤西化」的聲音未必不是表達了一種民族主義的亢奮情緒,

---

43 胡適在《信心與反省》(作於1934.05.28)中說:「壽生先生引了一句『中國不亡是無天理』的悲歎詞句,他也許不知道這句傷心的話是我十三四年前在中央公園後面柏樹下對孫伏園先生說的,第二天被他記在《晨報》上,就流傳至今。」《胡適文存》第4集卷4。柳存仁《北大和北大人》也提及此事:「民國十六年的時候,胡適之先生卻約了孫伏園先生談天,並且還憤慨地說了一句:『中國不亡,是無天理』的名句,這句話即使說得痛心一點,也只好算是相反而相成的仁者的懷抱。」陳平原、夏曉虹編:《北大舊事》,307頁。柳存仁所記胡適說那句「名言」的時間與胡適本人的自述對不上頭,但是卻真實地反映了它在北大學生中的流傳情況。

44 誦甘:《紀念錢師賓四先生》,見《錢穆紀念文集》,44頁。

未必不帶有一種理智的「反省」精神，未必不代表了一種「仁者的懷
抱」，但是對錢穆來說，像這樣戕害民族自信心的做法，「唯求盡廢故
常」的心理，恰恰反映了西力東侵、西學東漸以來中華民族自我失落
的嚴重情勢，反映了「士大夫之無識」晚近以來中國社會百病纏身中
的「根本病」（錢穆認為這才是「根本病」！也許連這一用詞都承自
胡適？！）。其錯誤的根源在於看國史「只橫切一點論之」，尤其是
「指生原為病原」：

> 人類歷史之演進，常如曲線形之波浪，而不能成一直線以前
> 向。若以兩民族兩國家之歷史，相比併觀，則常見此時或彼升
> 而我降，他時或彼降而我升。只橫切一點論之，萬難得其真
> 相。今日治國史者，適見我之驟落，並值彼之突進，意迷神
> 惑，以為我有必落，彼有必進，並以一時之進落，為彼我全部
> 歷史之評價，故雖一切毀我就人而不惜。唯求盡廢故常，以希
> 近似於他人之萬一。不知所變者我，能變者亦我，變而成者依
> 然為我，譬之病人，染病者為我，耐病者亦我，脫病而起者仍
> 我也。一切可變，而我不可變。[45]

　　錢穆提出的「我不可變」的問題，真是發人深省！這是尋回民族
主體性的沉痛的呼聲。這裡所謂「我」，顯然指「民族」、「國家」之
「大我」，是指「直上直下」、「無古無今」之「國史」，對此真正切實
的認知，唯賴國人對「國史」之「大體」而不是局部的、通體而不是
片段的認知。絕不是「只橫切一點論之」所能辦到。這樣的艱巨使
命，大概也只有錢穆所期許的「新通史」才能擔當。

---

45 《國史大綱‧引論》，22頁。

因為民族歷史文化傳統的力量與意義，顯然不是局促的目光所能了然（諸如胡適所列舉的種種中表現出來的視野）。錢穆對他的學生說：「你們不要以為現在抗戰了，如何如何；要知道在將來的歷史上，現在這一段時期是一空白！」[46]就反映了一種超越的歷史意識、一種大歷史的眼光。錢穆又說：「我從魏、晉、隋、唐佛學之盛而終有宋、明理學之興來看，對中國文化將來必有昌明之日，是深信不疑的。」[47]同樣反映了巨大的歷史感。這與《中國今日所需要之新史學與新史學家》以中日戰爭為例說明歷史事件的綿延性、以及強調「吾國家民族文化之綿歷與發皇，吾國家民族文化之奮鬥與爭存，捨此則皆不足以當歷史之主流」等看法，都是一脈相承的，這也是錢穆主張的「將欲於歷史研究得神悟妙契，則必先訓練其心智，習為一種綜合貫通之看法」的命意所在，這就是「新史學」追求的「直上直下，無過去無將來而一囊括盡」的「歷史研究之終極意義」所在。[48]當然，抗日戰爭無疑強化了錢穆的歷史意識，而《國史大綱》最足以表達這種歷史感。

本章一再引到的柳存仁，又有記及錢穆云：

> 他的對於近幾十年的大局的議論的起點，是由於他積極的主張我們當前在生活著的這個階段，從鴉片戰爭起一直到最近，都不能夠說是我們悠久的歷史上面的最黑暗的一個時期。在過去幾千年裡面，中華民族所遇到的幾十百次的天災人禍，黑暗荒淫，亡國播遷的慘痛苦難，結果總是在苦撐中得到支持延續，

---

46 吳沛瀾：《憶賓四師》，見《錢穆紀念文集》，52-53頁。

47 吳沛瀾：《憶賓四師》，見《錢穆紀念文集》，55頁。

48 錢穆：《中國今日所需要之新史學與新史學家——本文敬悼故友張蔭麟先生》，見蔣大椿主編：《史學探淵》，1049、1053、1049頁。

若干的例證都能夠反映出我們民族的抱負著一種自強不息的信
仰，具有剛健堅忍的毅力和雄心。[49]

這是對錢氏見解極為中肯的領悟，我們可以大膽地斷言：即使只
有一個學生抱定這樣的信念，錢穆的《國史大綱》就沒有白作！

（三）「新史學」是立足於經世致用的「問題」史學與「解釋」史學

一九三四年秋至一九三五年夏，錢穆為配合在北大講授的「中國
通史」課，編寫了《中國通史參考材料》，[50]從中可以看到《國史大
綱》的藍圖在當初是如何勾畫的：

……中國舊史亦不斷在改寫之中，以求適應各時代之需要。

最近乃有史以來中國一未有的急劇變動之時代，其需要新歷史
之創寫，尤亟。

通史為一般治中國政治社會文化思想種種問題所必要之知識。
更為一般國民其智識比較的在水平線以上者所必具之知識。故
中國通史之重要性乃超乎各種分期史及專門史之上。

中國通史之編寫，應扼要而簡單，應有一貫的統系而能映照現
代中國種種複雜難解之問題。應從積纍的歷史材料裡尋求，應
力求其客觀公允。應該從極艱苦的準備裡，做出極平易的成績
來。於是編寫中國通史之工作，遂極難勝任而愉快。

以後新歷史之創造，與歷史新知識之探求，自其性質言之，與

---

49 柳存仁：《北大和北大人》，見《北大舊事》，299頁。

50 參見余英時關於《中國通史參考材料》的《出版前言》，見錢穆：《中國通史參考材
料》，臺北，東升出版事業有限公司，1980。

以前之不同應有三點:

①民本的,非帝王的。(全部的非特殊的)

②國家的,非朝代的。(系統的非間斷的)

③文化的,非權力的。(演化的非爭奪的)

應整個的指示中國民族歷史演進之經過,以期解釋現在,指示將來。[51]

　　在一種活潑的歷史意識的觀照中,在一種鮮明的時代精神指引之下,錢穆立意要書寫的是一部「民本的」、「國家的」、「文化的」新通史,她對「中國民族歷史演進之經過」必須完成「指示」的任務,對「中國民族」之「現在」必須發揮「解釋」的作用,對「中國民族」之「將來」也擔負著「指示」的責任。他是自覺地承繼了太史公、司馬溫公以來「究天人之際、通古今之變、成一家之言」的通史家風,在觀念、結構與系統性上,又是融匯了新知新學理的新通史。

　　前文已經提到,《中國今日所需要之新史學與新史學家》認為:「歷史實為人類事業之不斷改進,而決非命定。研究歷史,即謂之乃研究如何改進現在人事之一種學問,亦無不可。」在專科化與學院化成為主導方向的二十世紀,如此重視史學與「現在人事」的關聯、如此強調史學經世致用的功能的,真不多見。我們驗之錢穆的史學實踐,《國史大綱》就充分體現了這一學術理念,《國史大綱》呈現的是一種「問題」史學與「解釋」史學的典範。

1 三個基本問題

　　《國史大綱‧引論》標舉「今日所需要之國史新本」必具備的第

---

51 錢穆:《中國通史參考材料》,3-4頁。

二個條件是「應能於舊史統貫中映照出現中國種種複雜難解之問題，為一般有志革新現實者所必備之參考」，旨「在消極的指出國家民族最近病痛之證候，為改進當前之方案所本」。「問題」意識在錢穆的史學中有非同尋常的意義。那麼，「現中國種種複雜難解之問題」主要是些什麼樣的問題呢？一九三六年九月時他已在思索的問題是：「中國以往歷史，究有何等意義？中國以往文化，究有何等價值？中國將來之前途，除卻抹殺自己以往之一切而模仿他人以外，究有何等生路？此則尚待真心治史者之努力。」[52]一九三七年一月，又強調：「所謂新史學之創建……要能發揮中國民族文化以往之真面目與真精神，闡明其文化經歷之真過程，以期解釋現在，指示將來。」[53]所謂「解釋現在」，主要是指對時代提出的問題進行追本溯源的探討。《國史大綱》著重要解決的是如下三個問題：

（1）中國二千年來的政治是不是專制政治？

「中國自秦以來二千年，皆專制黑暗政體之歷史也」，是晚清維新派與革命派出於現實的政治運動的需要、根據西方的政體分類學說以及將西歐式的政體發展普遍化的模式，對中國歷史所作的斷案。[54]錢穆對維新派與革命派的政治用心頗為同情，但他認為政論不能代替歷史研究，此說不符合歷史真相，應該功成身退。[55]他在北大任課之

52　錢穆：《略論治史方法》（1936.09），見《中國歷史研究法》，152頁。

53　錢穆：《略論治史方法》（1937.01），見《中國歷史研究法》，158-159頁。又參見前引《中國通史參考材料》亦有「應整個的指示中國民族歷史演進之經過，以期解釋現在，指示將來。」云云，連措辭都一樣，而發於此前。可見，凡此均與「中國通史」課的講授有關，為他所一再強調。

54　參見甘懷真：《皇帝制度是否為專制？》，載《錢穆先生紀念館館刊》，第4期，臺北，臺北市立圖書館，1996。

55　參見《國史大綱・引論》。

第二年（1932年），就排除阻攔，屢爭之下而得開中國政治制度史選修課，[56]說明他按捺不住地要對這一流行看法提出異議、昌明己見。終於在《國史大綱》中如願以償。

錢穆認為中國傳統政治，非「專制政治」一言可以概括。「總觀國史，政制演進，約得三級。由封建而躋統一，一也。（此在秦漢完成之）由宗室外戚軍人所組之政府，漸變為士人政府，二也。（此自西漢中葉以下，迄於東漢完成之）由士族門第再變為科舉競選，三也。（此在隋唐兩代完成之）」。這樣，考試與銓選，成為維持中國歷代政府綱紀的兩大骨幹，有客觀之法規，為公開的準繩，皇帝（王室代表）、宰相（政府首領）不能輕易左右。追本溯源，這些制度背後的意義就是《禮運》所謂「天下為公，選賢與能」之旨，乃戰國晚周諸子學所賜，有一種「理性精神」為之指導。在錢穆看來「所謂傳統政治，便是一種士人的政治」。這是廣土眾民的中國為客觀條件所限的自然趨向。秦漢以來中國政治的長進，即在政府逐漸脫離王室而獨立化。王室代表貴族特權之世襲，政府代表平民合理之進退，而宰相為政府首領，君權相權，互為節制。這種政治進步的健康勢頭，由於蒙古人入主中原而遭很大的頓挫，至明太祖以私意廢宰相制度才有「君主獨裁」的局面，到清朝而變本加厲。

錢穆在《國史大綱》中得到系統論證的如上看法，在以後的生涯中，不斷有發揮。他把這種「士人政治」又稱為「賢能政治」，甚至謂之為「東方式的民主」或「中國式的民主」。由於該論點又密切關聯著作者的政見，所以它成為各派學者批評錢穆集矢之中心，而不同時期的批評者又出於不同的語境，頗為複雜。[57]。本書不能論定其是

56 參見錢穆:《八十憶雙親·師友雜憶》，169-170頁。又參見錢胡美琦:《錢賓四先生年譜》（二）（未定稿），載《錢穆先生紀念館館刊》，第4期，115頁。

57 比如胡繩諷刺錢穆「攀龍附鳳」，顯然不只是由於歷史觀的差異，也是政治立場分歧的表現。胡繩:《評錢穆著〈文化與教育〉》（1944），見《胡繩文集》（1935-

非得失，[58]不過我們仍然可以對他提出這個問題的良苦用心有同情的
瞭解，並對他的一家之言的意義有較為客觀的把握。錢穆也許不是頭
一個提出「中國秦漢以來的政治並非專制政治」這一創見的學者[59]，

1948）。不過，對此的看法也不能化約為政見的分歧就了事了。胡昌智就認為錢穆
《國史大綱》反映了錢穆支持和憧憬以知識分子為中心的「訓政制度」，「是替這個
當時實行的制度建立它的歷史根據」。胡昌智：《錢穆的〈國史大綱〉與德國歷史主
義》，載《史學評論》，第6期，1983。黃克武的看法則是：「我們認為錢穆並不支持
當時實行的訓政，知識分子參政是錢穆在國史之中觀察到的特色，亦是錢穆一生的
理想，如果說錢穆為某項制度尋找歷史的根據，則此項制度應為孫中山先生的五權
憲法而非國民黨所實行的訓政。我們承認錢穆思想中承認現實的部分，但亦有批判
現實的以及以理想提升現實的一面，胡昌智似乎過度強調前者而忽略了後者，以致
對前者的認識亦有偏差。」黃克武：《錢穆的學術思想與政治見解》，載《臺灣師範
大學歷史學報》，第15期，1987。筆者認為，胡昌智揭出《國史大綱》的社會政治
背景，可謂有見，但確如黃克武所說，錢穆有「以理想提升現實的一面」。其實，
在《國史大綱》中所反映得極為充分的也是他一生的理念，後來得到明確表述的
是：「中國歷史上之傳統理想，乃是由政治來領導社會，由學術來領導政治，而學
術則起於社會下層，不受政府之控制。在此一上一下循環貫通之活潑機體之組織
下，遂使中國歷史能穩步向前，以日臻於光明之境。」錢穆：《如何研究學術史》，
見《中國歷史研究法》，75頁。社會固然應配合政府，但「道統」卻高於「政統」。
又比如徐復觀，他用「良知的迷惘」這樣刺激性的字眼來批評錢穆一生堅持的對傳
統政治的看法，顯然是出於擔心錢的看法會與中國大陸維護「封建專制」的勢力合
流的當代語境。徐復觀《良知的迷惘——錢穆先生的史學》，見《八十年代》，第1
卷，第2期，1979。朱傳譽編：《錢穆傳記資料》（一），37-39頁。其實，純就對歷史
的看法而論，諸如錢穆高度評價秦始皇統一中國的豐功偉績而不視為專制帝王代表
的見解（在《國史大綱》中已然），與毛澤東的看法確很相近，也未必不是高見。

58 有關討論可參見余英時：《錢穆與中國文化》；甘懷真：《皇帝制度是否為專制？》，
載《錢穆先生紀念館館刊》，第4期；戴錦賢：《錢穆》，收入王壽南主編《中國歷代
思想家》（二十四），臺北，臺灣「商務印書館」，1999；黃俊傑：《錢賓四史學中的
「國史」觀——內涵、方法與意義》，收入臺灣大學中國文學系編印：《紀念錢穆先
生逝世十週年國際學術研討會論文集》。

59 華崗：《中國歷史的翻案》，31-32頁，指出：在錢穆之前已有張其昀、薩孟武等人從
各個方面來論證這一論點。作家書屋，1950。胡繩：《評錢穆著〈文化與教育〉》
（1944）也提到此，《胡繩文集》（1935-1948），188頁，只是將「張其昀」誤為「張
其昀」。或是手民誤植。

但卻是用「演化式的歷史意識」[60]將這一觀點史學化的最重要的學者。他的這一觀點之引起各方面的爭議，是有志於對中國歷史作整體性詮釋的史學家的不可避免的命運。徐復觀說：「我和錢先生有相同之處，都是要把歷史中好的一面發掘出來。但錢先生所發掘的是二千年的專制並不是專制，因而我們應當安住於歷史傳統政制之中，不必妄想什麼民主。」[61]平心來說，就政見而言，錢穆並不是要阻攔現實政治走向民主的趨勢，而是強調「考試與銓選」等傳統政治制度在現代政治運作中有其發揮作用的餘地，體制創新要在尊重歷史傳統的基礎上才有生命力。就歷史詮釋而言，問題不在於錢穆找錯了「發掘」的對象，而在於如何處理中國歷史的特殊性這個難題。他有意用「中國式的民主」這樣的概念，是為了把問題提得尖銳化，他內心深處根本不相信由西方中心主義所支配歷史解釋模式、概念等等可以說明中國的歷史，不過在那樣的時代，也只能做那樣的抗議罷了。這個問題今天仍然存在於我們的史學研究中，有一位史家精闢地指出：「我並不是說封建時代的政體中沒有專制政體，而只是想說明，按照西方人從對立東西方出發而給定的專制主義定義來思考似乎是此路不通。應該根據現代政治學的研究成果，結合全世界封建時代的政治組織情況，重新尋找新的概念與定義，也許在這方面能得出合理的看法。」[62]錢穆當時是不可能提出這樣的任務來的，不過在「中國傳統政治就是專

---

60 胡昌智認為：「演化式的歷史意識」一種是超越傳統的「例證式的歷史意識」的歷史思維方式，在中國現代史學中，《國史大綱》是標誌著「社會變遷中演化式的歷史意識的產生」的典範作品。參見氏著：《錢穆的〈國史大綱〉與德國歷史主義》，以及《歷史知識與社會變遷》，臺北，聯經出版事業公司，1988。

61 徐復觀：《良知的迷惘──錢穆先生的史學》，見朱傳譽編：《錢穆傳記資料》（一），38頁。

62 馬克垚：《說封建社會形態》，見《社會形態與歷史規律再認識筆談》，載《歷史研究》，2000（2）。

制政治」這一看法幾成定論的時代，錢穆能讓我們聽到另一種聲音，不是有助於把討論引向深入嗎？

（2）中國二千年來的學術思想是否必須全盤拋棄？

「二千年來之政，秦政也，皆大盜也；二千年來之學，荀學也，皆鄉愿也。惟大盜利用鄉愿；惟鄉愿工媚大盜。二者交相資，而罔不託之於孔。」[63]我們所熟知的譚嗣同的名言，不僅表達了身處危亡之局的晚清革新志士對傳統政治的不滿，而且表達了對傳統學術思想的激烈批判，尤其還表達了對所謂傳統政治與傳統學術思想的狼狽為奸之真相加以著力揭破的勇氣，的確是已發陳獨秀等人的言論之先聲。再加上康有為宣導的孔教運動與帝制復辟總也脫不了干係。以全面輸入西方文化與徹底反傳統為特色的新文化運動於是激起，由政治革命轉入文化革命。在這時期，「中國自秦以來二千年，皆孔子老子中古時期思想所支配下之歷史也」，又成為主導的史論。

錢穆曾述及早年對新文化運動的關注：「余幼孤失學，弱冠即依鄉鎮小學教讀為生。然於當時新文化運動，一字、一句、一言、一辭，亦曾悉心以求。乃反而尋之古籍，始知主張新文化運動者，實於自己舊文化認識不真。」[64]又說：「時余已逐月看《新青年》雜誌，新思想新潮流坌至湧來。而余已決心重溫舊書，乃不為時代潮流挾卷而去。及今思之，亦余當年一大幸運也。」[65]凡此雖屬事後追憶，證之當年的文字，可知：既「悉心以求」而又「不為時代潮流挾卷而

63 譚嗣同：《仁學》，見蔡尚思、方行編：《譚嗣同全集》（增訂本），337頁，北京，中華書局，1981。

64 錢穆：《從中國歷史來看中國民族性及中國文化》，序二，見《從中國歷史來看中國民族性及中國文化》，8頁，收入《錢賓四先生全集》，第40冊。

65 錢穆：《八十憶雙親・師友雜憶》，96頁。

去」，確為錢氏對新文化運動的一種特立獨行的態度。

錢穆發表於一九二三年的《王船山學說》就用「杜威一派的『工具主義』（Instrumentalism）」、「『實驗主義』派之真理論」、「柏格森（H. Bergson）『創化論』」來詮釋王夫之的思想。[66]同年發表的《斯多噶派與〈中庸〉》[67]、《伊壁鳩魯與莊子》[68]是對中西思想進行比較研究的作品，在後一篇文章中錢氏還指出胡適將莊子的思想解釋成生物進化論的不當。一九二八年刊發的《〈易經〉研究》也是「借用近人胡適之所稱『剝皮』的方法」加以分析。[69]

最能看出錢氏對新文化運動的態度的，自然推他寫於一九二六至一九二八年的《國學概論》，因為該書最後一章《最近期之學術思想》有大量的篇幅用於對新文化運動的介紹。不過學者們似乎只留意到他對胡適、錢玄同、顧頡剛等的學術思想的肯定性評價，而忽略了該章是以孫中山的三民主義以及戴季陶所發揮的孫中山思想收尾的。錢氏明顯有以之「將為今後之南針」的意思。[70]他展望「今日學問界所共趨而齊赴者，亦可以一言盡之，夫亦曰吾民族以前之回顧與認識者為何如，與夫吾民族此後所希望與努力者將何如而已」，又指出「則自此以往，學術思想之所趨，夫亦曰『民族精神之發揚，與物質

---

66 錢穆：《王船山學說》，原載上海《時事新報》副刊《學燈》，1923.02.09、10，見《中國學術思想史論叢》（八），收入《錢賓四先生全集》，第22冊。

67 錢穆：《斯多噶派與〈中庸〉》，原載上海《時事新報》副刊《學燈》，1923.02.22，見《中國學術思想史論叢》（二），收入《錢賓四先生全集》，第18冊。

68 錢穆：《伊壁鳩魯與莊子》，此文續《斯多噶派與〈中庸〉》而作，原載上海《時事新報》副刊《學燈》，1923.03.04、05，見《中國學術思想史論叢》（二），收入《錢賓四先生全集》，第18冊。

69 1928年夏，錢穆應蘇州青年會學術演講會之請作《〈易經〉研究》的報告，刊載於《蘇州中學校刊》之17、18期，1929年6月中山大學語言歷史研究所第7集83、84期周刊轉載，見《中國學術思想史論叢》（一），收入《錢賓四先生全集》，第18冊。

70 《國學概論》（下），187頁，上海，商務印書館，1931。

科學之認識』是已」[71]。他與主流派的思想分歧，可以說早已存在
了。只是當時像胡適還沒有「全盤西化」的露骨論調，所以錢氏那嚴
正的責其「失其本心」的批評，只以陳獨秀、錢玄同等為例子。

「民族精神之發揚」，也就是錢穆今後工作的方向。《國學概論》
完成之時，正值「今者北伐告成，全國統一，軍事將次結束，政治漸
入軌道。學術思想，重入光明之途」，[72]似又到了中國歷史可以重整旗
鼓、大有可為的時代。不意在《國學概論》出版（1931年5月）幾個
月後，就發生了「九一八事變」。

國難進一步激發了錢氏本已很濃烈的民族意識，他自覺致力的
「民族精神之發揚」的工作也在向前推進，他對儒家思想的宗主也更
堅定更明確了。在他獨任中國通史課的那一年，他在一篇發揮儒家義
理的文章中已經表達了如下的信念：「儒家思想形成中國民族歷史演
進之主幹，這是無疑的⋯⋯中國民族之前途，其唯一得救之希望，應
在其自己文化之復興。要復興中國民族傳衍悠久之文化，儒家思想的
復興，應該仍是其最要之主源，似乎也是無疑的。」[73]

《國史大綱》就是貫穿著上述信念的通史著作。他認為孔子的思
想代表著中國的國民性：「孔子思想實綜合以往政治歷史宗教各方面
而成，實切合於將來中國摶成一和平的大一統的國家，以綿延其悠久
的文化之國民性。孔子思想亦即從此種國民性中所涵育蘊隆而出
也。」[74]儒家思想在中國歷史演進中的主幹作用，主要表現為一種政
治意識。漢儒如賈誼、董仲舒等的思想，於漢代的隆盛有塑造之功。

---

71 《國學概論》（下），188-189頁。

72 《國學概論》（下），187頁。

73 錢穆：《儒家之性善論與其盡性主義》，此稿草於1933年，原載上海《新中華月
   刊》，第1卷，第7期，見《中國學術思想史論叢》（二），收入《錢賓四先生全集》，
   第18冊，1頁。

74 錢穆：《國史大綱》，65頁。

隋唐統一政府的復建,其精神淵源,還是「孔子董仲舒一脈相傳之文治思想」。[75]即使是在魏晉南北朝的亂世,士家大族也擔當起了傳承民族文化的重任。至於宋明儒學,在中唐以後日益平鋪散漫的中國社會中,發揮「以天下為己任」的士大夫自覺精神或者說是「以學術領導政治之新精神」,積極充當了社會的領導力量。明末清初諸大儒的民族大義與氣節則成為後世推翻清朝政府的精神淵源。

　　《國史大綱》所呈現的,正是他早就概括地表明的:「中國二千年來之人才幾於皆儒教之人才,故二千年來之歷史亦不啻儒術之歷史。二千年來之文化亦不啻儒術之文化也。」[76]

　　有一段一九四四年渝版與一九四七年上海三版均無而見之於一九九四年新版的文字,特別耐人尋味。這段注文在第七編的最後節「宋明學者學者主持之社會事業」之末尾。舊版正文云:

> 宋、明以下之社會,與隋唐以前不同,世族門第消滅,社會間日趨於平等,而散漫無組織。社會一切公共事業,均須有主持領導之人。若讀書人不管社會事,專務應科舉,做官,謀身家富貴,則政治社會事業,勢必日趨腐敗。其所以猶能支撐造成小康之局者,正惟賴此輩講學之人來做一個中堅。[77]

　　錢穆對「宋明學者主持之社會事業」的歷史地位與功能,有深切的瞭解與闡發。他對「讀書人」的社會責任與作用有高度的期望。一九九四年新版在這段文字後,有注文云:

---

75 參見錢穆:《國史大綱‧引論》,15-16頁。

76 錢穆:《〈崔東壁遺書〉序》(1935.12.28),見《中國學術思想史論叢》(八),收入《錢賓四先生全集》,第22冊,441頁。

77 錢穆:《國史大綱》,573頁。

宋、明理學精神乃是由士人集團，上面影響政治，下面注意農
村社會，而成為自宋以下一千年來中國歷史一種安定與指導之
力量。晚清以來，西化東漸，自然科學之發展，新的工商業與
新的都市突飛猛進，亟待有再度興起的新的士階層之領導與主
持，此則為開出此下中國新歷史的主要契機所在。[78]

筆者暫無從斷定這段話補於何時，但這顯然是他一直都想說的話
也一直都在表達的意思。如他在刊發於一九三七年二月的《如何研究
中國史》中有云：

我不能信全盤西化的話，因為中國的生命，不能全部脫離已往
的歷史而徹底更生。我認為照上面所述，中國最近將來，其果
能得救與否，責任仍是在一輩社會的中層智識分子，即是歷史
上一脈相傳的所謂士人身上。中國的將來，要望他們先覺醒，
能負責，慢慢喚起民眾。[79]

那些將中國在晚近以來的病痛歸咎於二千年文化傳統、從而要將
二千年民族文化全然拋棄的知識分子，顯然不是錢穆所期待的「新的
士階層」，所以他才會痛切地說：「挽近中國之病，而尤莫病於士大夫
之無識。」[80]

---

78 錢穆：《國史大綱》，812頁，北京，商務印書館，1994。
79 錢穆：《如何研究中國史》，原載《歷史教育》，第1期，1937，見蔣大椿主編：《史
  學探淵——中國近代史學理論文編》，808頁。
80 《國史大綱・引論》，26頁。

(3) 中國二千來的社會是不是封建社會?

「我中國自秦以來二千年,皆封建社會之歷史耳,雖至於今猶然,一切病痛盡在是矣。」錢穆觀察到,繼文化革命而起者,有經濟革命,才引發出此一歷史觀。

這一歷史斷案可以說是二十世紀三〇年代中國社會史論戰的產物,也是馬克思主義史學著力發揮的基本中國史觀。從論證中國歷史必然經歷奴隸社會,到確認中國有較詳細歷史記載之時期太半皆處於所謂「封建制」階段(若說分歧,大體只在於封建社會究竟起於何時)。馬克思主義學者之觀點,相較於當時已漸有的社會史方面之研究言,最大的差異在於:其觀點乃是一種深刻的、整體的、並且為世界史的。[81]中國社會發展究竟處於一種何樣之狀態?乃至中國史究竟於演化意義上,何時處於何種階段?成為較爭議中西文化孰憂?孰劣?何項為憂?何項為劣?更為引人注意之焦點。此種史學爭議由學術史轉向社會史之發展,就議題之相關性言,具有足以開闊視野、提供研究手段之功能,故其產生導引研究方向之作用,實亦是勢有必至。錢穆面對此種史學議題與分析角度之衝擊,壓力自是極大。[82]

《國史大綱》從幾個方面論證了中國非封建社會說。從政制上說,中國自秦以下,即為中央統一之局,其下郡縣相遞轄,更無世襲之封君。從學術上說,自先秦儒墨唱始,學術流於民間,既不為貴族世家所獨擅,又不為宗教寺廟所專有。平民社會傳播學術之機會,既易且廣,而學業即為從政之階梯,白衣卿相,自秦以來即爾,並無特殊之貴族階級。從經濟情況上說,中國雖稱以農立國,然工商業之發

---

81 參見戴景賢:《錢穆》,見王壽南主編:《中國歷代思想家》(二十四),243-244頁。

82 參見戴景賢:〈論錢賓四先生「中國文化特質」說之形成與其內涵〉,見臺灣大學中國文學系編印:《紀念錢穆先生逝世十週年國際學術研討會論文集》,31頁。

展，戰國以來已有可觀。唯在上者不斷加以節制，不使有甚貧甚富之
判。又政府既獎勵學術，重用士人，故西漢之季以降，亦非有世襲之
貴人也。井田制既廢，民間田畝得自由買賣，於是而有兼併。前漢封
君之與封戶，實同為國家之公民。後世佃戶之賣田納租於田主，亦一
種經濟契約之關係，不得目田主為貴族為封君，目佃戶為農奴為私
屬。土地既非采邑，即難以封建相比。當然，中國也不是資本主義社
會，原因在於中國傳統政治觀念不許資本勢力之成長。

　　錢穆批評中國二千來的社會為封建社會論者，乃是將西洋歷史發
展模式（所謂其歷史演變，乃自封建貴族之社會，轉而為工商資本之
社會）套用於中國歷史（中國社會必居於此二之一）而削足適履。
「然則中國已往政制，盡可有君主，無立憲，而非專制。中國已往社
會，亦盡可非封建，非工商，而自成一格。」其落腳點還是在強調中
國歷史的特殊性。他還批評「國人懶於尋國史之真，勇於據他人之
說，別有存心，借為宣傳，可以勿論。若因而信之，謂國史真相在
是，因而肆意破壞，輕言改革，則仍自有其應食之惡果在矣」[83]。

　　《國史大綱》雖強調中國社會的特殊性，但並未指明究為怎樣的
社會，所以後來提出「四民社會」說[84]以充實之。[85]錢穆後來有一段
話可以讓我們明瞭其針對之所在以及立論基點之所在：

　　　馬克思對社會演進的看法，主要以生產工具影響經濟發展之觀

83　參見錢穆：《國史大綱・引論》，19頁。

84　說詳錢穆：《國史新論》，北京，生活・讀書・新知三聯書店，2001。

85　錢穆：《國史大綱》，561頁，北京，商務印書館，1994。又有一段重要按語的增
　　補，為1944年渝版及1947年上海三版所無。將士階層之活動分為四期，旨在說明：
　　「中國史之演進，乃由士之一階層為之主持與領導。此為治中國史者所必當注意之
　　一要項。」其中提到第一期時「中國四民社會以知識分子『士』的一階層為之領導
　　之基礎以奠定」，「四民社會」概念為後來的發揮。

點為出發，推論至極，遂成為一種唯物史觀。我講中國歷史，則將社會中的「士」的一階層之地位變化，來指出中國社會演進之各形態。此乃就事論事，根據中國歷史社會實況，而分別為以上各時期。（一、遊士時期；二、郎吏時期；三、九品中正時期；四、科舉時期；五、進士時期——引者據原文補充說明）卻非先立下一種哲學的歷史觀，來勉強作支配。[86]

錢穆反對近人應用唯物史觀來分析中國社會歷史，顯然與「所謂全民政權與階級鬥爭等等的話，似乎與以往歷史及現在實況相去皆遠」[87]這一歷史意識反映出來的政治立場相適應[88]。這又與他把社會變革與民族自救的希望寄託在負有特殊文化使命的「再度興起的新的士階層」（「一輩社會的中層智識分子」）的身上——這一根本學術理念息息相關。

錢穆所概括的三大問題，無一不是晚清以來與社會現實的變革血肉相連的社會思潮所聚焦的中心問題，「應能於舊史統貫中映照出現中國種種複雜難解之問題」固然很多，上述三項確可作為代表。我們甚至可以說《國史大綱》就是為回答上述問題而作，是被時局逼出來的錢穆的政學私言、文化宣言、社會評論。《春秋》對孔子來說是：「我欲託諸空言，不如見之行事之深切著明也。」《史記》對司馬遷來說是：「欲究天人之際、通古今之變、成一家之言。」述往事，思來者。錢穆所秉承於中華史學的就是這一傳統。接武古舊的傳統，處

86　錢穆：《中國歷史研究法》，47頁。
87　錢穆：《如何研究中國史》，原載《歷史教育》，第1期，1937，又見蔣大椿主編：《史學探淵——中國近代史學理論文編》，808頁。
88　胡昌智指出：「民國十年到三十年間，許多知識分子要求參政、不願國家分裂、反對『自下而上』的工農革命，這種政治立場無疑是錢穆歷史知識的求知動機。」胡昌智：《錢穆的〈國史大綱〉與德國歷史主義》，載《史學評論》，第6期，36頁。

理簇新的問題，這是《國史大綱》的一大特色。

2 一條主線

錢穆意欲圍繞所有這些重大問題，提出自己的一家之言。問題雖涉及國史的各個方面，詮釋問題、疏通國史卻有其一貫的精神。這也是至為重要的。把政治制度的演進、學術思想的功能、士大夫的作為等等貫穿起來的是民族文化的歷程，尤其是民族精神的進展。錢穆所關心的包括上述三大基本問題在所有問題，可以歸結為一個總問題，這是個從小就絮根在錢穆心中的問題——中國會不會亡？在此「國難當頭」，「我們國家民族還有沒有希望」？錢穆認為這個問題取決於對民族文化的歷程的瞭解、對民族精神的發揮。

正如錢穆的早期學生錢樹棠（誦甘）精闢地概括的：

> 這部史綱，主要抓住相對於貴族與門閥而言的士人政治，跟相對於御用官學而言的民間學術這兩大環節，去看中國歷史的演進面，即大一統局面之形成與鞏固，以至各地區之開發與向心凝聚，從而闡明中國歷史文化精神之所在。[89]

「中國歷史文化精神之所在」正是《國史大綱》的綱領。抓住這一大綱，早就是錢穆立定的目標：

> 有志為此種探討，其中心注意點，如歷代之政治制度，人物思想，社會經濟，將以何者為研尋國史新知識之基本要點？此亦

---

[89] 誦甘：《紀念錢師賓四先生》，見中國人民政治協商會議江蘇省無錫縣委員會編：《錢穆紀念文集》，46-47頁。

難言。中國新史學家之責任,首在能指出中國歷史以往之動
態,即其民族文化精神之表現。[90]

「政治制度」、「人物思想」(即《國史大綱》所謂「學術思
想」)、「社會經濟」是「革新派」史學在三個不同的歷史時期所關注
的重點所在,錢穆認為這三者大體構成「歷史事態」。他進一步提出
「治國史之第一任務,在能於國家民族之內部自身,求得其獨特精神
之所在」。這一點確實成為以《國史大綱》為代表的錢穆史學的個性
特點的標誌。為實現這一目標,就必須在史學方法與態度上做到「於
客觀中求實證,通覽全史而覓取其動態」:

> 若某一時代之變動在學術思想(例如戰國先秦),我即著眼於
> 當時之學術思想而看其如何為變。若某一時代之變動在政治制
> 度(例如秦漢),我即著眼於當時之政治制度而看其如何為
> 變。若某一時代之變動在社會經濟(例如三國魏晉),我即著
> 眼於當時之社會經濟而看其如何為變。變之所在,即歷史精神
> 之所在,亦即民族文化評價之所繫。[91]

這也就是前文已經引到他後來強調的:「就事論事」「卻非先立下
一種哲學的歷史觀,來勉強作支配」。的意思。他試圖客觀地瞭解在
歷史發展中起作用的各種力量,同時,將歷史解釋建立在「事實」的
基礎上,而超越於「宣傳」的層次也確是《國史大綱》的一個重要用
力方向。不過,錢穆也毫不含糊地表露他的思想傾向。他分析傳統的

---

90 錢穆:《略論治史方法》(1937.01),見《中國歷史研究法》,159頁。

91 《國史大綱‧引論》,10頁。

政治，認為是一種士人的政治；他分析傳統學術思想，尤其強調儒家
思想的政治指導功能；他分析傳統的社會，還是著眼於士階層地位
的變化。他的歷史解釋模式可以說是一種「民族精神」決定論的，尤
其是士大夫主義的，以至於使人認為《國史大綱》的「主詞」是「學
術思想」，《國史大綱》表明作者的立場只是某種「知識分子」的立
場。[92]其實《國史大綱》的「主詞」更恰當地說應是「民族精神」（或
曰「民族文化精神」、「歷史精神」、「中國歷史文化精神」），[93]只是士
大夫最有責任承擔與發揚「民族精神」，這是錢穆看到的最重要的歷
史「事實」，也是最深切的希望。因為在錢穆看來「士大夫」是最具
有超越精神的一個社會流品——社會的領導力量。他認為自漢武帝聽
董仲舒議，罷黜百家，專立五經博士，於是博士性質大見澄清，學術
不僅從宗教勢力下獨立；自此以往，學術地位常超然於政治勢力之
外，而享有其自由，亦復常盡其指導政治之責任。[94]這種看法明顯是
針對那種認為二千年來的學術思想與專制政治相協應的觀點而發，而
又與將知識分子視為一定經濟利益的代言人，甚至只是依附於某張
「皮」上的某種「毛」的看法大不相同。士大夫在中國歷史上究竟

---

92 參見胡昌智：《錢穆的〈國史大綱〉與德國歷史主義》，以及《歷史知識與社會變
　遷》。

93 余英時以「一生為故國招魂」為乃師一生志業的寫照，可以說抓住了錢穆「中國歷
　史精神」觀念的重要意義，他對這一觀念來源的說明也頗恰當。見前文注引氏著
　《錢穆與中國文化》。戴景賢更將其追溯至：康有為於清末民初主張「孔教」時，
　曾謂孔教為中國國魂。康氏已點出「國魂」二字，其意自義理言，梁啟超承此而改
　以學術言之。見氏著《錢穆》，見王壽南主編：《中國歷代思想家》（二十四），251
　頁。筆者前文引《國學概論》中的話，可見「民族精神」的概念與孫中山的三民主
　義思想的關聯。不管其思想來源為何（上述淵源亦未必不相通），將「民族精神」
　作為其對國史作整體解釋的核心概念，顯然從《國史大綱》始。這種「民族精神」
　體現在政治制度的進步、國家大一統趨勢的綿延、各個時期士大夫的「士氣」的高
　漲等方面。

94 《國史大綱・引論》，14-15頁。

發揮了什麼樣的社會功能？在中國現代化過程中知識分子應該有什麼
樣的自我意識、究竟能起多大的作用？錢穆提出的問題確是令人深
思的。

三　從以《國史大綱》為中心的新史學來看二十世紀中國史學中的錢穆學派

　　《國史大綱》出版的次年二月，周予同在《五十年來中國之新史
學》一文中有一段文字涉及錢穆對史料派及考古派的評論：

> 　　對於史料派及考古派加以批評的，在現代學人間，還不大見
> 到。就我所知的，只有錢穆。錢氏大概將這兩派合稱為「考訂
> 派」；……錢氏站在「通史致用」的觀點，要求治史者「附隨
> 一種對其本國以往歷史之溫情與敬意」，其出發點是情感的、
> 公民的；考古派站在「考史明變」的觀點，希望治史者抱一種
> 「無徵不信」的客觀態度，其出發點是理智的、學究的。錢氏
> 斥責他們為「以活的人事換為死的材料」，其實考古派也可以
> 說是「將死的材料返為活的人事的記載，以便治史者引起對本
> 國以往歷史之溫情與敬意」。依個人的私見，這兩種見解並不
> 是絕對對立的，考古派的研究方法雖比較瑣碎，研究的範圍雖
> 比較狹窄，但這種為史學基礎打樁的苦工是值得讚頌的。錢氏
> 說：「治國史不必先存一揄揚誇大之私，亦不必抱一門戶立場
> 之見，仍當於客觀中求實證，通覽全史而覓取其動態。」所謂
> 「於客觀中求實證」，考古學派學者不是很好的夥伴嗎？[95]

---

95 周予同：《五十年來中國之新史學》，原載《學林》，第4期（1941.02），見《周予同
　　經學史論著選集》（增訂本），553頁，上海，上海人民出版社，1996。

周予同試圖對「考古學派學者」及其批評者錢穆都有同情的瞭解，且意存調和，真可謂用心良苦。周予同中肯地看到雙方在「於客觀中求實證」這一取向上的一致之處，但是必須指出的是，在「通覽全史而覓取其動態」的層次上，錢氏與主流派必然是越走越遠，而這也就是錢穆之謂錢穆之所在。錢氏曾提及當年主流派代表人物之一的「某名學者」對《國史大綱》的反應：

> 抗戰中，我在雲南宜良，成《國史大綱》。某名學者主持中央某一研究機構，告我一相識，謂：「錢某何得妄談世事。彼之世界知識，僅自《東方雜誌》得來。」又謂：「錢某著作，我不曾寓目其一字。」其實我與某君亦素稔，彼之深斥於我，特以我《國史大綱》，於我國家民族傳統多說了幾句公平話。彼之意氣激昂、鋒芒峻銳有如此，亦使我警悚之至。[96]

參見《師友雜憶》的相關文字，[97]可知「某名學者」就是傅斯年，錢穆的那一位「相識」是張其昀（曉峰）。傅斯年頗以留洋而得的「世界知識」的自負，批評錢穆《國史大綱》從宏觀上進行中西歷史文化比較的不當，尤其不能認同以復興中國文化來解決民族復興的政治、社會、文化等現實問題的主張，所以嘲諷錢穆「何得妄談世事」。可見，錢穆與傅斯年等人的分歧到此時已非常深廣了。站在史學的立場來看，對錢穆來說，這是「通覽全史而覓取其動態」的取徑的必至的結果，此即錢穆所謂「特以我《國史大綱》於我國家民族傳統多說了幾句公平話」。「亦使我警悚之至」的感慨，讓人感受到錢穆

---

96 錢穆：《中國知識分子的責任》，見《世界局勢與中國文化》，173頁，收入《錢賓四先生全集》，第43冊。

97 錢穆：《師友雜憶》，228頁。

所承受的來自主流派的壓力的分量,而「錢某著作,我不曾寓目其一字」的憤激之辭,則頗可以標識錢穆與主流派的關係終於從由相知而合流到經獨立的發展而不得不分道揚鑣了。

張其昀曾當場反問傅斯年:「君既不讀彼書文一字,又從何知此之詳。」傅斯年無言以對。其實,甚至出乎錢穆本人的意料,十年前,正是傅斯年為請他到北大任教的主事者,他因賞識錢穆的《劉向歆父子年譜》,為得錢穆,既請胡適在北大方面做工作,又讓顧頡剛向錢穆說項。[98]傅斯年何以如此推崇錢穆的這篇成名作(初刊於1930年6月《燕京學報》第7期)呢?筆者最近翻閱傅斯年《歷史語言研究所工作之旨趣》才得其解。文中有云:

> 若干歷史學的問題,非有自然科學之資助,無從下手,無從解決。譬如《春秋經》是不是終於獲麟,《左氏經》後一段是不是劉歆所造補,我們正可以算算哀公十四年之日食是不是對的?如不對,自然是偽作;如對了,自然是和獲麟前《春秋》文同出史所記。[99]

於此可見,晚晴的經今古文之爭所遺留的種種問題,是如何佔據了傅斯年輩新一代知識分子的心頭。兩年後,錢穆用他紮實的考證,解決了久存於傅氏心中的「非有自然科學之資助,無從下手,無從解決」的這一「歷史學的問題」,至少是提供了非常過硬的「一家之言」,有助於消除對劉歆的懷疑。這也許就是傅斯年器重錢穆的秘密

---

98 參見本書第五章《經學的史學化:〈劉向歆父子年譜〉如何結束經學爭議》。

99 傅斯年:《歷史語言研究所工作之旨趣》,原載《國立中央研究院歷史語言研究所集刊》第1本第1分冊,1928。蔣大椿主編:《史學探淵——中國近代史學理論文編》,498頁。

所在。在這個問題上，傅斯年的老師胡適當有相同的觀感。經傳之中，《中國哲學史大綱》大量採信《詩經》中的材料，其它則多在懷疑之列，因為「《詩經》所記月日（西曆紀元前七七六年八年二十九日）、中國北部可見日食」得到「近來西洋學者」天文曆算學的應證，有「科學上的鐵證」。[100]（傅斯年思考解決此類「歷史學的問題」的思路似亦承自乃師胡適）胡適後來向錢穆承認當時不敢信用《左傳》，乃因《劉向歆父子年譜》尚未面世而一時誤於今文家言。[101]胡適對《劉向歆父子年譜》的「考證謹嚴」表示十分佩服外，還常常對學生們做義務的宣傳。[102]綜合上述情況來看，錢穆任教北大決不是一件偶然的事情。缺少胡適、傅斯年、顧頡剛三人中的任何一位的認可，都是難以想像的。這充分反映了主流派對錢穆的接納，而認同的基點，在史學上看，就在「於客觀中求實證」上，從後來的情況來看，也只是限於這一點。正如錢穆在談到在北大時與胡適關於老子年代、《說儒》等問題的學術爭鳴時說：「惟一時所注意者，亦僅為一些具體材料問題解釋之間，而於中國歷史文化傳統之一大問題上，則似未竟體觸及也。」[103]

隨著時局激蕩，錢穆把「注意」力愈來愈集中到「竟體觸及」「中國歷史文化傳統之一大問題上」，而有「新史學」的醞釀，有

---

100 胡適：《中國哲學史大綱》（卷上），24頁，北京，商務印書館，1919年2月初版，1987年2月影印第1版。

101 錢穆：《師友雜憶》，165-166頁。

102 柳存仁：《北大和北大人》，說北大教授「他們在上課的時候，常常把自己的學說和學生詳細討論，加意灌輸，並且當眾攻擊另一位教授的議論的缺點。譬如，胡適之先生對錢穆先生的《向歆父子年譜》的考據謹嚴，折合今古家法，十分佩服，而且常常對學生們做義務的宣傳。但是，他在課堂裡，同樣對錢穆、馮友蘭、顧頡剛等人的關於老子和《老子》書的時代的論爭，卻不惜剴切陳辭的大肆批評」。見陳平原、夏曉虹編：《北大舊事》，304頁。柳氏所記，頗可見當時學者之大家風範。

103 錢穆：《師友雜憶》，167頁。

《國史大綱》的撰著。他與主流派的關係必至於「道不同不相為謀」。傅斯年那決不相容的充滿意氣的告白，正透露了其中的消息。

至於錢穆與最近的「革新派」史學的第三期——唯物史觀派的異同關係，周予同也有說明：

> 釋古派的目的在於把握全史的動態而深究動態的基因；與錢氏所主張的「於客觀中求實證，通覽全史而覓取其動態」，並無根本的衝突。所成為爭辯的焦點在於歷史應否「求因」，及把握什麼以作求因的工具而已。[104]

的確，在「通史致用」的治史「目的」上，錢穆與「釋古派」的關係遠比「史料派及考古派」為親近，所以即使是對《國史大綱》基本持批判態度的胡繩也能「同意」錢穆區分「歷史知識」與「歷史材料」的立場。[105]但是，在對全史的系統看法與解釋模式上，錢穆的《國史大綱》代表了對日益上陞為新主流派的唯物史觀派的最有挑戰性、最具競爭力的一派史學。[106]

嚴耕望對錢穆學派有很好的說明：

> 蓋自抗戰之前，中國史學界以史語所為代表之新考證學派聲勢

---

104 周予同：《五十年來中國之新史學》，原載《學林》，第4期，1941，見《周予同經學史論著選集》（增訂本），559頁。

105 參見胡繩：《論歷史研究和現實問題的關聯——從錢穆先生的〈國史大綱引論〉評歷史研究中的復古傾向》，見《胡繩文集》（1935-1948），240頁。

106 新中國成立後相當長一段時期，大陸對錢穆史學的批判，集中在《國史大綱》。如：天津師範大學歷史系中國古代、中世史教研組：《批判錢穆的「國史大綱」》，載《歷史研究》，1959（2）；姚天祜：《錢穆復古主義批判》，載《江海學刊》，1964（7）；等等。

最盛，無疑為史學主流；唯物論一派亦有相當吸引力。先生雖以考證文章嶄露頭角，為學林所重，由小學、中學教員十餘年中躋身大學教授之林。但先生民族文化意識特強，在意境與方法論上，日漸強調通識，認為考證問題亦當以通識為依歸，故與考證派分道揚鑣，隱然成為獨樹一幟、孤軍奮鬥的新學派。而先生性剛，從不考慮周遭環境，有「自反而縮雖千萬人吾往矣」之勇決氣概，故與考證派主流鉅子之間關係並不和諧。[107]

嚴耕望所指「民族文化意識特強，在意境與方法論上，日漸強調通識，認為考證問題亦當以通識為依歸」，可以說是點出了錢穆所開闢出的「新學派」的基本特徵。《國史大綱》則毫無疑問是該學派的奠基之作。這不僅因為「錢先生自《國史大綱》起才公開討論中西文化問題。他以鮮明的民族文化的立場表明了他在學問上的『宗主』」[108]，不僅因為《國史大綱》為國人在狂風暴雨的二十世紀提供了一部宏大的「民族史詩」，[109]而且還在於：在抗日局勢的激盪之下，錢穆致力於「新史學」的努力，自覺地探索超越「新考證學派」、「唯物論一派」等各派史學的道路，以《國史大綱》這一典範作品為中心，在「意識」、「意境」與「方法論」上提供了一整套別具一格的觀念、問題意識、解釋模式。

在二十世紀的中國史學中，錢穆史學的特色何在？這是值得研究的問題。我們從他積極著意「新史學」的努力中，對此可以有所觀

---

107 嚴耕望：《錢穆賓四先生與我》，見《治史三書》，262頁，瀋陽，遼寧教育出版社，1998。

108 余英時：《錢穆與新儒家》，見《錢穆與中國文化》，40頁。

109 參見黃俊傑：《錢賓四史學中的「國史」觀——內涵、方法與意義》，見臺灣大學中國文學系編印：《紀念錢穆先生逝世十週年國際學術研討會論文集》。

察。筆者認為，最重要的在於：錢穆立足於當代，把「國史」作為一個綿延不絕的生命有機體，尤其著眼於揭示其前進動力的「民族精神」並展示其「文化進程」，他所看到的是讓中華民族爭存於世的文化力量。因此，他的史學可以說是一種獨特的中華文化史學，或者說是「民族精神」形態學。他的史學具有強烈的主體性，將經世致用的史學功能發揮到了極致。他對歷史學的性質和功能的獨樹一幟的看法，為他的史學實踐提供了理論支持。這主要表現在他一反主流派把歷史學當做科學（或者是向自然科學看齊或者是以社會科學做底子）的說法，認為歷史學是一種貫通古今的活的「人事之研究」。

　　一九三五年十二月二十八日，錢穆就古史研究中如何處理《六經》及其所稱述的堯、舜、禹、湯、文、武、周公、孔、孟古史系統，針對疑古學派說過一段意味深長的話：

　　　　古史之真相為一事，某一時代人對古史之想像為又一事。當知某一時代人一種活潑之想像，亦為研究某一時代之歷史者一極端重要之事項也。[110]

　　我們可以將這一番意思推展開來，反觀錢穆本人的《國史大綱》。筆者當然相信錢穆研求國史之「真相」的誠意，筆者更為欽佩錢穆那一本於「良知」的對國史的「溫情與敬意」；讓筆者多少感到為難的是，面對如此恢弘連貫的大敘事，不知如何分辨何者為國史之「真相」、何者為那一時代人對國史的「想像」？當然，每一代人各有自己的責任與使命，無論如何，還是錢穆說得好：「當知某一時代

---

110 錢穆：《〈崔東壁遺書〉序》（1935.12.28），見《中國學術思想史論叢》（八），441頁，收入《錢賓四先生全集》，第22冊。

人一種活潑之想像，亦為研究某一時代之歷史者一極端重要之事項也。」

　　晚清以來，中國人遭遇「三千年未有之變局」，時常處於在新的「世界」格局中不知如何自我定位的尷尬境地。中國大一統的「天下」觀，使國人一時不能適應「民族國家」的觀念。屢次失敗之後，中國知識分子始致力於界定自己的族群，從而有「五族共和」的新的民族認同。而當「民族國家」的認同建立起來以後，中國人所受歷史的「普遍性」與「特殊性」以及中國與西方的拉鋸之煎熬又是無有已時。[111] 錢穆就身處在這樣的時代，他所面對的是來自西方的、將西方現代化的進程從而將西方歷史經驗普遍化的一元論的、也是西方中心主義的歷史文化觀和敘事模式的強大壓力[112]（這就是國人總不免所謂「只橫切一點論之」的根源），錢穆的《國史大綱》是非常自覺地站在「中國人」的立場來抵抗這種文化壓迫，來矯正國人的「文化自遣」，來為處於抗戰生死線上的國人打氣鼓勁的作品。用他自己的話來說，「余於抗戰前期，即寫了一部《國史大綱》，用意即在從歷史求國人對自我之認識」[113]，它反映了對祖國民族歷史文化極具信心的一

111　以上的論述參見黃俊傑：《錢賓四史學中的「國史」觀——內涵、方法與意義》所引余英時「Changing Conceptions of National History in Twentieth-Century China」一文的論點。見臺灣大學中國文學系編印：《紀念錢穆先生逝世十週年國際學術研討會論文集》，152、177頁；許倬云：《傅孟真先生的史學觀念及其淵源》，見《慶祝楊向奎先生教研六十年論文集》，657頁，石家莊，河北教育出版社，1998；孫隆基：《清季民族主義與黃帝崇拜之發明》，載《歷史研究》，2000（3）。

112　關於中國知識分子套用西方模式來論定中國歷史發展階段的情況，可參見余英時：《中國近代思想史上的激進與保守》，見《錢穆與中國文化》，204-205頁。關於現代西方歷史編撰學對其它地區史學的影響及對它的反思，可參見王晴佳：《後現代主義與歷史研究》，載《史學理論研究》，2000（1）。

113　錢穆：《從中國歷史來看中國民族性及中國文化》序二，見《從中國歷史來看中國民族性及中國文化》，9頁，收入《錢賓四先生全集》，第40冊。

輩知識分子的「自覺」精神而絕不是「自戀」情結[114]。錢穆提供的並不是最後的「一家之言」，他以「將來新國史之馬前一卒」自許《國史大綱》，並非謙辭。時至今日，「在中國發現歷史」已不只是幾個漢學家的事情了，國內史學界幾經周折也日益感到中國歷史特殊性必須嚴肅對待，[115]當然，反對西方中心主義而又不拒絕歐美經驗、「中」「西」「古」「今」之間「相看兩不厭」，也許是最理想的境界。[116]從這樣的標準來看，錢穆的通史之學所開啟的方向，至今仍能給國人以深刻的指導與無盡的教誨。[117]

114　王家範在張蔭麟《中國史綱》「導讀」中，比論張蔭麟、錢穆、呂思勉等各家所著中國通史，頗多獨到的見解。對錢穆的《國史大綱》也頗多好評，有不少批評也很有道理。不過，對他「近乎自戀式的本位文化情結」的指責卻不能說是平情之論。《國史大綱》確實持中國「本位文化」立場，但它絕不是「近乎自戀式的」。

115　《社會形態與歷史規律再認識筆談》，載《歷史研究》，2000（2）。

116　李伯重：《「相看兩不厭」——王國斌〈轉變的中國：歷史變遷及歐洲經驗的局限〉評介》，載《史學理論研究》，2000（2）。

117　胡昌智認為：「中西接觸以來，錢先生可說是唯一從多元的觀點把中國定位在紛雜的世界文化中的人，並且是以此多元的世界史觀點嘗試重整中國人認同的學者。而且他的多元、有機的歷史觀是自發性的。是出自內心掙扎整理而提出來的。」又認為「錢先生開創出的思想架構沒有被有系統地推進」。見胡昌智：《怎樣看〈國史大綱〉？》，原刊於《聯合報》，1990.09.26，見《錢穆先生紀念館館刊》，創刊號，34、35頁，臺北，臺北市立圖書館，1993。胡氏所論均頗有見地。

本書結論
歷史的教訓

　　當我將這部書稿作最後的校讀即將告一段落之際，諸位師友的意見也紛至沓來。有一種提醒尤其值得重視，即是說本書各章之間相對獨立，保留了分文發表時的面貌，但整體來看，不夠渾成，若能在起承轉合之間，作些加工，豈不更好？

　　這是一種特別為讀者著想的建議。我試圖遵此方針修訂我的書稿，但是作為讀者、編者的我每每被作為著者的我當初寫作時的氣勢、意蘊與情感所支配，竟有無從下手之慨！不過，這種指正完全是有道理的，事實上，在若干文字刊發之後即時就有朋友指出，為何文末有那麼多問號與歎號，好像頗有意猶未盡之感。我當初的想法是，作為學者（所謂「學者」，兼有學生、研究者、修行者等諸種身份）除了「自娛自樂」之外，或亦應當引導與啟發讀者自己做出結論，但不必教訓人家如何如何。今天看來，若不能用簡明的語言概括你的研究所傳達的「歷史的教訓」，則遠未盡到史學工作者的責任！是故，為讀者計，今略述本書之結論如下。

　　首先，必須對本書內容作一個扼要的總述。本書《自序》，已以「近代中國學術變遷大勢略論──《中國學術之近代命運》序」為題，刊發在《清華大學學報》二〇一二年第六期，毫無疑問，其「提要」自然也就是本書的「提要」，特迻錄於此：

　　　「中國」從來主要不是地理的區劃，而是以追求「王道」為內

涵的政治、文化存在。面對西力東侵、西學東漸的壓力，中國
學術在近代歷經裂變。首先，經學、史學之更替。章學誠的
「六經皆史」說在學界的沉浮，康有為、章太炎之間的今古文
之爭及其在後世的演化，錢穆「就於史學立場」結束經學爭議
的努力，深刻地反映了中國近代經學的分解衰敗及其主導地位
被史學所取代、「經學史學化」的趨勢。其次，子學之凌駕經
學。胡適「諸子不出於王官論」的嚴重效應是，子書不但成為
「哲學史」、「思想史」的優先素材，還產生了顧頡剛所謂「經
竟變成了子的附庸」的趨勢。再次，「漢宋之爭」之折變。以
關於戴震研究的公案為例，在梁啟超、胡適那裡，「漢學」主
要是「科學」的類比物，或者是「學術獨立」的精神淵源，錢
穆則將「宋學」拓展為一種涵蓋了經、史、文學在內的包羅萬
象的學術類型。最後，「國史」創制之新局。錢穆的《國史大
綱》代表了著眼於國史長程，反對「文化自遣」，弘揚民族精
神的堅貞努力。中國文化時值轉運之機，復興之前途是可以期
望的。

在此基礎上，我要向讀者坦白交代，作如此敘述背後的用意何
在，或曰，由此而對中國人文學術可預期之將來的發展方向，是否可
以提示若干展望？

第一，經典當知尊重，經學的地位有待恢復。

本書《自序》提出：「經學沒落、史學提升，經典日益喪失其規
訓的價值，經學轉而融化為史學之一部分，不期然而然蔚為『史學獨
大』的結局，這實乃中國學術之近代歷程中一個最耀眼的或者說是最
刺目的現象，也可以說是最基本與最有深意的大趨勢。」作為一種對
歷史現象或歷史脈絡的揭示或描述，大體或可獲得同仁的認可（我也

是懸揣），但是，對於此一趨勢綿延及當下之意義以及由此而確定何種因應之方略，則不免會有仁智之見。在我看來，出於瞭解中國歷史與文化的傳統根源與重溫人類普遍價值之需要，我國的經典，實有從破碎的「史料」運用之偏向單一面向等運用方式中解放出來之必要，當有由歷史之根兼返價值之源之必要。「經學」之科有重建之必要，其在中國學術與文化中之地位，亦有重新加以貞定之必要。

這一展望，涉及近代以來東西方知識與價值系統的交爭與融合的複雜問題，不是簡單的結語所能展開討論的，此處只能略引端緒而已。

本書「經典的沒落與章學誠『六經皆史』說的提升」一節，論及王國維晚年學術傾向中偏「舊」的一面。今偶見《余英時訪談錄》頗有與之可相參證，頗能助證吾說者：

在人文研究的領域中，我們只做到了部分西化，並未完全拋棄自己的研究傳統，由此中、西兩大系統之間的融合始終不算很成功，雖然也慢慢在進步。早期學者在中國傳統學問上的功力深厚，最初雖十分熱心於吸收西方的學術分科系統，但時間一久又回到自己的系統中去了，即經、史、子、集的劃分。舉例言之，如王國維早年接受西方學術，尤其重視哲學，他早年（1906）批評張之洞改學制，沒有把哲學列入。他認為哲學是最高的學問，這是明顯接受西方的觀念。他的少作《靜安文集》（似當作「《靜庵文集》」——引者）都是講哲學、倫理學、教育學等西方式的問題。但是中年以後研究中國傳統學問而終獲大成。他後期絕口不談「哲學」、「倫理學」、「文學」之類西方概念，而回到中國經、史、子、集的傳統中去了。例如《觀堂集林》第一叫「藝林」，就是講六經的；第二叫「史林」，就是子史之學了。所以像王國維這樣早年推崇西方的，

寫過《紅樓夢評論》、《宋元戲曲史》的，這都是跟西方學來
的，最後回頭還是回到經史之學，這就顯示出中西兩種人文知
識系統要想融合起來，非常困難。

……現在西方學科系統已取代了傳統的一套，從小學、中學到
大學、研究院都是一樣，提倡國學已不可能存排斥西方文化的
心理，否則那是要鬧大笑話的。國學系統只有在尖端研究的層
面上存在。[1]

余英時是學貫中西的人物，他的著眼點在於闡發「中西兩種人文
知識系統要想融合起來，非常困難」，所述頗為親切到位。他特別舉
到經學的例子：

老輩學者早已看到此中困難所在，談到儒家「經學」問題，蒙
文通（1894-1968）便說：清末學校改制以後，過去「經學」
一科便分裂入於數科，如《易》入哲學，《詩》入文學，《尚
書》、《春秋》入史學之類。此結果是原有的宏偉「經學」竟化
為烏有，這是以西方學術的分類取代中國原有學問系統所造成
的大弊病。[2]

所以，近代以來更為普遍的是拿西方的知識與價值系統來宰割統
治中國的那一套，經學的碎片化，經典之倒運，可以說堪為代表。行
文至此類，不知為什麼我的腦際總是浮現要不是錢玄同那句粗率的名
言就是胡適那篇收入《胡適文存》四集的名文《我們今日還不配讀

---

1   《余英時訪談錄》，100-103頁，北京，中華書局，2012。
2   《余英時訪談錄》，99頁，北京，中華書局，2012。

經》。錢玄同的話我們就不必重複分析他了，胡適的文章以王國維自稱「於《書》所不能解者殆十之五；於《詩》，亦十之一二」為例證，認為「在今日妄談讀經，或提倡中小學讀經，都是無知之談，不值得通人的一笑」[3]，似乎很有說服力。胡氏此文作於一九三五年，距離王國維謝世將近八年了。王氏若地下有知，恐未必贊同甚至很不認可胡適由對自己的抬愛而引發的議論，有一點很明確，在王國維那裡是充滿了「闕疑」精神的質樸平和的論調，卻被胡適挪用來作為高自位置、絕人誦習經典的論據。經典之教育與經學之研究有所區別，當分層次，那是不錯的；可為什麼難懂就成為不去親近的理由？為什麼偏偏要將目光投射在「難」處而偏偏迴避平易之處？古來有「好讀書不求甚解」的讀法，也有「深者得其深淺者得其淺」的讀法，誰給你資格來決定什麼人什麼時候「配」或「不配」「讀經」？有意思的是，胡適似乎對於「妄談」、「提倡」之類的宣傳性的議論很敏感，但對於經典本身有時卻漫不經心。[4]筆者最近校此書稿而得一個例子，可以很好地說明這一點。眾所周知，胡適著《中國哲學史大綱（卷上）》對史料的審查特別嚴格，而對《詩經》則格外的網開一面。他說：

> 古代的書，只有一部《詩經》可算得是中國最古的史料。《詩
> 經·小雅》說：「十月之交，朔日辛卯，日有食之。」
> 後來的曆學家，如梁虞劇、隋張胄元，唐傳仁均、僧一行，元
> 郭守敬，都推定此次日食在周幽王六年，十月，辛卯朔，日入

3　胡適：《我們今日還不配讀經》，寫於1935年4月8日，原載《獨立評論》，第146號，1935年4月14日，見歐陽哲生編：《胡適文集》5，439-443頁，北京，北京大學出版社，1998。

4　衡之胡適本人的論調，他對「主義」的關切，甚於「問題」的研究。然觀之芸芸之熱鬧，此豈一人之病乎？

食限。清朝閻若璩、阮元推算此日食，也在幽王六年。近來西
洋學者，也說《詩經》所記月日（西曆紀元前七七六年八月二
十九日）中國北部可見日蝕。這不是偶然相合的事，乃是科學
上的鐵證。《詩經》有此一種鐵證，便使《詩經》中所說的國
政、民情、風俗、思想，一一都有史料的價值了。[5]

　　參看《先秦名學史》可知，所謂「後來的曆學家」云云皆為胡適
後來的補充，真正確定《詩經》「史料的價值」的，乃是「近來西洋
學者」的說辭，即《先秦名學史》所謂「經天文學家查證」。[6]但蹊蹺
的是，《詩經・小雅》之《十月之交》的經文明明是：「朔月辛卯」，[7]
胡適卻引為「朔日辛卯」，雖是「日」與「月」一字之差，何故？阮
元校刻《十三經注疏》校勘記云：「『朔月辛卯』：毛本『月』誤
『日』，明監本以上皆不誤。」[8]是知，胡適蓋據誤本立說；或者是
「日」字與「月」字形近易訛，一時大意引錯了，若是手民誤植，可
怎麼後來也未見校正呢？多少知道一點學術研究之甘苦的人，對於引
書之訛誤當取體諒的態度，因為再認真，也是難免出錯的，更何況只
是一字之差，而且「朔日」與「朔月」意同，均指日曆每月初一。但
是，我們仍然要責備一下賢者，胡適在此處要提出的是「科學上的鐵
證」，為什麼對「近來西洋學者」的舉證如此上心（以至於恃此標
準，偏據一經，而橫掃他典），獨對本國之經典則這樣的掉以輕心
呢？從這一小節可見，「尊西人若帝天」的心理若不根本扭轉，則國

5　胡適：《中國哲學史大綱》（卷上），24頁，北京，商務印書館，1987。

6　胡適：《先秦名學史》，13頁，上海，學林出版社，1983。

7　《毛詩正義》卷12，校勘記，見（清）阮元校刻：《十三經注疏》（全二冊）
　　（上），450頁，北京，中華書局，1980。

8　《毛詩正義》卷12，校勘記，見（清）阮元校刻：《十三經注疏》（全二冊）
　　（上），450頁，北京，中華書局，1980。

人對經典的平正態度，恐永無建立之望也。筆者並不是要渲染一種「排斥西方文化的心理」，余英時說得好：「那是要鬧大笑話的」。非此即彼，那是最偷懶的思想陋習。我們要說的是，要「中西兩種人文知識系統要想融合起來」，其前提要件，至少不能自亂陣腳。最基本的，經學在「中」國的「人文知識系統」中當有一個合理的定位吧，對經典至少當有一點尊重與親近的態度吧。余氏的老師錢穆有一句說得更好，本書中引過一次，值得再引一次：

> 我從魏、晉、隋、唐佛學之盛而終有宋、明理學之興來看，對中國文化將來必有昌明之日，是深信不疑的。[9]

這句話，與本書《自序》所引陳寅恪縱論宋學的名言可以說是「英雄所見略同」。要達成這一目標則任重而道遠，至少要使中國之「人文知識系統」恢復到自有的條理與格局上來，第一，經學之合理地位當確立，經典之普遍價值當貞定。[10]這是本書最深切的期望。

第二，「諸子不出於王官論」未可必，而「子學」精神當弘揚。

本書對胡適「諸子不出於王官論」，將先秦諸子所依存之文化傳統抹殺得太過，提出了批評，這裡不再重複。但是我們也肯定其開闢「自由解釋」之風氣的功效，用錢穆的話來說，一言以蔽之：「嘗謂近人自胡適之先生造諸子不出王官之論，而考辨諸子學術源流者，其途轍遠異於昔。」[11]。居今視之，尤要者，在當時學者頗能發揮一種

9　吳沛瀾：《憶賓四師》，見中國人民政治協商會議江蘇省無錫縣委員會編：《錢穆紀念文集》，55頁，上海，上海人民出版社，1992。

10　如清儒章學誠就說過：「孔子立人道之極，未可以謂立儒道之極也。」章學誠：《原道（中）》，見《文史通義》。

11　參見錢穆：《古史辨》，第4冊《錢序》（1933.02.27），上海，上海古籍出版社，1982。

自出手眼、獨立評論的精神，這種精神，自「辨章學術、考鏡源流」
的觀念視之，實為一種「子學」精神之復活。嘗試論之，清代學者由
治經而兼及治子，如戴震之用荀，汪中、孫詒讓之彰墨，尤其至章太
炎等國粹派鉅子將「諸子學」系統地張揚出來，實賦予中國近代學術
文化之更生以新的機運；胡適等新文化運動諸君意欲在文化上掀起西
方式的「哥白尼革命」，他們努力推動「打孔家店」的運動，其流弊
頗有將民族文化傳統連根拔起之偏至，惟他們的工作對國民風俗思想
習慣之陋習的洗刷亦不為無功，自積極一面觀之，正是發揮了傳統的
「子學」精神的結果。太史公自命其書：「亦欲以究天人之際，通古
今之變，成一家之言。」《太史公書》就是一部亦史亦子的書，力造
「家」「言」的精神就是一種「子學」的精神。當時之知識精英，雖
立言有時而偏，行為有時過激，但是確有這種風度與氣象的。我們就
看錢玄同，他說要將線裝書扔進茅廁，何其孟浪，但是他對孔子，每
每以「他老人家」相稱，何其親切。這種「子學」精神，實際是傳統
上一脈相承的與「官學」相區隔的「家學」精神，錢穆為羅根澤編著
《古史辨》第四冊作《序》，闡發其旨云：

> 諸子自儒墨，為民間家學崛興以承王官學之衰微，其意已詳前
> 述。自秦廷焚書，禁以家學議朝政，為儒墨以來家學崛興一反
> 動。漢承秦設博士，亦欲以王官祿利範圍天下學術。然其時仕
> 途尚不限博士，故民間猶得有家學遺墨。陵夷至於隋唐，以科
> 舉取士，而後仕途歸一，家學竟衰。其高明恬退之士，不屑王
> 官祿利，則遁山林而研禪悅。否則修詞藻，競聲華，而為進
> 士。唐之一代，惟得一韓退之，自任以闢佛而倡為古文。一以
> 斥山林之隱淪，一以砭廟堂之利祿。然退之有意乎教世而卒無
> 所以為教，故雖抗顏為人師，師道終不昌。及宋有安定胡翼

之、泰山孫明復，遠承退之之意，而興起書院，始立為教之所。遂開宋明六百年私家講學之風，庶幾乎古昔家學之復振矣。然莊子有云：「為之斗斛以量之，則並與其斗斛而竊之。」自王介甫慕聞安定之教，以經義取士，而介甫不免自歎：「本欲變學究為秀才，不謂變秀才為學究。」其後自二程以迄朱子，於經旨迭有創闢，在當時以偽學見禁，而元明即竊取其說以考士。家學精微，仍為王官利祿所汩。陽明深痛訓詁辭章功利之不足以當學，而唱知行合一之教。然明之末葉，良知浮論亦僅以應科舉。清儒先反陽明，繼及程朱，然意趣嚮往，極於秦漢博士而止。彼所謂經學者，縱治之異其方，而卒不出古者王官祿利之範圍。故中國自秦以來，家學常屈，官學常伸。則宜乎其傴息無生氣。至於今則開有史未遇之奇變，科舉廢，王朝絕，家學復興，斯其會矣。而時局艱虞，民生無日，有甚於戰國。人標新解，家擅獨詣，紛紛藉藉，往者家學蓬勃之風，亦鬱鬱乎其若將復起。而傍徨瞻顧，求其巨識深心，摯誠毅魄，若往昔儒墨開宗孔丘墨翟其人者將何在乎？斯乃關心中國民族文化之前途者所共有之慨想。而知人論世，撫今追古，一時學者均熱心為先秦諸子之探討，夫豈無故而然哉。則此編之集，正足透露是間之消息。雖文字大體不越乎考據，而意趣之所灌注，潮流之所奔赴，必有不局於考據而已者。

此文作於一九三三年二月二十七日，距今將近八十年矣，猶可領悟到當時一種「子學」思潮蓬勃的勁頭與趨向。進而言之，八十年來，中國學術界「家學」精神之發揮是否符其所望，實不可知；唯有一點是肯定的，「中國民族文化之前途」，尤待此等精神之張揚。這也是本書深切的期望。

第三,「漢學」之功主於文獻之整理,不可滅棄;「宋學」之成果為文化融合與創新之典範,尤具啟示性。

近代學術「漢宋」之爭,由清盛世爭在「宋學」、「漢學」孰得聖人之真,漸演變為考據與義理之治學途徑高低優劣之辨,晚近流於一方譏諷文獻整理之「沒有思想」一方詆斥哲學空談之玄虛。據實論之,清代考證之學,所得主要在於故國文獻之整理,使今人享此恩惠,有可讀之書、可據之本;其網羅文獻「竭澤而漁」以及考查文獻力求確實的精神,亦有驚天地泣鬼神者。本書論及梁啟超、胡適以戴震為例,將清學視為中國的「文藝復興」。居今視之,持論者雖別有懷抱,究竟不免於是一種牽強之附會,此實為文化史上不可避免的經歷,蓋可相當於中國歷史上佛學傳入禹域之「格義」階段,雖不必大驚小怪,卻亦難為止境。相形之下,宋儒融匯儒佛道而別創「道學」,實為中國歷史上一種文化融合與創新之典範,故有識之士紛紛以此為例展望中西文化融會出新之結果。然宋學因由家學流入官學,又被專制帝王綁架利用,故後儒批評宋學頗有糾纏不清者。如胡適承戴震詆斥宋儒「以理殺人」之餘緒而云:

> 至於理欲之辨,誠如方氏(按指方東樹——引者)之言,本意是指君主的心術。但古來儒者並不是人人都能像方氏這樣認的清楚;他們都只泛指一切人的私欲。理欲之辨的結果遂使一般儒者偏重動機(心術),而忽略效果;自負無私,遂不閱恤苛責人,自信無欲,遂不顧犧牲別人;背著「天理」的招牌,行的往往是「吃人」的事業。[12]

---

12 胡適:《戴東原的哲學》,188頁,上海,商務印書局,1927。

　　我們讀朱子所上封事，[13]可知道學家「格君心之非」，絕不是一句空話。當然，也可說宋朝有對文人不可輕易殺戮之家法，有制度上之保障，有輿論之一定的自由空間，乃能發揮道學家之諫爭與教訓作用，即使皇帝終不聽勸，也能宣盡其說，發揮所學。反觀戴震所處之時政，大臣尚居奴才之位，立言者不敢直斥居勢奪理者之非，只能批評執政者所假借盜用之學說，何其糾纏，亦何其可悲！雖情有可原，此與宋儒為學之精神豈可同日而語？胡適所處之世與戴震又不同，而仍不加分辨，此與胡氏一向鼓吹的「歷史的眼光」距離何其之遠也。

　　要而言之，清人之所謂「漢學」與「宋學」，雖最初有爭辯之焦點，究竟而論，乃不同層次上之學問或曰學術取向。善學者，當擇善而從，知所趨向，毋庸踏陷過往的門戶之爭，是為美也。

　　第四，告別糾結的「國學」研究，走向「中國學術」的悉心探討。

　　本書冠名「中國學術之近代命運」，《自序》已揭示其用意，或如友人謬許「《自序》用『破題』的寫法闡明研究視角和選題意義」。惟尚有一義未及闡發，即「國學」與「中國學術」之辨是也。

　　「中國學術之近代命運」，不能省稱「國學之近代命運」。其故安在？「國學」這一概念太曖昧。近來熱心之士頗有積極主張將「國學」設置為一級學科者，然終無下文，即此一端，可見此概念內涵外延之難以釐清。記得二十世紀九〇年代初，某出版社曾隆重推出《國學大師叢書》，其第一輯書目赫然列入了胡適、魯迅、傅斯年諸先賢的評傳名單，觀之不禁興歎。上述三君的「國學」修養之好固毋庸置疑，比之今日媒體所封「國學大師」者，必有過之而無不及，惟似傳主當多少有弘揚「國學」乃至保存「國粹」之系統觀念與明確主張，

13　參見（清）王懋竑撰，何忠禮點校：《朱熹年譜》，169-195頁，北京，中華書局，1998。

乃可冠以「國學大師」之名目，至少以上諸君，頗不合適。可見國人提倡「國學」的熱情所至之無忌憚有如此者。

本書討論涉及之大賢，如康有為是主張「孔子之教」為「中國之國魂」的，章太炎是自命「國粹」附體又是精於個論衡「國故」的，梁啟超、胡適都是期望「中國的文藝復興」的，錢穆是從《國學概論》出發闡揚所學的，似均與「國學」有不可分割之關係，何以獨取「中國學術」以命斯編乎？

「國學」與近代之日本與西洋有過深的糾結，惟糾結過深，乃易將視野局限在片段之中國，而無暇顧及中國學術悠遠深沉自古及今之變與不變。錢穆《國學概論》之「弁言」有云：「『國學』一名，前既無承，將來亦恐不立。」今則是其時矣！因此之故，筆者不揣冒昧，不求面面俱到，選取「經學、史學之更替」、「子學之凌駕經學」、「『漢宋之爭』之折變」、「『國史』創制之新局」諸舊目，譜寫「中國學術之近代命運」之新篇。討論所及，經學立場無論宗「今文」宗「古文」，學術取向無論崇「漢學」崇「宋學」，文化觀念無論傾向「西化」抑或「中國本位」，不取厚此薄彼，不為強作調人，欲依章學誠所發明「辨章學術、考鏡源流」之途轍、胡適所宣揚「歷史的眼光」之見地、陳寅恪所稱道「同情」的「瞭解」之心胸、一本乎「中國學術」之立場，梳理來龍去脈，評判是非曲直，揣摩旨趣心聲。然欲符所志，極不易易。不陷於門戶之見就很難，然欲跳出門戶之爭，必首當進入各門各戶，此難之先在者也；非專題研究之難，貴有通識為難，然通識出於通學，此難之將來者也。故本書決不敢自謂已成之業，實為一種進修之契機也。抑本書又非僅個人自勉之印記，有識之士，若由本書所述諸先賢之道德文章、苦心孤詣，悲其遇、繼其志，究天人、通古今，不惟究心於中國學術之歷史，甚至闡揚中國文化之價值，予日日引領而望之！

徵引文獻

一　古代典籍

〔清〕阮元校刻：《十三經注疏》（全二冊），北京，中華書局，
　　　1980。

〔漢〕班固撰、〔唐〕顏師古注：《漢書》，北京，中華書局。

〔宋〕范曄撰、〔唐〕李賢等注：《後漢書‧賈逵傳》，北京，中華書
　　　局。

〔清〕郭慶藩撰、王孝魚點校：《莊子集釋》（全四冊），北京，中華
　　　書局，1961。

〔清〕王先謙撰，沈嘯寰、王星賢點校：《荀子集解》（全二冊），北
　　　京，中華書局，1988。

〔清〕陳立撰、吳則虞點校：《白虎通疏證》（全二冊），北京，中華
　　　書局，1994。

劉勰著、范文瀾注：《文心雕龍注》（上、下），北京，人民文學出版
　　　社，1958。

〔唐〕韓愈撰、馬其昶校注、馬茂元整理：《韓昌黎文集校注》，上
　　　海，上海古籍出版社，1986。

〔宋〕蘇洵著、邱少華點校：《蘇洵集》，北京，中國書店，2000。

〔宋〕黎靖德編、王星賢點校：《朱子語類》（全八冊），北京，中華
　　　書局，1994。

二　近世文獻

艾爾曼：《再說考據學》，載《讀書》，1997（2）。

白壽彝：《錢穆與考據學》，見《學步集》，北京，生活・讀書・新知
　　　　三聯書店，1962。

北京魯迅博物館編：《錢玄同日記影印本》，福州，福建教育出版社，
　　　　2002。

倉修良：《章學誠和〈文史通義〉》，北京，中華書局，1984。

倉修良、葉建華：《章學誠評傳》，南京，南京大學出版社，1996。

蔡樂蘇、張勇、王憲明：《戊戌變法史述論稿》，北京，清華大學出版
　　　　社，2001。

蔡元培：《五十年來中國之哲學》（1923年12月），收入高平叔編：《蔡
　　　　元培全集》第4卷，北京，中華書局，1984。

柴德賡：《試論章學誠的學術思想》，載《光明日報》，1963年5月8日。

《戴東原二百年生日紀念論文集》，明明印刷局1924年1月20日印刷，
　　　　晨報社出版部1924年2月1初版。

陳國慶編：《漢書藝文志注釋彙編》，北京，中華書局，1983。

陳　來：《化解「傳統」與「現代」的緊張》，見《陳來自選集》，桂
　　　　林，廣西師範大學出版社，1997。

陳夢家：《評張蔭麟先生〈中國史綱〉第一冊》，此書評作於1941年，
　　　　原載《思想與時代》第18期，1943，收入氏著：《夢甲室存
　　　　文》，北京，中華書局，2006。

陳鵬鳴：《試論章學誠對於近代學者的影響》，收入中國歷史文獻研究
　　　　會編：《章學誠國際學術研討會論文集》，北京，北京圖書館
　　　　出版社，2004。

陳平原：《中國現代學術之建立──以章太炎、胡適之為中心》，北
　　　　京，北京大學出版社，1998。

陳平原、杜玲玲編：《追憶章太炎》，北京，中國廣播電視出版社，
　　　1997。

陳平原、夏曉虹編：《北大舊事》，北京，生活‧讀書‧新知三聯書
　　　店，1998。

陳其泰：《清代公羊學》，北京，東方出版社，1997。

陳啟云：《「思想文化史學」論析》，見《中國古代思想文化的歷史論
　　　析》，北京，北京大學出版社，2001。

陳橋驛：《胡適與〈水經注〉》，收入耿雲志編：《胡適評傳》，上海，
　　　上海古籍出版社，1999。

陳以愛：《中國現代學術研究機構的興起──以北京大學研究所國學
　　　門為中心的探討（1922-1927）》臺北，政治大學歷史學系出
　　　版，1999。

陳寅恪：《陳垣〈元西域人華化考〉序》（1935年2月），見《陳寅恪史
　　　學論文選集》，上海，上海古籍出版社，1992。

陳　勇：《錢穆傳》，北京，人民出版社，2001。

陳祖武：《清初學術思辨錄》，北京，中國社會科學出版社，1992。

陳祖武：《章實齋集外佚札二通考證》，見中國社會科學院歷史研究所
　　　學刊編委會編輯：《中國社會科學院歷史研究所學刊》第3
　　　集，北京，商務印書館，2004。

陳祖武、朱彤窗：《乾嘉學術編年》，石家莊，河北人民出版社，
　　　2005。

戴錦賢：《錢穆》，見王壽南主編：《中國歷代思想家》（二十四），臺
　　　灣，商務印書館，1999。

戴景賢：《論錢賓四先生「中國文化特質」說之形成與其內涵》，見臺
　　　灣大學中國文學系編印：《紀念錢穆先生逝世十週年國際學
　　　術研討會論文集》，2001。

島田虔次：《六經皆史說》，見劉俊文主編、許洋主等譯：《日本學者研究中國史論著選譯》第7卷，北京，中華書局，1993。

鄧廣銘：《懷念我的恩師傅斯年先生》，載《臺大歷史學報》，第20期：《傅故校長孟真先生百齡紀念論文集》，臺灣大學歷史系，1996。

丁文江、趙豐田編《梁啟超年譜長編》，上海，上海人民出版社，1983。

丁亞傑：《清末民初公羊學研究——皮錫瑞、廖平、康有為》，臺北，萬卷樓圖書有限公司，2002。

杜春和、韓榮芳、耿來金編：《胡適論學往來書信選》（下冊），石家莊，河北人民出版社，1998。

樊克政：《龔自珍年譜考略》，北京，商務印書館，2004。

房德鄰：《康有為和廖平的一樁學術公案》，載《近代史研究》，1990（4）。

房德鄰：《儒學的危機與嬗變——康有為與近代儒學》，臺灣，文津出版社，1992。

〔英〕馮客著、楊立華譯：《近代中國之種族觀念》，南京，江蘇人民出版社，1999。

馮友蘭：《原名法陰陽道德》，原載《清華學報》第十一卷第二期，見《三松堂學術文集》，北京，北京大學出版社，1984。

馮友蘭：《中國近年研究史學之新趨勢》，見《三松堂學術文集》。

馮友蘭：《三松堂自序》，北京，人民出版社，1998。

馮友蘭：《中國哲學史》（上冊），上海，華東師範大學出版社，2000。

馮自由：《中華民國開國前革命史》第十四章《壬寅支那亡國紀念會》，轉引自湯志鈞：《章太炎年譜長編》，36頁。

馮自由：《中華民國開國前革命史》第十四章《壬寅支那亡國紀念
　　　會》，轉引自湯志鈞：《章太炎年譜長編》，65頁。

傅傑校定章太炎著：《國學講演錄》，197頁，上海，華東師範大學出
　　　版社，1995。

傅樂成：《傅孟真先生年譜》，臺北，傳記文學出版社，1979。

傅斯年：《戰國子家敘論》（1928年），《傅斯年全集》，第2冊，臺北，
　　　聯經出版事業公司，1980。

傅斯年：《歷史語言研究所工作之旨趣》，原載《國立中央研究院歷史
　　　語言研究所集刊》第一本第一分冊，發表於1928年10月。見
　　　蔣大椿主編：《史學探淵 —— 中國近代史學理論文編》。長
　　　春，吉林教育出版社，1991。

傅斯年：《與顧頡剛論古史書》，原載1928年1月23日、31日《國立第
　　　一中山大學語言歷史學研究所周刊》第二集第十三、十四
　　　期。見歐陽哲生主編：《傅斯年全集》第一卷，長沙，湖南
　　　教育出版社，2003。

甘懷真：《皇帝制度是否為專制？》，錢穆先生紀念館館刊，年刊第四
　　　期。臺北市立圖書館，1996。

葛志毅：《玄聖素王考》，見《譚史齋論稿》，哈爾濱，黑龍江人民出
　　　版社，2002。

耿雲志主編：《胡適遺稿及密藏書信》，合肥，黃山書社，1994。

耿雲志主編：《胡適遺稿及密藏書信》，第5冊。

耿雲志主編：《胡適遺稿及秘藏書信》，第6冊。

耿雲志主編：《胡適遺稿及秘藏書信》，第37冊。

耿雲志主編：《胡適遺稿及密藏書信》，第40冊。

耿雲志、歐陽哲生編：《胡適書信集》上冊（1907-1933），北京，北
　　　京大學出版社，1996。

耿雲志、王法周：《〈中國哲學史大綱〉導讀》，見胡適：《中國哲學史
　　大綱》，上海，上海古籍出版社，1997。

耿雲志：《胡適與五四後中國學術的幾個新趨向》，載《浙江學刊》
　　1999（2）。

顧　潮：《顧頡剛年譜》，北京，中國社會科學出版社，1993。

顧頡剛編著：《古史辨》第1冊，北京，樸社，1926年11月第3版。

顧頡剛編著：《古史辨》第1冊《自序》。

顧頡剛：《古史辨》第4冊《顧序》（1933年2月12日），見羅根澤編
　　著：《古史辨》（四），上海，上海古籍出版社，1982。

顧頡剛編著：《古史辨》第五冊，上海，上海古籍出版社，1982。

顧頡剛：《古史辨》第五冊《自序》。

顧頡剛：《〈中國上古史研究課〉第二學期講義序目》（1930年6月），
　　收入顧頡剛編著：《古史辨》第五冊。

顧頡剛：《五德終始說下的政治和歷史》，見《古史辨》第五冊。

顧頡剛編著：《古史辨》第五冊之「最後一頁」（3）。

顧頡剛：《中國近來學術思想界的變遷觀》，見《中國哲學》（第11
　　輯），北京，人民出版社，1984。

顧頡剛：《秦漢的方士與儒生》之《序》（1954年12月），上海，上海
　　古籍出版社，1998。

顧頡剛：《當代中國史學》，瀋陽，遼寧教育出版社，1998。

郭斌龢：《章實齋在清代學術史上之地位》，見《國立浙江大學文學院
　　集刊》第一集，1941。

〔美〕郭穎頤著、雷頤譯：《中國現代思想中的唯科學主義（1900-
　　1950）》，南京，江書蘇人民出版社，1995。

郭沫若：《中國古代社會研究・序》，上海，上海新新書店，1930年5
　　月20日第3版。

侯外廬：《近代中國思想學說史》，上海，生活書店，1947。

侯外廬：《中國思想通史》第5卷（中國早期啟蒙思想史），北京，人民出版社，1956。

侯外廬：《章太炎的科學成就及其對於公羊學派的批判》，原收入《中國近代思想學說史》，生活書店，1947，參見《章太炎生平與學術》，北京，生活・讀書・新知三聯書店，1988。

胡昌智：《錢穆的〈國史大綱〉與德國歷史主義》，載《史學評論》第6期，1983年9月。

胡昌智：《歷史知識與社會變遷》，臺北，聯經出版事業公司，1988。

胡昌智：《怎樣看〈國史大綱〉？》，原刊於《聯合報》，1990年9月26日，轉載在《錢穆先生紀念館館刊》年刊創刊號，臺北市立圖書館，1993年6月創刊。

胡楚生：《清代學術史研究》第12節《章實齋〈六經皆史說〉闡義》，臺北，臺灣學生書店，1988。

胡明編選：《胡適選集》，天津，天津人民出版社，1991。

胡　繩：《論歷史研究和現實問題的關聯——從錢穆先生的〈國史大綱引論〉評歷史研究中的復古傾向》，收入《胡繩文集》（1935-1948），重慶，重慶出版社，1991。

胡　繩：《評錢穆著〈文化與教育〉》（1944），見《胡繩文集》（1935-1948）。

胡　適：《諸子不出於王官論》，載《太平洋》雜誌第1卷第7號，1917年10月15日。

胡　適：《井田辨》，見《胡適文存》第1集卷2，亞東圖書館，1925。

胡　適：《治學的材料與方法》（1928年9月），見《胡適文存》第3集卷2，上海，上海亞東圖書館，1930。

胡　適：《歸國雜感》（1918年1月），見《胡適文存》，亞東圖書館，1921年12月初版，1940年8月19版，第1集卷4。

胡　適：〈《〈左傳〉真偽考〉的提要與批評〉，見《胡適文存》第3集卷3。

胡　適：〈慘痛的回憶與反省〉（作於1932年9月11日），見《胡適文存》第4集卷4。

胡　適：〈信心與反省〉（作於1934年5月28日），見《胡適文存》第4集卷4。

胡　適：《章實齋先生年譜》，上海，商務印書館，1923。

胡　適：《章實齋先生年譜》，上海，商務印書館，1922年1月初版。1923年10月再版。後經姚名達訂補，改名為《章實齋年譜》，上海，商務印書館，1931年8月初版，1934年5月版。

胡適著、姚名達訂補：《章實齋先生年譜》，見存萃學社編集、周康燮主編：《章實齋先生年譜彙編》，香港，崇文書店，1975。

胡　適：《戴東原的哲學》，上海，商務印書局，1927。

胡　適：《研究國故的方法》（在東南大學演講，枕薪筆記），原載《東方雜誌》第18卷第16號，發表於1921年8月。見蔣大椿主編：《史學探淵——中國近代史學理論文編》，長春，吉林教育出版社，1991。

胡　適：《清代學者的治學方法》，見葛懋春、李興芝編輯：《胡適哲學思想資料選》（上），上海，華東師範大學出版社，1981。

胡　適：《中國哲學史大綱》（卷上），北京，商務印書館，1919初版，1987影印。

胡　適：《中國古代哲學史臺北版自記》，見胡適：《中國哲學史大綱》（卷上）「附錄二」，商務印書館，1919初版，1987影印。

胡適撰、耿雲志等導讀：《中國哲學史大綱》，上海，上海古籍出版社，1997。

胡　適：《中國哲學史大綱》（卷上）「第一篇導言」，見姜義華主編：

　　　　《胡適學術文集・中國哲學史》（上），北京，中華書局，
　　　　1991。

胡　適：《幾個反理學的思想家》，見姜義華主編：《胡適學術文集・
　　　　中國哲學史》（下），北京，中華書局，1991。

胡　適：《戴東原在中國哲學史上的位置》，見姜義華主編：《胡適學
　　　　術文集・中國哲學史》（下）。

胡　適《當代中國的思想界》（朝鮮日報，1925年1月1日）（馮鴻志譯
　　　　於1995年11月2日），見《胡適研究叢刊》第2輯，北京，中
　　　　國青年出版社，1996。

胡　適：《胡適留學日記》，海口，海南出版社，1994。

胡　適：《胡適留學日記》下冊，合肥，安徽教育出版社，1999。

胡　適：《附注：答陳獨秀先生》（1923年11月29日），見張君勱、丁
　　　　文江等著：《科學與人生觀》，濟南，山東人民出版社，
　　　　1997。

胡　適：《四十自述》，合肥，安徽教育出版社，1999。

胡　適：《實驗主義》，本文原係胡適1919年春間的演講稿，刊於1919
　　　　年4月15日《新青年》第6卷第4號。同年7月改定，見《胡適
　　　　文存》第1集卷2，見姜義華主編：《胡適學術文集・哲學與
　　　　文化》，北京，中華書局，2001。

胡　適：《杜威先生與中國》（1921年7月11日），見姜義華主編：《胡
　　　　適學術文集・哲學與文化》。

華　崗：《中國歷史的翻案》，作家書屋，1950。

黃進興：《權力與信仰：孔廟祭祀制度的形成》，見《聖賢與聖徒》，
　　　　北京，北京大學出版社，2005。

黃俊傑：《錢賓四史學中的「國史」觀──內涵、方法與意義》，見臺
　　　　灣大學中國文學系編印：《紀念錢穆先生逝世十週年國際學
　　　　術研討會論文集》。

黃開國：《廖平評傳》，南昌，百花洲文藝出版社，1993。

黃克劍、吳小龍：《胡適「科學的人生觀」的得與失》，見耿雲志、聞
　　黎明編：《現代學術史上的胡適》，北京，生活・讀書・新知
　　三聯書店，1993。

黃克武：《錢穆的學術思想與政治見解》，載《臺灣師範大學歷史學
　　報》，第15期，1987年6月。

黃彰健：《經今古文學問題新論》，臺灣，「中央研究院」歷史語言研
　　究所，1982。

黃兆強：《近現代章學誠研究評議》，見陳仕華主編、林惠珍編輯：
　　《章學誠研究論叢：第四屆中國文獻學學術研討會論文
　　集》，臺北，臺灣學生書局，2005。

姜義華、吳根樑編校：《康有為全集》第1集，上海，上海古籍出版
　　社，1987。

姜義華、吳根樑編校：《康有為全集》第2集，上海，上海古籍出版
　　社，1990。

姜義華：《胡適學術文集總序》，見姜義華主編：《胡適學術文集・中
　　國哲學史》（上），北京，中華書局，1991。

姜義華：《章炳麟評傳》乙編第4章，南京，南京大學出版社，2002。

金毓黻：《中國史學史》，石家莊，河北教育出版社，2000。

康有為：《上清帝第二書》（一八九五年五月二日），史稱「公車上
　　書」，見湯志鈞編：《康有為政論集》，北京，中華書局，
　　1981。

《〈康有為復章炳麟書〉識語》，原載《臺灣日日新報》，1899年1月13
　　日，轉引自《復旦學報》（社會科學版），1982（3）。

康有為：《朱九江先生佚文序》，陳永正編注：《康有為詩文選》，廣
　　州，廣東人民出版社，1983。

康有為：《教學通義》，見姜義華、吳根樑編校：《康有為全集》第1集，上海，上海古籍出版社，1987。

康有為：《與朱一新論學書牘》，見姜義華、吳根梁編校《康有為全集》第1集。

康有為：《康子內外篇》，見樓宇烈整理：《康子內外篇（外六種）》，北京，中華書局，1988。

康有為：《萬木草堂口說》，見樓宇烈整理：《長興學記·桂學答問·萬木草堂口說》，北京，中華書局，1988。

〔清〕康有為撰、陳漢才校注：《長興學記》，廣州，廣東高等教育出版社，1991。

康有為：《孔子改制考》，見朱維錚編校：《中國現代學術經典·康有為卷》，石家莊，河北教育出版社，1996。

康有為：《重刻偽經考後序》，見《新學偽經考》，北京，生活·讀書·新知三聯書店，1998。

抗　父：《最近二十年間中國舊學之進步》，原載《東方雜誌》19卷3號（1922年2月10日）。見《中國近三百年學術史論》，上海，上海古籍出版社，2006。
　　　　《科學與人生觀》，亞東圖書館，1923年12月出版，1924年2月再版。

孔祥吉：《翁同龢與康有為上清帝第一書》，見《晚清佚聞叢考——以戊戌維新為中心》，成都，巴蜀書社，1998。

賴福順：《錢穆先生的教學與學術》，見《民間史學》一九九〇年冬錢賓四先生逝世百日紀念專刊，臺灣「行政院」新聞局版，1990。

馬克垚：《說封建社會形態》，《社會形態與歷史規律再認識筆談》，載《歷史研究》，2000（2）。

繆鳳林：《評胡氏諸子不出於王官論》，載《學衡》第4期，1922。

黎錦熙：《錢玄同先生傳》，見曹述敬：《錢玄同年譜》，濟南，齊魯書
　　　　社，1986。

李伯重：《「相看兩不厭」——王國斌〈轉變的中國：歷史變遷及歐洲
　　　　經驗的局限〉評介》，載《史學理論研究》，2000（2）。

李　季：《胡適〈中國哲學史大綱〉批判》，神州國光社，1931。

李　零：《李零自選集》，桂林，廣西師範大學出版社，1998。

李學勤《走出疑古時代》，見《走出疑古時代》，瀋陽，遼寧教育出版
　　　　社，1994。

李學勤：《〈今古學考〉與〈五經異義〉》，見《古文獻叢論》，上海，
　　　　上海，遠東出版社，1996。

李學勤：《談「信古、疑古、釋古」》，見《古文獻叢論》。

李學勤：《〈說文〉前序稱經說》，見《古文獻叢論》。

李學勤：《章太炎論〈左傳〉的授受源流》，見《當代學者自選文庫・
　　　　李學勤卷》，合肥，安徽教育出版社，1999。

李學勤：《清代學術的幾個問題》，見劉東主編：《中國學術》，北京，
　　　　商務印書館，2001。

李　埏：《昔年從遊之樂，今日終天之痛——敬悼先師錢賓四先生》，
　　　　見中國人民政治協商會議江蘇省無錫縣委員會編：《錢穆紀
　　　　念文集》，上海，上海人民出版社，1992。

李耀仙：《〈廖平選集〉（上冊）內容評介——代序》，見《廖平選集》
　　　　（上），成都，巴蜀書社，1998。

梁繼紅：《章學誠學術研究》，北京大學博士研究生學位論文，2003。

梁繼紅：《章學誠〈文史通義〉自刻本的發現及其研究價值》，見中國
　　　　歷史文獻研究會編：《章學誠國際學術研討會論文集》，北
　　　　京，北京圖書館出版社，2004。

梁繼紅：《論章學誠校讎理論的發展脈絡》，見北京大學中國古文獻研
　　究中心編：《北京大學中國古文獻研究中心集刊》第4輯，北
　　京，北京大學出版社，2004。

梁啟超：《先秦政治思想史》，上海，商務印書館，1923。

梁啟超：《人生觀與科學》，亞東圖書館，1923。

梁啟超：《〈新學偽經考〉敘》，見《飲冰室合集》第1冊《飲冰室文
　　集》卷2。北京，中華書局，1989。

梁啟超：《論中國學術思想變遷之大勢》，見《飲冰室合集》第1冊
　　《飲冰室文集》卷7。

梁啟超：《評胡適之〈中國哲學史大綱〉——在北京大學為哲學社講
　　演》（1922年），《飲冰室合集》第5冊，《飲冰室文集》卷
　　38。

梁啟超：《戴東原生日二百年紀念會緣起》，見《飲冰室合集》第5冊
　　《飲冰室文集》卷40。

梁啟超：《戴東原哲學》，見《飲冰室合集》第5冊《飲冰室文集》卷
　　40。

梁啟超：《治國學的兩條大路》，見《飲冰室合集》第5冊《飲冰室文
　　集》卷39。

梁啟超：《太古及三代載記》，見《飲冰室合集》第8冊《飲冰室專
　　集》卷43。

梁啟超：《讀書分月課程》，見《飲冰室合集》第9冊《飲冰室專集》
　　卷69。

梁啟超：《儒家哲學》，見《飲冰室合集》第12冊《飲冰室專集》卷
　　103。

梁啟超：《清代學術概論》，見朱維錚校注：《梁啟超論清學史二種》，
　　上海，復旦大學出版社，1985。

梁啟超：《戴東原先生傳》，見《梁啟超論著選粹》，廣州，廣東人民
　　出版社，1996。

梁啟超：《論中國學術思想變遷之大勢》，上海，上海古籍出版社，
　　2001。

廖　梅：《汪康年：從民權論到文化保守主義》，上海，上海古籍出版
　　社，2001。

廖名春：《錢穆與疑古學派關係述評》，見《原道》第5輯，貴陽，貴
　　州人民出版社，1999。

廖　平：《四益館經學四變記》，見《廖平選集》（上），成都，巴蜀書
　　社，1998。

林安梧：《章學誠「六經皆史」及其相關問題的哲學反省》，見《中國
　　近現代思想觀念史論》，臺北，臺灣學生書局，1995。

林毓生：《中國傳統的創造性轉化》，北京，生活・讀書・新知三聯書
　　店，1988。

林毓生：《民初「科學主義」的興起與含義對「科學與玄學」之爭的
　　研究》，見《中國傳統的創造性轉化》。

劉大年：《評近代經學》，見朱誠如、王天有主編：《明清論叢》（第一
　　輯）。北京，紫禁城出版社，1999。

劉貴福：《論錢玄同的疑古思想》，載《史學理論研究》，2001（3）。

劉　節（原署名「青松」）：《評〈劉向歆父子年譜〉》，原載《大公
　　報・文學副刊》第137期，1930年8月25日，後收入顧頡剛編
　　著：《古史辨》第5冊。

劉　節：《中國史學史稿》，臺北，弘文館出版社，1986。

劉　節：《章學誠的史學》，見《中國史學史稿》。

劉師培著，鄔國義、吳修藝編校：《劉師培史學論著選集》，上海，上
　　海古籍出版社，2006。

劉師培著、陳居淵注：《經學教科書》，上海，上海古籍出版社，
　　　2006。

柳存仁：《北大和北大人》，此文原刊於《宇宙風乙刊》第27、29、30
　　　期，1940年8、9、10月。見陳平原、夏曉虹編：《北大舊
　　　事》，北京，生活·讀書·新知三聯書店，1998。

柳翼謀（詒徵）：《柳教授覆章太炎先生書》，載《史地學報》第1卷第
　　　4期，1922年8月。

柳詒徵編著：《中國文化史》（下），上海，東方出版中心，1988。

柳詒徵：《論近人講諸子之學者之失》，原載《史地學報》第1卷第1
　　　期，1921年11月；後覆錄於《學衡》第73期，1931年1月；
　　　柳曾符、柳定生選編：《柳詒徵史學論文續集》，據《學衡》
　　　收入此文。柳曾符、柳定生選編：《柳詒徵史學論文續集》，
　　　上海，上海古籍出版1991。

康有為：《長興學記·桂學答問·萬木草堂口說》，北京，中華書局，
　　　1988。

樓宇烈整理：《康南海自編年譜（外二種）》，北京，中華書局，
　　　1992。

路新生：《梁任公、錢賓四〈中國近三百年學術史〉合論》，載（臺
　　　灣）《孔孟學報》第68期。

羅炳綿：《〈史籍考〉修纂的探討》（上），《新亞學報》第6卷第1期；
　　　《〈史籍考〉修纂的探討》（下），《新亞學報》第7卷第1期。

羅義俊：《論〈國史大綱〉與當代新儒學——略及錢賓四先生史學的
　　　特性與意義》，載《史林》，1992（4）。

羅義俊：《錢穆與顧頡剛的〈古史辨〉》，載《史林》，1993（4）。

羅志田：《再造文明之夢——胡適傳》，成都，四川人民出版社，
　　　1995。

羅志田:《「新宋學」與民初考據史學》,載《近代史研究》,1998
　　　(1)。

羅志田:《清季民初經學的邊緣化與史學的走向中心》,見《權勢轉
　　　移:近代中國的思想、社會與學術》,武漢,湖北人民出版
　　　社,1999。

羅志田:《大綱與史:民國學術觀念的典範轉移》,載《歷史研究》,
　　　2000(1)。

羅志田主編:《20世紀的中國:學術與社會:史學卷(上下)》第2編
　　　《民國的新史學及其批評者》(作者:王汎森),濟南,山東
　　　人民出版社,2001。

呂思勉:《先秦學術概論》,上海,東方出版中心,1985。

馬勇編:《章太炎書信集》,石家莊,河北人民出版社,2003。

蒙文通:《井研廖季平師與近代今文學》,見《經史抉原》,成都,巴
　　　蜀書社,1995。

蒙默關於《今古學考》的說明,見劉夢溪主編:《中國現代學術經
　　　典》之《廖平、蒙文通卷》編校者蒙默關於《今古學考》的
　　　說明。石家莊,河北教育出版社,1996。

牟潤孫:《勵耘書屋問學回憶——陳援庵先生誕生百年紀念感言》,收
　　　入陳智超編:《勵耘書屋問學記》(增訂本),北京,生活・
　　　讀書・新知三聯書店,2006。

倪德衛(David S.Nivision)著,楊立華譯:《章學誠的生平與思想》,
　　　臺北,唐山出版社,2003。

歐陽哲生:《新文化的源流與趨向》,長沙,湖南出版社,1994。

歐陽哲生編:《胡適文集》9之「早年文存」,北京,北京大學出版
　　　社,1998。

〔清〕皮錫瑞著、周予同注釋:《經學歷史》,北京,中華書局,
　　　2004。

錢胡美琦：《錢賓四先生年譜》（二）（未定稿），載《錢穆先生紀念館館刊》第4期，臺北市立圖書館，1996。

錢基博：《〈文史通義〉解題及其讀法》，上海，龍虎書店，1935。

錢　穆：《國學概論》（上、下），北京，商務印書館，1931。

錢　穆：《國學概論‧弁言》，見《國學概論》（上）。

錢　穆：《劉向歆父子年譜》，載《燕京學報》第7期，1930年6月。

錢　穆：《劉向歆父子年譜》，見《古史辨》第5冊，上海，上海古籍出版社，1982。

錢　穆：《古史辨》第4冊《錢序》（1933年2月27日），見羅根澤編著：《古史辨》（四）。上海，上海古籍出版社，1982。

錢　穆：《評顧頡剛〈五德終始說下的政治和歷史〉》（原載《大公報‧文學副刊》第170期，1931年4月13日，見顧頡剛編著：《古史辨》第五冊，上海，上海古籍出版社，1982。

錢　穆：《康有為學術述評》，清華大學學報單行本，1936年7月。

錢　穆：《中國近三百年學術史》，上海，商務印書館，1937。

錢　穆：《中國近三百年學術史》，北京，中華書局，1986。

錢　穆：《中國近三百年學術史》，北京，商務印書館，1997。

錢　穆：《國史大綱》，1940年6月初版，1944年1月渝第一版。

錢　穆：《國史大綱》第3版，上海，國立編譯館，1947。

錢　穆：《國史大綱》，北京，商務印書館，1994。

錢　穆：《中國通史參考材料》，臺北，東升文化事業有限公司，1980。

錢　穆：《如何研究中國史》，原載《歷史教育》第1期，1937年2月。見蔣大椿主編：《史學探淵——中國近代史學理論文編》，瀋陽，吉林教育出版社，1991。

錢　穆：《中國今日所需要之新史學與新史學家——本文敬悼故友張蔭麟先生》，原載《思想與時代月刊》第18期，1943年1月。收入蔣大椿主編：《史學探淵——中國近代史學理論文編》。

錢　穆：《宋明理學概述》，見《錢賓四先生全集》第9冊，臺灣，聯
　　　　經出版事業公司，1998。

錢　穆：《斯多噶派與〈中庸〉》，原載《時事新報》副刊《學燈》，
　　　　1923年2月22日，收入《中國學術思想史論叢》（二），見
　　　　《錢賓四先生全集》第18冊。

錢　穆：《伊壁鳩魯與莊子》，此文續《斯多噶派與〈中庸〉》而作，
　　　　原載1923年3月4、5日上海《時事新報》副刊《學燈》，收入
　　　　《中國學術思想史論叢》（二），《錢賓四先生全集》第18
　　　　冊。

錢　穆：於1928年夏，應蘇州青年會學術演講會之請作《〈易〉經研
　　　　究》的報告，刊載於《蘇州中學校刊》之17、18期，1929年
　　　　6月中山大學語言歷史研究所第7集83、84期週刊轉載。收入
　　　　《中國學術思想史論叢》（一），《錢賓四先生全集》第18
　　　　冊。

錢　穆：《儒家之性善論與其盡性主義》，此稿草於1933年，原載上海
　　　　《新中華月刊》1卷7期。收入《中國學術思想史論叢》
　　　　（二），《錢賓四先生全集》第18冊。

錢　穆：《王船山學說》，原載1923年2月9、10日上海《時事新報》副
　　　　刊《學燈》，收入《中國學術思想史論叢》（八），《錢賓四先
　　　　生全集》第22冊。

錢　穆：《崔東壁遺書序》（1935年12月28日），收入《中國學術思想
　　　　史論叢》（八），《錢賓四先生全集》第22冊。

錢　穆：《評夏曾佑〈中國古代史〉》，原刊於1934年3月31日刊於天津
　　　　《大公報》圖書副刊第20期（筆名「公沙」），收入《中國學
　　　　術思想史論叢》（九），《錢賓四先生全集》第23冊。

錢　穆：《近百年來之讀書運動》一文（原刊於1935年11月天津《世

　　　　益報・讀書周刊》，今改題《近百年來諸儒論讀書》，收入
　　　　《錢賓四先生全集》第24冊之《學鑰》）

錢　　穆：《從中國歷史來看中國民族性及中國文化》序二，收入《從
　　　　中國歷史來看中國民族性及中國文化》，《錢賓四先生全集》
　　　　第40冊。

錢　　穆：《中國知識分子的責任》，原刊於1971年10月10日《中央日
　　　　報》國慶專欄，收入《世界局勢與中國文化》，《錢賓四先生
　　　　全集》第43冊。

錢　　穆：《兩漢經學今古文平議》，由新亞研究所出版。該書後收入
　　　　《錢賓四先生全集》第8冊。

錢　　穆：《兩漢經學今古文平議》，北京，商務印書館，2001。

錢　　穆：《素書樓餘瀋》，見《錢賓四先生全集》第53冊。

錢　　穆：《素書樓餘瀋》，北京，九州出版社，2011。

錢　　穆：《八十憶雙親・師友雜憶合刊》，臺北，東大圖書股份有限公
　　　　司，1986。

錢　　穆：《八十憶雙親・師友雜憶》，北京，生活・讀書・新知三聯書
　　　　店，1998。

錢　　穆：《中國史學名著》，北京，生活・讀書・新知三聯書店，
　　　　2000。

錢　　穆：《略論治史方法》（1936年9、11月），見《中國歷史研究
　　　　法》。北京，生活・讀書・新知三聯書店，2001。

錢　　穆：《如何研究學術史》，見《中國歷史研究法》。

錢　　穆：《國史新論》，北京，生活・讀書・新知三聯書店，2001。

錢　　穆：《記鈔本〈章氏遺書〉》，原刊於1936年12月《北平圖書季
　　　　刊》三卷四期，見《中國學術思想史論叢》（卷八），合肥，
　　　　安徽教育出版社，2004。

錢　穆：《經學大要》，見《講堂遺錄》，北京，九州出版社，2011。

錢玄同：《答顧頡剛先生書》，見《古史辨》第一冊，67-82頁。顧頡剛編著：《古史辨》第1冊，北京，樸社，1926。

錢玄同：《論今古文經學及〈辨偽叢書〉書》（1921年3月23日），收入《古史辨》第一冊。

錢玄同：《重印〈新學偽經考〉序》（1931年11月16日），收入方國瑜標點本《新學偽經考》，北平文化學社，1931。

錢玄同：《重論經今古文學問題》，載1932年6月《國立北京大學國學季刊》第3卷第2號，亦收入顧頡剛編著：《古史辨》第五冊，上海，上海古籍出版社，1982。

錢玄同：《〈左氏春秋考證〉書後》，收入顧頡剛編著：《古史辨》第五冊。

錢玄同：《重論經今古文學問題》，收入顧頡剛編著：《古史辨》第五冊。

錢玄同：《錢玄同先生來信》，收入顧頡剛編著：《古史辨》第五冊之「最後一頁」（3）。

錢玄同：《與顧起潛書》，原載《制言》第50期，1939年3月。轉引自湯志鈞：《章太炎年譜長編》，北京，中華書局，1979，第32-33頁。

錢玄同：《錢玄同文集》，北京，中國人民大學出版社，1999。

錢玄同：《廢話——原經》，見《錢玄同文集》第2卷。

錢玄同：《〈左氏春秋考證〉書後》，見《錢玄同文集》第4卷。

錢玄同：《重論經今古文學問題》，見《錢玄同文集》第4卷。

錢玄同：《論今古文經學及〈辨偽叢書〉書》、《論〈說文〉及壁中古文經書》，見《錢玄同文集》第4卷。

錢玄同：《〈劉申叔先生遺書〉序》，見《錢玄同文集》第4卷。

錢　遜：《父親給我的三封信》（筆者所引此信寫於1980年），收入
　　　　《錢賓四先生逝世十週年紀念專刊》（錢穆先生紀念館館
　　　　刊，年刊第八期），臺北市立圖書館，2000年12月出刊。

錢智修：《功利主義與學術》，收入陳崧編：《五四前後東西文化問題
　　　　論戰文選》，北京，中國社會科學出版社，1985。

錢鍾書：《談藝錄》（補訂本），北京，中華書局，1984。

清華大學歷史系編：《戊戌變法文獻資料繫日》，上海，上海書店出版
　　　　社，1998。

青松（劉節）：《評〈劉向歆父子年譜〉》，原載一九三〇年八月二十五
　　　　日《大公報・文學副刊》第137期，後收入顧頡剛編著：《古
　　　　史辨》第五冊。

喬治忠：《章學誠學術的百年來研究及其啟示》，見瞿林東主編：《史
　　　　學理論與史學史學刊2003年卷》，北京，社會科學文獻出版
　　　　社，2004。

丘為君：《清代思想史「研究典範」的形成、特質與義涵》，《清華學
　　　　報》第24卷、第4期。臺灣，新竹「清華大學出版社」，
　　　　1994。

任繼愈：《馮友蘭先生在中國哲學史領域裡的貢獻》，原載《馮友蘭先
　　　　生紀念文集》，見鄭家棟、陳鵬選編：《解析馮友蘭》。北
　　　　京，社會科學文獻出版社，2002。

阮芝生：《論史記中的孔子與春秋》，臺灣，《臺大歷史學報》第23
　　　　期，1999年6月。
　　　　《社會形態與歷史規律再認識筆談》，載《歷史研究》2000
　　　　（2）。

桑　兵：《近代學術傳承：從國學到東方學——傅斯年〈歷史語言研
　　　　究所工作之旨趣〉解析》，載《歷史研究》2001（3）。

宋德華：《嶺南維新思想述論》，北京，中華書局，2002。

誦　甘：《紀念錢師賓四先生》，見《錢穆紀念文集》，上海，上海人
　　　　民出版社，1992。

孫寶瑄：《忘山廬日記》（上），上海，上海古籍出版社，1983。

孫春在：《清末的公羊思想》，臺北，臺灣商務印書館，1985。

孫次舟編：《章實齋著述流傳譜》，見《章實齋先生年譜彙編》，香
　　　　港，崇文書店，1975。

孫德謙：《申章實齋六經皆史說》，原載《學衡》第24期（一九二三年
　　　　十二月），見《中國近三百年學術思想論集（六編）──章
　　　　學誠研究專輯》，香港，崇文書店，1975。

孫隆基：《清季民族主義與黃帝崇拜之發明》，載《歷史研究》，2000
　　　　（3）。

譚嗣同：《仁學》，見《譚嗣同全集》（增訂本），北京，中華書局，
　　　　1981。

湯志鈞：《從〈訄書〉的修訂看章太炎的思想演變》，載《文物》，
　　　　1975（11）。

湯志鈞編：《章太炎政論選集》（上），北京，中華書局，1977。

湯志鈞編：《康有為政論集》（上），北京，中華書局，1981。

湯志鈞：《章太炎在臺灣》，載《社會科學戰線》，1982（4）。

湯志鈞：《重論康有為與今古文問題》，見《康有為與戊戌變法》，中
　　　　華書局，1984。

湯志鈞：《試論〈新學偽經考〉》，見《康有為與戊戌變法》。

湯志鈞：《近代經學與政治》第8章「經學的終結」，北京，中華書
　　　　局，1989。

唐德剛譯注：《胡適口述自傳》，上海，華東師範大學出版社，1993。

唐　鉞：《論先秦無所謂別墨》，原載1925年7月18日《現代評論》第2

卷第32期。又1926年9月《國故新探》以此篇及伍非百的《何謂別墨》、唐鉞的《先秦「還是」無所謂別墨》，合為《論先秦無別墨》，由唐鉞略加改動，見《古史辨》（四），上海，上海古籍出版社，1982。

唐振常：《論章太炎》，載《歷史研究》，1978（1）。

天津師範大學歷史系中國古代、中世史教研組：《批判錢穆的「國史大綱」》，載《歷史研究》，1959（2）。

汪榮祖：《康有為章炳麟合論》，載《「中研院」近代史研究所集刊》第15期，1986。

汪榮祖：《從傳統中求變——晚清思想史研究》，南昌，百花洲文藝出版社，2002。

汪榮祖：《章實齋六經皆史說再議》，見《史學九章》，臺北，麥田出版，2002。

汪榮祖：《槐聚說史闡論五篇》，見《史學九章》。

汪學群：《錢穆學術思想評傳》，第三章《兩漢經學與經學研究》，北京，北京圖書館出版社，1998。

王爾敏：《當代學者對於儒家起源之探討及其時代意義》，見《中國近代思想史論》，臺北，華世出版社，1977。

王爾敏：《「中國」名稱溯源及其近代詮釋》，見《中國近代思想史論》，北京，社會科學文獻出版社，2003。

王汎森：《章太炎的思想（1868-1919）及其對儒學傳統的衝擊》，臺北，時報文化出版事業有限公司，1985。

王汎森：《古史辨運動的興起——一個思想史的分析》，臺北，允晨文化實業股份有限公司，1987。

王汎森：《一個新學術觀點的形成——從王國維的〈殷周制度論〉到傅斯年的〈夷夏東西說〉》，見《中國近代思想與學術的系譜》，石家莊，河北教育出版社，2001。

王汎森:《思想史與生活史有交集嗎?──讀「傅斯年檔案」》,見《中國近代思想與學術的系譜》。

王汎森:《傅斯年對胡適文史觀點的影響》,見《中國近代思想與學術的系譜》。

《海寧王靜安先生遺書》第一冊。商務印書館,1940。

王國維:《國朝漢學派戴震阮兩家之哲學說》,見《靜庵文集》,瀋陽,遼寧教育出版社,1997。

王國維:《沈乙庵先生七十壽序》,見《觀堂集林》(外二種)(下),石家莊,河北教育出版社,2001。

王晴佳:《後現代主義與歷史研究》,載《史學理論研究》,2000(1)。

王慶祥、蕭立文校注、羅繼祖審訂:《羅振玉王國維往來書信》,北京,東方出版社,2000。

王煦華:《顧頡剛先生學術紀年》,見《紀念顧頡剛學術論文集》,成都,巴蜀書社,1990。

韋政通主編:《中國哲學辭典大全》中余英時所撰之「六經皆史」條,北京,世界圖書出版公司重印,1989。

魏　源:《學校應增祀先聖周公議》,見《古微堂外集》卷1,見《魏源全集》第12冊,長沙,岳麓書社,2004。

吳海蘭:《經世訴求與明後期的尊經重史觀念》,見《廈大史學》第2輯,廈門,廈門大學出版社,2006。

吳沛瀾《憶賓四師》,見《錢穆紀念文集》,上海,上海人民出版社,1992。

吳其昌:《王觀堂先生學述》,載《國學論叢王靜安先生紀念號》,1928。

吳天任:《胡著姚訂章實齋年譜商榷》,見《章實齋的史學》,臺北,臺灣商務印書館,1979。

吳天任：《康有為先生年譜》（上），臺北，藝文印書館，1994。
吳廷嘉、沈大德著：《梁啟超評傳》，南昌，百花洲文藝出版社，1996。
吳熙釗、鄧中好校點：《南海康先生口說》，廣州，中山大學出版社，1985。
吳相湘：《民國百人傳》，第四冊《錢穆闡揚傳統文化》，臺北，傳記文學出版社，1971。收入朱傳譽編《錢穆傳記資料》（一）。
吳興劉氏嘉業堂刊：《章氏遺書》序，見《章學誠遺書》，北京，文物出版社，1985。
向燕南：《從『榮經陋史』到『六經皆史』——宋明經史關係說的演化及意義之探討》，載《史學理論研究》，2001（4）。
吳　虞：《吳虞日記》（上），成都，四川人民出版社，1984。
吳展良：《重省中國現代人文學術的建立——陳平原著〈中國現代學術之建立〉述評》載《臺大歷史學報》第27期，2001年6月。
夏長樸：《王官學與百家言對峙——試論錢穆先生對漢代學術發展的一個看法》，見《紀念錢穆先生逝世十週年國際學術研討會論文集》。
〔美〕蕭公權著、汪容祖譯：《近代中國與新世界：康有為變法與大同思想研究》，南京，江蘇人民出版社，1997。
謝櫻寧：《章太炎年譜摭遺》，北京，中國社會科學出版社，1987。
《先秦名學史》，上海，學林出版社，1983。
熊月之：《西學東漸與晚清社會》，上海，上海人民出版社，1994。
小野川秀美：《章炳麟的排滿思想》，見周陽山、楊肅獻編：《近代中國思想人物論民族主義》，臺北，時報文化出版事業有限公司，1980。
徐　復：《〈訄書〉詳注》，上海，上海古籍出版社，2000。

徐復觀：《良知的迷惘——錢穆先生的史學》，《八十年代》第一卷第
　　　　二期，1979年7月。收入朱傳譽編《錢穆傳記資料》（一）。

徐中舒：《經今古文問題綜論》，見《紀念顧頡剛學術論文集》，成
　　　　都，巴蜀書社，1990。

許冠三：《新史學九十年》，長沙，岳麓書社，2003。

許倬云：《傅孟真先生的史學觀念及其淵源》，見《慶祝楊向奎先生教
　　　　研六十年論文集》，石家莊，河北教育出版社，1998。

嚴耕望：《錢穆賓四先生與我》，見《治史三書》，瀋陽，遼寧教育出
　　　　版社，1998。

嚴紹璗：《日本中國學史》之「白鳥庫吉史學與堯舜禹抹煞論——中
　　　　國史學的奠基性成果」一節，南昌，江西人民出版社，1991。

楊向奎：《論「古史辨派」》，見《中華學術論文集》，北京，中華書
　　　　局，1981。

楊向奎：《清代的今文經學》，見《繹史齋學術文集》，上海，上海人
　　　　民出版社，1983。

楊向奎：《回憶錢賓四先生》，見《錢穆紀念文集》，上海，上海人民
　　　　出版社，1992。

楊向奎：《清儒學案新編》（四），濟南，齊魯書社，1994。

楊向奎：《清末今文經學三大師對〈春秋〉經傳的議論得失》，見《楊
　　　　向奎學術文選》，北京，人民出版社，2000。

姚奠中、董國炎：《章太炎學術年譜》，太原，山西古籍出版社，
　　　　1996。

姚天祜：《錢穆復古主義批判》，載《江海學刊》，1964（7）。

〔清〕永瑢等撰：《四庫全書總目》，北京，中華書局，1965。

于省吾：《釋中國》，見《中華學術論文集》，北京，中華書局，1981。

余嘉錫：《目錄學發微》，見《中國現代學術經典・余嘉錫楊樹達
　　　　卷》，石家莊，河北教育出版社，1996。

余嘉錫：《書章實齋遺書後》，見《余嘉錫文史論集》，長沙，岳麓書社，1997。

余英時：《論戴震與章學誠——清代中期學術思想史研究》，臺北，華世出版社，1980。

余英時：《論戴震與章學誠——清代中期學術思想史研究》，北京，生活・讀書・新知三聯書店，2000。

余英時：《中國近代思想史上的胡適》，臺北，聯經出版事業公司，1984。

余英時：《從宋明儒學的發展論清代思想史》，見《中國思想傳統的現代詮釋》，南京，江蘇人民出版社，1989。

余英時：《中國知識分子的邊緣化》，載《二十一世紀》，1991（8）。

余英時：《錢穆與中國文化》，上海，上海遠東出版社，1994。

余英時：《錢穆與新儒家》，見《錢穆與中國文化》。

余英時：《〈猶記風吹水上鱗〉序》，見《錢穆與中國文化》。

余英時：《一生為故國招魂——敬悼錢賓四師》，見《錢穆與中國文化》。

余英時：《〈周禮〉考證和〈周禮〉的現代啟示》，見《錢穆與中國文化》。

余英時：《「通古今之變，成一家之言」——〈章學誠的生平與思想〉中譯本代序》，見倪德衛（David S. Nivison）著、楊立華譯：《章學誠的生平與思想》，臺北，唐山出版社，2003。

余英時：《清代學術思想史重要觀念通釋》，見《文史傳統與文化建設》，北京，生活・讀書・新知三聯書店，2004。

余英時：《朱熹的歷史世界：宋代士大夫政治文化的研究》，北京，生活・讀書・新知三聯書店，2004。

袁英光、劉寅生：《王國維年譜長編（1877-1927）》，天津，天津人民出版社，1996。

翟宗沛：《評錢穆先生〈國史大綱〉》，原刊《文史雜誌》第二卷第4
　　　期，1942年4月15日出版。見《錢穆傳記資料》（二）。

張岱年：《中華的智慧——中國古代哲學思想精粹》，北京，上海人民
　　　出版社，1989。

張岱年：《張岱年文集》第2卷，北京，清華大學出版社，1990。

張爾田著、黃曙輝點校：《史微》，上海，上海書店出版社，2006。

張　灝：《張灝自選集》，上海，上海教育出版社，2002。

張　灝：《宋明以來儒家經世思想試釋》，原載《近世中國經世思想研
　　　討會論文集》，「中研院」近代史研究所編，臺北，1984年。
　　　見《張灝自選集》，上海，上海教育出版社，2002。

張君勱：《評梁任公先生清代學術概論其中關於歐洲文藝復興、宋明
　　　理學、戴東原哲學三點》，載《中華雜誌》（臺灣）2：1，
　　　1964：1或《民生評論》（香港）15：2，1964：1。

張汝倫：《胡適與杜威——一個比較思想史的研究》，見《現代中國思
　　　想研究》，上海，上海人民出版社，2001。

張舜徽：《〈太史公論六家要指〉述義》，收入《周秦道論發微》（北
　　　京，中華書局1982），又收入《張舜徽學術論著選》，武昌，
　　　華中師範大學出版社，1997。

張舜徽：《諸子與王官》，原載《學林脞錄》卷四，見《張舜徽學術文
　　　化隨筆》，北京，中國青年出版社，2001。

張　煊：《〈墨子經說〉作者考》，此文為《墨子經說新解》之一節，
　　　原載1919年4月20日《國故》第2期，見《古史辨》（四），上
　　　海，上海古籍出版社，1982。

張蔭麟：《中國史綱》，上海，上海古籍出版社，1999。

張　勇：《戊戌時期章太炎與康有為經學思想的歧異》，載《歷史研
　　　究》1994（3）。

張　　勇：《也談〈新學偽經考〉的影響──兼及戊戌時期的「學術之
　　　　　爭」》，載《近代史研究》，1999（3）。

章太炎：《太炎先生自定年譜》，載《近代史資料》，1957（1）。

章太炎：《諸子學略說》，原載《國粹學報》第二年丙午第八、第九
　　　　　號，1906年9月8日、10月7日出版，署名「章絳」。見《章太
　　　　　炎政論選集》（上），北京，中華書局，1977。

章太炎：《致柳翼謀書》（1922年6月15日），原載《史地學報》第1卷
　　　　　第4期，1922年8月出版，見《章太炎政論選集》（下）。

章太炎：《答梁卓如書》，原載1899年2月5日《臺灣日日新報》，轉引
　　　　　自《章太炎旅臺文錄》，《中國文化研究集刊》第1輯，上
　　　　　海，復旦大學出版社，1984。

章太炎：《〈訄書〉初刻本、重訂本》朱維錚所作《導言》，北京，生
　　　　　活‧讀書‧新知三聯書店，1998。
　　　　　《章太炎全集》（一），上海，上海人民出版社，1982。
　　　　　《章太炎全集》（二），上海，上海人民出版社，1982。

章太炎：《檢論》之《清儒》篇，見《章太炎全集》（三），上海，上
　　　　　海人民出版社，1984。
　　　　　《黨碑誤鑿》，原載《臺灣日日新報》，1899年1月29日，轉
　　　　　引自《章太炎旅臺文錄》，見《中國文化研究集刊》第1輯，
　　　　　上海，復旦大學出版社，1984。

章太炎：《瑞安孫先生傷辭》，見《章太炎全集》（四），上海，上海人
　　　　　民出版社，1985。

章太炎：《國故論衡》「原經」，收入劉夢溪主編：《中國現代學術經
　　　　　典》、陳平原編校：《章太炎卷》，石家莊，河北教育出版
　　　　　社，1996。

章太炎：《經的大意》，見《章太炎的白話文》，貴陽，貴州教育出版
　　　　　社，2001。

章太炎：《答鐵錚》（原載《民報》第14號，1907年6月8日），馬勇編：《章太炎書信集》，石家莊，河北人民出版社，2003。

章太炎：《論經史儒之分合》，見《章太炎講演集》，石家莊，河北人民出版社，2004。

章太炎：《清代學術之系統》，見《章太炎講演集》。

章太炎：《論讀經有利而無弊》，見《章太炎講演集》。

〔清〕章學誠著、劉公純標點：《文史通義》，上海，上海古籍出版社，1956。

〔清〕章學誠著、王重民通解：《校讎通義通解》，上海，上海古籍出版社，1987。

〔清〕章學誠著、倉修良編：《文史通義新編》，上海，上海古籍出版社，1993。

〔清〕章學誠著、葉瑛校注：《文史通義校注》，北京，中華書局，1994。

章學誠：《校讎通義》，見《文史通義校注》（下），北京，中華書局，1985。

〔清〕章學誠著、倉修良編注：《文史通義新編新注》，杭州，浙江古籍出版社，2005。

鄭師渠：《晚清國粹派文化思想研究》，北京，北京師範大學出版社，1997。

支偉成：《清代樸學大師列傳》，長沙，岳麓書社，1998。

中國社會科學院近代史研究所中華民國史研究室編：《胡適的日記》，香港，中華書局香港分局，1985。

《中國文化研究集刊》第3輯，上海，復旦大學出版社，1986。

鍾少華編：《詞語的知惠──清末百科辭書條目選》，貴陽，貴州教育出版社，2000。

周昌龍：《新思潮與傳統——五四思想史論集》之第二章「戴東原哲學與胡適的智識主義」，臺北，時報文化出版企業有限公司，1995。

周啟榮、劉廣京：《學術經世：章學誠之文史論與經世思想》，「中央研究院」近代史研究所編：《近世中國經世思想研討會論文集》，臺北，臺灣商務印書館、臺灣學生書局、三民書局有限公司，1984。

周予同：《經今古文學》，北京，商務印書館，1929。

周予同：《經今古文學》，見《周予同經學史論著選集》（增訂本），上海，上海人民出版社，1996。

周予同：《治經與治史》，原載《申報‧每周增刊》第一卷三十六號（1936年），見《周予同經學史論著選集》（增訂本）。

周予同：《章學誠「六經皆史說」初探》，見《周予同經學史論著選集》（增訂本）。

周予同：《五十年來中國之新史學》，原載《學林》第4期（1941年2月），見《周予同經學史論著選集》（增訂本）。

周質平編譯：《不思量自難忘——胡適給韋蓮司的信》，合肥，安徽教育出版社，2001。

周質平：《胡適與馮友蘭》，見鄭家棟、陳鵬選編：《解析馮友蘭》，北京，社會科學文獻出版社，2002。

朱敬武著：《章學誠的歷史文化哲學》第七章，臺北，文津出版社有限公司，1996。

朱維錚、姜義華編注：《章太炎選集》，上海，上海人民出版社，1981。

朱維錚：《〈訄書〉〈檢論〉三種結集過程考實》，載《復旦學報》，1983（1）。

朱維錚編校：《章太炎全集》（三），上海，上海人民出版社，1984。

朱維錚編校：《章太炎全集》第三卷《前言》，見《章太炎全集》
　　　　（三）。

朱維錚校注：《梁啟超論清學史二種》，上海，復旦大學出版社，
　　　　1985。

朱維錚校注：《梁啟超論清學史二種》，見《校注引言》。

朱維錚：《康有為和朱一新》，載《中國文化》第5期，1991年12月。

朱維錚編：《周予同經學史論著選集》（增訂本），上海，上海人民出
　　　　版社，1996。

朱維錚：《求索真文明——晚清學術史論》，上海，上海古籍出版社，
　　　　1996。

朱維錚編校：《中國現代學術經典・康有為卷》，石家莊，河北教育出
　　　　版社，1996。

朱維錚、廖梅編校、康有為著：《新學偽經考》，北京，生活・讀書・
　　　　新知三聯書店，1998。

朱維錚：《新學偽經考・導言》，11頁。

朱　筠：《安徽學政朱筠奏陳購訪遺書及校核〈永樂大典〉意見摺》，
　　　　收入中國第一歷史檔案館編：《纂修四庫全書檔案》上冊，
　　　　上海，上海古籍出版社，1997。

諸祖耿：《記本師章公自述治學之功夫及志向》，原載《制言》第25
　　　　期，1936年9月，見《追憶章太炎》，北京，中國廣播電視出
　　　　版社，1997。

後記

　　在我看來，書的《後記》只有兩種：一種寫感謝的話；一種不寫。本書選擇前者。

　　首先應該感謝中華書局的祝安順君，若不是他的大力推促，早該結項的課題至今恐怕還在拖宕中，又枉論本書的面世呢。還有世界史所的胡玉娟研究員，她的鼓勵與風喻，也是作者把理稿成書當回事的一個重要因緣。隨著時間的流逝，很多東西都會變味，其中友情的變質是最讓人惆悵的，這兩位摯友而兼畏友，能一如既往全心全意為我打算，真是我的幸運。

　　我要把本書獻給社科文獻出版社的徐思彥老師，她是除本人之外，為此書付出最多心血的人。書中若干文字的發表由她一手所促成，本書章節的整體設計命名深深得益於她的指導。我所受教於她的，頗有超出於文字因緣之外者。她曾引一位學界同仁的話來說明他們工作的努力方向：「不要讓二〇〇年至五〇〇年以後的人瞧不起今天的學問和學人。」我願意不揣冒昧復述此言，懸為鞭策。徐老師代表了當今學術界中一種正直、健康與成熟的力量，我不時能感受到由此而來的得到鼓勵、支持、提攜甚至寬慰的溫暖，對個人來說，就像空氣一樣的寶貴。

　　本所所刊的徐秀麗老師、中山大學的桑兵先生，為書名的確定提供了卓越的意見。他們也是對我多有助益的前輩。本書及自序中所用「知識轉型」一詞，就是為紀念由桑先生主持、幾年前在中山大學參加的一次學術討論會的愉快經歷。

在本書結構的調整上，最先受教於姜濤先生。他是並不多見的始終保持學者本色的可敬前輩。他費心為我的稿子調整了版式，作者見了，為之動容。他戲稱電腦文字處理方面的技術為當代「小學」，作者於此道一竅不通，不限於「小學」，他都能有以教我。他大約也是勞神為我寫推薦書之類文字最多的人。與他同研究室的崔志海先生，也在某些環節，提供了寶貴的幫助。

《清華大學學報》的仲偉民老師，慨允本書《自序》能以自序形式發表於該刊，使讀者能夠預先一睹本書內容之概要，也是至為感謝的。

本所的馬勇前輩、臺灣大學中國文學系何澤恒教授、臺灣東海大學陳以愛博士、浙江大學歷史系鮑永軍博士、清華大學歷史系張瑞龍博士以及中共中央黨校黨史部盧毅博士，為本書的撰寫，或提供資料，或提供建議，在此一併致謝。

黃春生、馬忠文、謝維先生先後編過我的稿子，均能使本人的文字增色不少。他們的工作使我由衷地感到，一篇文章或一部書稿至刊出發行，完全不是作者個人獨有的，儘管最終會掛到你的名下。我也感謝曾學白老師，她曾經「縱容」了我一篇很長的文字，還加以鼓勵，讓我放開手腳，暢所欲言，使我久久不忘。當然我更得感謝已故張亦工先生，允許我在他所主編的刊物上發表文字。本所曾業英先生也是如此，他有一次還在公開的場合，不吝贊詞地評論我的文章。我欣賞這種老當益壯的率直氣概。

我也將此書獻給本所前輩、已經在另一個世界的朱宗震先生，以回報他送給我的書文。他在臨終前要我幫他打出自擬的訃告，我對他一生追求「專業史學」的志業是充滿敬意的，他頗以未得學生之多為憾，他對於學問之超越生命般的執著，讓我深為感動。本書《自序》所用「合理期望」一詞，就採自他的一篇文章的題名：《中國的文藝

復興——本世紀初期的一個合理期望》，以表示對他的懷念。更忘不了的是，在北京的某一個飄雪的春節，我與剛剛不久有失子之痛的內人，在他家裡有幸嘗到了由他親手醃製的上海鹹肉，其餘味至今還在嘴邊……

本所賈維先生與我，亦誼在師友之間。他常促我鍛鍊身體，還不吝以其乒乓長技教導我，可惜我卻不符所期；他還頗有舊詩唱和之雅致，我每每以不能酬答為恨事。他看了我的書稿，即興賦詩一首曰：「百年杏坫漫紛紜，康廖章錢各異軍。諸子附庸成巨擘，六經神聖竟消沉。學者苦心別漢宋，大師舌敝辨古今。史論從來兼政論，欲憑青史鑄國魂！」我想，這是對本書主旨最好的概括了。

本所科研處杜承駿先生，對本書之出版，亦有推動作用，特此致謝。

我在近代史所工作已經十多年了，在資料上得益於圖書館同仁的辛勤工作，在生活上也受到過後勤方面的照應，在學風上受到本所注重實證的底線的規範。必須指出，本人深深得益於：自作者進所起開始的一年一度的青年學術討論會制度。本書的大部分篇幅的完成由這一制度所推動，並在其中一再得到鼓勵與肯定，年復一年，曾經活躍在這一舞臺的王奇生、夏春濤諸君均已調離本所，我的青春也消逝了。

而引我進這樣一個科研機構的，得力於李洪岩、蔣大椿先生為多，這是不能忘記的。

導師清華大學的錢遜先生，是這部書稿絕大部分內容的第一讀者，他的父親就是本書主人公之一的錢穆先生。錢老師寫過《先秦儒學》，譯解過《論語》，他的「先秦人生哲學」一課對我的經典意識的建立有過潤物無聲般的影響，他謙遜而溫厚，不擅表達情感，我與他之間有著超過通常所有的師生情誼，我不知道這種難得的緣分，是來

自他對我這位偏科嚴重的青年學子的不放棄、來自他本人對我的言傳身教、還是來自我對其父學問持久的興趣與熱情？但是我分明地知道，在若大個北京，我為有他那樣至親的長輩，深感快慰。

導師彭林先生，也幫我修訂了本書要目。他使我深深認識到，所謂導師，不僅是永遠比你高明的人，還是在你最需要的時候，不遺餘力說明你的人。他對經學研究的宣導，也促使我更為關注經典與經學的命運。

關於這本書的遠源，也應該略作交代，不過這就不能不提到個人的成長經歷。

作者生在二十世紀六〇年代最末一年，可以說長在「文化大革命」之後。故鄉是並沒有多少學術傳統的東海中的一個小島，喚作浙江省嵊泗縣大洋山，如今已是國際知名的大海港了。祖上是漁民，簡單淳樸的漁村生活從小賦予作者質樸直率的氣質，這是最可寶貴的人生財富。老家雖小，但環島皆海也，水天一色的深邃與壯闊，每每讓心靈為之滌蕩，為之神往。

作者曾就讀於大洋中心小學、運河小學、菜園中心小學、嵊泗中學若干年。其中小學階段的薛維英老師、中學階段的朱文娟老師對個人作文興趣的培養頗有啟蒙之功。今於家母處得知，朱老師已然病逝，聞之不禁涕下。

自一九八八年就讀於浙江師範大學歷史系，適值《河殤》熱播，由單錦珩先生啟發，始關心中國文化的歷史與命運，則已經二十四年了。單老師已經作古，我也願意將此書獻給在另一個世界中的他。

電視片《河殤》播出之際，恰逢個人思想啟蒙的階段。不管觀眾是否同意其中的觀點，該片對母親河的灼烈感情的渲染傾瀉、對固有文明興衰沉浮之溯洄究索等，在懵懂少年心目中燃起的熱血沸騰的感覺，足以轉化為求知的勁頭。多少年過去了，那些犀利激越的拷問似

乎還在胸中迴蕩。要說本書的問題意識發端於二十世紀八九十年代的文化熱，那是一點也不過分的。

家父是一位刑偵出身的老公安，本書中不時流露出偵破公案的衝動，這難保不是先天的遺傳所使然；家母是一位善良、敏感而優雅的教師，她在行事中表現出來的精益求精的乃至追求完美的勁頭，或許也影響到了我；但是拖沓與散漫的作風，完全是個人後天修為不力所致，就像本書中的所有紕漏與錯誤均由本人負責一樣。

內子楊氏，即小女阿詠的母親，常常對我說：「你應該生活在古代。」從事史學工作的同仁大約都能明白，這句話在一定程度上體現了她對作者相當的理解，知道我們心神遊寄之所鄉，不局促於周身所在的當下；從另一方面看，則包涵了深刻的批評，其鋒刃所向，是說個人對家庭生活之缺乏擔當。她的話所指的並不限於三口之家的小家庭，而是整個大家庭，尤其包括父母雙親。我真是無言以對！無辭以自解！

什麼叫有所擔當？……對自己？對別人？還是……我也說不清楚。這是到了不惑之年的男人迷惑轉增的深刻見證，而見證恰來在不早不晚之際。無論如何，此書之出版是一個交代。正在這個當口，適逢北京師範大學出版社的譚徐鋒君，幾年前他是關心過這部書稿的，而今由他主事出版此書，與學術界一股勁銳的清新力量結緣，在我，是一種榮幸。這種緣分當不完全起於他對我的瞭解，而是來自對本書主題的關切。希望本書為有興趣考察中國學術之近代命運的人們打開一個窗口，如果由此而引發讀者對這個偉大文明的歷史與價值多一分關心的話，則參與本書製作的各位的心血就不會白費了！

二○一二年十月二十八日於北京方莊橋東寓所

近現代中華文化思想叢刊 A0102016

中國學術之近代命運　下冊

作　　者	劉　巍
責任編輯	楊家瑜
發 行 人	陳滿銘
總 經 理	梁錦興
總 編 輯	陳滿銘
副總編輯	張晏瑞
編 輯 所	萬卷樓圖書股份有限公司
排　　版	菩薩蠻數位文化有限公司
印　　刷	維中科技有限公司
封面設計	菩薩蠻數位文化有限公司

出　　版　昌明文化有限公司
桃園市龜山區中原街 32 號
電話 (02)23216565
發　　行　萬卷樓圖書股份有限公司
臺北市羅斯福路二段 41 號 6 樓之 3
電話 (02)23216565
傳真 (02)23218698
電郵 SERVICE@WANJUAN.COM.TW
大陸經銷　廈門外圖臺灣書店有限公司
　　電郵 JKB188@188.COM

ISBN 978-986-496-086-6
2019 年 5 月初版二刷
2018 年 1 月初版一刷
定價：新臺幣 360 元

如何購買本書：
1. 轉帳購書，請透過以下帳戶
　合作金庫銀行 古亭分行
　戶名：萬卷樓圖書股份有限公司
　帳號：0877717092596
2. 網路購書，請透過萬卷樓網站
　網址 WWW.WANJUAN.COM.TW
大量購書，請直接聯繫我們，將有專人為您
服務。客服：(02)23216565 分機 610

如有缺頁、破損或裝訂錯誤，請寄回更換
版權所有·翻印必究
Copyright©2016 by WanJuanLou Books CO., Ltd.
All Right Reserved　　　　**Printed in Taiwan**

國家圖書館出版品預行編目資料

中國學術之近代命運 / 劉巍著. -- 初版. -- 桃
園市：昌明文化出版；臺北市：萬卷樓發
行, 2018.01
　冊；　公分. --
ISBN 978-986-496-086-6(下冊：平裝)
1.學術思想 2.近代哲學 3.思想史 4.中國
112.7　　　　　　　　　　107001045

本著作物經廈門墨客知識產權代理有限公司代理，由北京師範大學出版社（集團）有
限公司授權萬卷樓圖書股份有限公司出版、發行中文繁體字版版權。